王爾德的愛與死

芭芭拉・貝爾佛德　著
謝明學　譯

目次

第一章 生命之主

王爾德的家座落在愛爾蘭首都都柏林的麥立恩廣場上，他的初次公開演出是在家中的客廳裡，當時兩歲的他在賓客前反覆地吟詠自己的名字：奧斯卡・芬加爾・歐佛萊特・威爾斯・王爾德（Oscar Fingal O'flahertie Wills Wilde），抑揚頓挫有序，呼吸吐氣不亂，反覆唸著自己姓名，越唸越快，直到掌聲響起才停止。他是如此早熟、勇於表現、卻又缺乏安全感。王爾德曾說：「在學會說話前，人性本善。」王爾德的母親以天才稱呼他，他自己亦認同，但其他人卻不瞭解他。王爾德說過：「大衆是相當寬容的，他們什麼都可以原諒，就是不放過天才。」

他嘲笑自己、嘲笑社會，也教導世人嘲笑命運。他注意到「我的名字裡有兩個O，兩個F，還有兩個W。一個日後大家會常提到的名字不應該這麼長，而且廣告費用也會很貴。」他母親在他出生後曾寫信給友人：「他將取名爲奧斯卡・芬加爾・王爾德，聽起來是不是很偉大、神秘？」在《格雷的肖像》（The Picture of Dorian Gray）中的亨利爵士曾說：「名字代表一切」，相信一生受命運主宰的王爾德，對此道理更是堅信不移。

葉慈曾告訴王爾德：「我羨慕那些在世時便成爲傳奇的人」，而王爾德答道：「我認爲人應該創造自己的傳奇」。他的確做到了。名字是個好的開始，因爲奧斯卡是蓋爾史詩中奧辛之子的名字，他是在長春之地出生的。而人如其名，王爾德熱愛年輕，更甚於藝術，他曾寫道：「靈魂生而年老但日漸年輕，生命之喜也；肉體生而年輕但日漸衰老，生命之悲也。」芬加爾在蓋爾話中，指的是「金髮的陌生人」，這字源可追溯至維京時代。

而歐佛萊特則代表了其父系的愛爾蘭蓋威（Galway）血統。威爾斯則是紀念父系在羅絲坎門郡（Roscommon）望族中的著名成員威廉・高曼・威爾斯（William Gorman Wills）。而王爾德父親的第一本書《馬德拉》（Madeira），就是題獻給一位叫威爾斯的怪人，他屋內擠滿了所收留的流浪動物，王爾德繼承了威爾斯這個名字，在想到的時候就使用。

他母親平時叫他「奧斯卡」，在「卡」字上還刻意加上重音，而親友比較喜歡叫他「奧斯」。在中學時，他是「灰鴉」（Grey Crow），在牛津求學時，他叫做「哈斯奇」（Hosky），有時候是歐佛萊悌（O'flighty）。在倫敦，美國藝術家惠斯勒（James Aboott McNeill Whistler）替他取名爲「奧斯卡理紐」（Oscarino），亨利・詹姆斯（Henry James）稱他爲「郝思卡」（Hoscar）。

身份可以隨綽號而開始，有時卻也隨之結束。王爾德曾說過：「當沒沒無名時，姓名對人來說是有用的，甚至是必要的，但成名之後就該拋棄部分的姓名……我的全名一開始是奧斯卡・芬加爾・歐佛萊特・威爾斯・王爾德，但其中兩個名我早已棄之不用，不久又要丟掉另一個，最後簡化成王爾德或奧斯卡。」

繼聰明又大膽地將名字簡化爲奧斯卡之後，王爾德又以自己牢房之號碼，自稱「C.3.3」，最後遭放逐且一文不名時，則以筆名「梅爾摩斯」(Sebastian Melmoth)自稱。過世前又決定以「牛津之惡名聖奧斯卡、詩人及殉道者」(the infamous St. Oscar of Oxford, Poet and Martyr)留名於世。從在客人前朗誦名字並博得滿堂彩的快樂童年，到淒涼的晚景，王爾德一生起伏變化極大。

他的雙親才華洋溢又風流怪誕，傳記家最常將王爾德的同性戀傾向怪罪於兩人的放蕩不羈。在維多利亞時代中期，當其他人還在十九世紀工業主義下汲汲經營時，他倆卻過著二十世紀的前衛生活。威廉・王爾德當時是有名的眼、耳科醫生，在科學及民俗學的研究上亦是成就斐然。他在婚前至少有三名私生子，結婚後還被控強暴罪。他妻子則是位民族主義詩人，也是創意十足的譯者，常常因爲服裝怪異與大膽言行，成爲都柏林被八卦的話題人物。

王爾德寫道：「人在講話時若毫無掩飾，不會說出眞心話；若戴上個面具，人才會講出事實。」而在「戴面具」的學問上，他母親就是最好的老師。王爾德母親，珍・法蘭西斯卡・伊爾姬(Jane Fransesca Elgee)在出生時沒有登記，但在西元一八八八年申請皇家文學基金時，因爲要年長一點才有利，所以她所報的生日爲西元一八二一年十二月二十一日，但在其他時候年齡則少了五歲。套用在《微不足道的女人》中的台詞：「不要相信講出眞實年紀的女人。女人若講出眞實年紀，她就什麼都瞞不住。」王爾德在二十四歲後，年齡就開始縮水，像是在受審判時他已四十一歲，而他卻堅稱自己是三十九歲。

王爾德的母親年輕時窈窕修長，氣度高貴，一頭黑髮閃亮動人。雖然最後身材日漸臃腫，但不論她在哪出現，還是能靠大膽的服裝與談吐豔驚全場賓客。她自稱系出義大利但丁名門，又將名字的法蘭西斯（Frances）改成義大利文的法蘭西斯卡。王爾德從母親身上學到事實可以加以美化，生命應該是一連串美麗的事物，母親的觀念對他的人生哲學影響很大。

在衆多的親戚朋友中，最令人印象深刻的莫過於她舅舅查理斯・邁特寧（Charles Maturin），他擔任神職工作，但行徑荒唐，個性善感，在王爾德出生前便過世。他是一本關於罪孽與救贖的典型歌德式小說《流浪者梅爾摩斯》（Melmoth the Wanderer）的作者，在瑪麗・雪萊出版《科學怪人》兩年之後的一八二〇年出版。王爾德非常崇拜風流人物邁特寧。當時的人評論他：「最早下場跳舞，最晚離開。舞廳是他靈感與信仰的殿堂。」即使是在大白天，他依然拉上窗簾，點燃蠟燭，與賓客跳舞作樂，王爾德母親效法的就是狂歡作樂的精神。邁特寧喜歡在衆人圍繞下寫作，額頭上黏一張紅紙，表示他正在工作。如果因爲旁人有趣的談話而分神，便會用特調的漿糊黏住自己的嘴巴。

珍的父親在她三歲時便過世，她的兄姐在六年內都有不錯的歸宿而離家，只留珍與母親同住於雷森街（Lesson Street）三十四號的家中，地處於都柏林大運河南方的中產階級居住區內。孤單成長的珍在讀書以及自修外國語言中找到慰藉。

二十歲後受到愛爾蘭少年詩人（Young Irelander）影響，漸漸對政治產生興趣。在一八四六與一八四八年間，她寫的詩刊在查理斯・嘉范・達菲（Charles Gavan Duffy）所辦之《國家》（Nation）刊物上，用「約翰・范蕭・艾利斯」（John Fanshawe Ellis）這個筆名，後來改為義大利文的「希望」（Speranza），義大利文的「希望」。珍認為自己是「愛爾蘭人民所認同之民意詩人」。

在一八四九年，達菲因為煽動民衆而遭到逮捕，在等待判決之時，珍寫了兩篇社論：《命運時刻》（The Hour of Destiny）與《天意已決》（Jacta Alea Est），表示愛爾蘭與英國已經開戰。儘管她承認自己才是天意已決之作者，但達菲依然受到審判。據傳在開庭時，她在旁聽席上站起來宣稱：「若真要有罪犯，絕無第二者，我就是罪犯。」四名陪審團員判達菲無罪，然而《國家》受到查禁，愛爾蘭少年詩人亦隨之解散。雖然珍由無名詩人轉成政治名人之路就此結束，她依然保留了「希望」這個筆名。

二十八歲依然未嫁，也不急著找個歸宿，珍決定投入書籍及詩文的翻譯。據說她精通十二國語言，但史料顯示她只專精於義大利文、法文與德文，而她為《國家》所做之俄文、土耳其文、西班牙文與葡萄牙文的詩詞翻譯，只反映出她查字典的功力而已。她第一部翻譯作品是十七世紀曼霍德（Johannes Wilhelm Meinhold）所寫關於性虐待綺想小說《女魔法師》（Sidonia the Sorceress）。詩人愛德蒙德・高斯（Edumund Gosse）認爲「直到這位愛爾蘭女性翻譯，英國文人才得以拜讀這本德國浪漫小說」。

書中女主角希尼雅・范・波荷克是位女修道院院長，卻喜歡虐待鵝、鞭打少男並在棺木上跳舞。衆人爲此角色神魂顛倒，柏恩瓊斯（Edward Burne-Jones）還在一八六〇年爲她畫肖像。珍表示她是爲了稿費才翻譯，所以不願意掛名，但這本書爲她奠定了名聲，而她下一本譯作是艾爾凡西・德・拉馬丁（Alphonse de Lamartine）的《第一次法國革命寫實》（Pictures of the First French Revoultion）。

王爾德表示達夫葛頓（Duff-Gordon）所翻譯的《琥珀女巫》（The Amber Witch）和他母親的《女魔法師》，是他「兒時最喜歡之浪漫文學讀物」。不難看出王爾德從中仿效之處，如在《女魔法師》與《梅爾摩斯》兩本小說中，肖像就是關鍵，與角色一樣重要，雖然這種手法並非首創，但王爾德巧妙地用在《W.H.先生的肖像》（The Portrait of Mr. W.H.）與《格雷的肖像》。在《梅爾摩斯》中，主角的祖先與魔鬼交易，要求延壽一百五十年且青春不老，而祖先的肖像就藏在一處老舊的庫房內；在《格雷的肖像》中，當自己的畫像發生詭異的變化時，格雷便將其藏在一間育嬰房內。

珍過著老處女般的生活，充滿知性卻呆板無奇，她翻譯法文與德文書、寫詩、參加演講與音樂會，並照顧生病的母親。如果不是在一八四七年一次蘇格蘭的旅程中，與一位年輕男子開始秘密書信往返，她可能將持續這種平凡生活。二人通信長達十五年，所有信件只有五十封留世，而男子的身份依然成謎。信中可看出珍相當為這名蘇格蘭男子著迷，信中她誠心談論愛情與婚姻，不像與艾倫·泰勒（Ellen Terry）、蕭伯納（George Bernard Shaw）等人在信中打情罵俏。

在其中一封信中，她形容自己理想伴侶的條件為：「年收入五千英鎊的男爵，具有雅典人的靈魂以及你的好心腸」；稍微挑逗對方：「除非是註定，否則我不在乎友情，也許這還不算愛，但也相差不遠」；與對方分享自己的綺想：「在愛情中，我喜歡將自己當成奴隸，唯一難處就是找到可以宰制我的人，我喜歡有力量的人。」在《格雷的肖像》中也有相同論點：「恐怕女人喜歡殘暴、徹底的殘暴，更甚於一切……我們雖然解放了女人，但她們依然像奴隸般找尋主人。女人喜歡受到支配。」

珍曾在宴客時語驚四座，脫口說罪孽是生活的唯一價值，但這樣的說辭是種「面具」，是精心策劃的演出。珍的傳記作者喬依·邁爾菲爾（Joy Melville）認為，她「道德感極強，並非生性浪蕩之女性，不會受誘惑而誤入歧途。」至少在她信中並非如此，在通信三年後，對方於信中求婚，她於一八五〇的回信寫道：「抱歉，我並非十分熱衷，我想在你熱情冷卻、能在文字以及心理上找到個合理的解釋前，我必須再等個十年。」她還殘酷地加上：「我痛恨戀愛的男人，因為他們心中容不下其他事物。」

一年後，她的母親過世。她可以選擇與親戚同住或獨自過活，但後者在當時被視爲不妥的行爲。最後她選擇結婚，並不是因爲想做傳統的賢妻良母，而是像她哥哥說的：「珍有好心腸、好本性，但是最愛的還是自己。」王爾德繼承了這種「愛己」觀念，並將其轉變成著名的藝術型態。

王爾德父親威廉・羅柏特・威爾斯（William Robert Wills），生性好學強記，喜歡在觀察事物中探索科學智慧。都柏林家中的銘牌上註明他身兼「眼耳科醫師、考古學家、人種學家、古物研究家、傳記家、統計學家、自然科學家、地誌學家、歷史學家以及民俗學家」。他也多愁善感，喜歡以長者姿態教導未經世故的小輩，有其父必有其子，王爾德也喜歡如此。

一八一五年三月，威廉在羅絲坎門郡的某個村落出生。他愛爾蘭籍的祖先曾從商、農事以及神職工作；他的父親是位醫師，所以威廉從小便學會處理傷口以及接骨等技術，日漸年長後又到都柏林求學。

都柏林是當時歐洲外科醫學界翹楚聚集之地，解剖研究的屍體是從貧民墳墓偷來的，不用擔心來源不夠，但若被解剖刀割傷而發炎，有時甚至要割除手指。當時主要醫療方法爲放血、灸燙與通便三種方式，也沒有麻醉劑，只有用熱水浴或通便劑的方式來減輕疼痛，若還是不行，則將病人抬去開刀，動刀快速與醫術高超成正比，沾滿血跡的手術衣是醫生榮譽的勳章。

求學期間，威廉曾陪一位病患搭船，展開八個月的朝聖之旅，這趟旅程奠定他在醫界之外的國際聲譽。一八三七年只有二十二歲的他，登上了大帆船「聖戰者」，航經馬得拉群島、西西里島、巴勒斯坦與希臘。威廉飽受暈船之苦之餘，還有餘力解剖、研究海豚，寫成觀察日誌最後出版成兩本書。

最值得注意的是在埃及的旅程，當時鮮少歐洲人到訪埃及。威廉在嚮導帶領下，在一處已遭人入侵的墳墓內撿齊女侏儒的屍骨，連同所發現的甕，一起拿回了都柏林。還攀爬過僅次於邱帕斯大金字塔的基沙（Giza）基夫拉恩金字塔（Chephren）。

回到愛爾蘭後，他在《都柏林大學誌》（Dublin University Magazine）中刊了一篇文章，提倡將金字塔移至英國。都柏林大學誌創刊於一八三三年，簡稱爲DUM，爲許多維多利亞早、中期之重要作家所矚目，主編是伊沙克・巴特（Isaac Butt），他提倡地方自治，日後在王爾德父親醜聞的訴訟案中，擔任原告首席律師。

威廉相貌普通，身材短小、不修邊幅，一對淘氣捉狹的眼睛還有下巴的鬍鬚，讓一張闊嘴更加醒目，然而在女性的眼中卻有不同的魅力。他有領袖氣質、魅力以及說故事的天賦，這在看重詩歌傳統的英國更是受到歡迎，如第一位以社會寫實主義批評地主的小說家瑪莉亞・艾居渥斯（Maria Edgeworth）便成爲他的贊助者。她鼓勵威廉出國學習外科醫術，幫他寫推薦信並且提供資助。威廉前往當時的眼科醫學中心：倫敦莫菲爾德醫院，行經維也納、莫尼黑、布拉格，最後在海德堡求學並在柏林工作。

他學成返鄉，帶回最新醫學知識以及實用之醫療技術，在西地街開了一家診所，母親及妹妹則留在家中照料家務。他開始著手寫書介紹奧地利之文學、科學及醫學機構，至今仍有相當高的參考價值，都柏林大學誌讚揚此書「再次證明有智慧的作者能以最枯燥之主題寫出有趣的書，特別是他還是位有智慧的醫師。」隨後，他被任命爲《都柏林醫學季刊》（Dublin Quarterly Journal of Medical Science）主編，從昔日鄉村醫師之子躍升爲都柏林醫界與學術界的名人，而所欠缺的是份與身份相符之年收入。

此時正是威廉結婚，並且以醫師身份晉登中產階級的大好時機，但他不忍不顧那些在都柏林露宿街頭、乞食度日的遊民。繼其父之善舉，他爲遊民設立了聖馬克醫院。王爾德也曾向朋友炫耀：父親「在二十九歲且經濟狀況並非十分富裕時」便設立了一家醫院。

單身未娶的威廉每日都花時間寫作，有時甚至到深夜。他唯一的嗜好是戲劇，曾爲愛爾蘭首席女演員海倫・芳西特（Helen Faucit）深深著迷，卻對她所希望的殷勤求愛沒有太大耐性，可能因此而隱藏自己的愛意。直到他承認有三名私生子，衆人才知道他也曾風流過。

威廉在埃及古墳探險時，私生長男亨利・威爾森（Henry Wilson）於一八三八年出生。除了養育他外，威廉還將他帶回診所讓他繼承自己的資產。兩個女兒，愛蜜麗（Emily）與瑪麗（Mary）分別生於一八四七年與一八四九年，則由他大姊領養。他的情況在維多利亞時期並不罕見，但是看得出威廉似乎想逃避婚姻。王爾德也常在作品中談論有兒女的缺點，如在他第一部劇作《維拉》（Vera）中寫到：「家庭是可怕的包袱，特別是未婚而成家時。」

珍與威廉應該已相識甚久才結婚的。在《誠摯的重要》（The Importance of Being Earnest）中，布雷克奈爾夫人說她不贊成男女交往過久：「因爲雙方在結婚前，就有機會摸熟彼此的個性，這我覺得不妥。」珍已年屆三十，而威廉則是三十六歲；她需要成家獲得社會的認同，而他不能繼續未婚生子。珍接受了威廉十三歲的私生子以及兩個女兒。在這樣的年紀，結婚是爲了什麼已經不重要了。

婚禮於一八五一年十一月十四日在都柏林聖彼得教堂舉行，參加人數並不多，新娘還在服母喪，從她當時寄到蘇格蘭的信可看出她心情低鬱，毫無新婚的興奮之情：「我早已死去，你以前認識的那個我。到最後我那偉大的靈魂還是被女人的命運所禁錮：生活唯一的目的便是取悅丈夫。我多想爲此自我了斷。」

珍的嫁妝不只是家族的財富，還爲威廉引介了諸多名流人士。兩人遷居至西地街二十一號，威廉的母親與妹妹搬來同住，一樓的前房做診所用。

結婚同年威廉被任命爲戶口普查委員，負責愛爾蘭耳聾、眼盲或患有眼耳疾病的首次人口普查。在走遍愛爾蘭統計人數時，他也收集整理各地之鄉野軼奇，而在一八五二年出版了《愛爾蘭民間迷信》（Irish Popular Superstitions），三十五年後，由珍加以擴充出版了《愛爾蘭古代傳奇、魔法與迷信》（Ancient Legends, Mystic Charms, and Superstitions of Ireland）。若不是威廉，這些民間故事便早已消失於歷史中。

當時社會有一股發掘愛爾蘭本土歷史與文學的風潮，他兩人亦不例外。他認爲上層社會應負起保衛愛爾蘭語之責任。他在書中寫著：「蓋爾語日漸滅絕」，且預言在二十年內將消失於世。但所幸他的預言失誤，目前在愛爾蘭西部仍有人使用蓋爾語。

珍認爲「撒克遜文化是構成愛爾蘭之主要基石，但過於粗糙，而凱爾特族文化爲其潤飾，添加了藝術的價値。」但王爾德長大所見卻是缺乏原創性的愛爾蘭文化。在美國巡迴演講時，他說過：「隨著英語之普及，愛爾蘭的藝術早在七百年前便劃下句點，不過我樂見其成，因爲藝術在這樣專制的語言之下，是無法存活且興盛的。我身爲愛爾蘭人，但英國卻迫使我說莎士比亞所用的語言。」

都柏林不斷在變，自一八〇一年統一以來，貴族流離至倫敦，中產階級興起，其中特別是醫生、律師、科學家與學術界人士共同組成新的勢力，大多居住在喬治亞廣場附近，而威廉家的西地街卻位於這範圍之外，因此一家人便迫不及待地計畫搬家，藉此彰顯自己的身份地位。

第二章
麥立恩廣場

當兩人住在西地街時，兩個兒子相繼來到人世：威廉・查理斯・金斯貝利（William Charles Kingsbury），小名爲威利，生於一八五二年九月二十六日；奧斯卡・王爾德，生於一八五四年十月十六日，精挑細選後才定名。而搬到麥立恩廣場後，一八五七年四月二日生了一個女兒，取名伊索拉・法蘭西斯卡・愛蜜麗・王爾德（Iosla Francesca Emily Wilde）。日後王爾德宣稱自己也是在麥立恩廣場出生的。

幾乎每本王爾德的傳記都會有一張他兩歲時的照片，照片中他身穿鈷藍色、綴有蕾絲的洋裝，穿著白襪以及綁有蝴蝶結的鞋子，頭髮梳成髮捲，用緞帶綁束在腦後，露出高圓的前額以及眼皮深邃的雙眼。

以前在說到王爾德的同性戀傾向時，大多會歸因他母親因爲不滿意第二胎還是兒子，常把王爾德當女兒打扮，才會引發他對男人的「性」趣，然而現在已經知道這種解釋並不正確。十九世紀的愛爾蘭民間傳說中，將男童扮女裝可以避免成爲「吸血妖」的獵物，因爲此妖不會對女童下手，這可能是因王爾德小時著女裝的原因。

珍喜愛王爾德，但天下母親均較偏愛頭胎，所以她對威利更是疼愛有加。在外型上，王爾德及威利都像母親，年輕時體態高挑修長，而年歲漸大則日漸臃腫。他倆繼承了父親的善感以及深邃的藍眼，還有母親的自戀以及雪白的肌膚。對威利這可愛但被寵壞的孩子，她總不吝惜給予零用錢及更多關愛。兩個兒子總是在母親前爭寵，一場兄弟的長期戰爭隨之而來。正如王爾德所說：「人生在世，明日種種一如今日種種，今日種種一如昨日種種。」

威廉的聖馬克醫院生意興隆，因爲這是愛爾蘭以及英國唯一專治耳疾的醫院。威廉於一八三五年出版《耳科手術與耳疾治療之臨床觀察》(Practical Observations in Aural Surgery and The Nature and Treatment of Diseases of the Ear)，成爲英國耳科醫學的第一本教科書，而在一八五一年普查所收集的資料經他編輯整理後，成爲了六百多頁的愛爾蘭醫學史。

珍了解丈夫的確與衆不同，但與這樣的天才朝夕相處，她覺得實在枯燥無聊。不論內在或外在，他都不是她期望的強勢男人。婚姻與養兒育女讓她無暇從事寫作與翻譯。缺乏耐性的她，覺得在西地街的生活無法滿足內心的期望與抱負。

最後，一家在一八五五年遷居至麥立恩廣場，這是當時最佳住家地點。麥立恩廣場雖然不是歷史最爲悠久，但是是面積最大，格局亦最爲優雅。在過去英國統治時期，許多國會議員便居住於此居，如今則住著西裝筆挺的醫師、律師以及他們打扮入時的妻子。

由於珍能講多國語言，家中的六名佣人以及女家庭教師則是來自德國、瑞士、法國等不同國家。王爾德與威利的房間則在四樓。兩人自小勾心鬥角，展開長期的對立。有一次王爾德送威利一隻熊玩偶，試著藉此與他和解，但是威利卻無動於衷，王爾德便生氣索討熊娃娃。還有一次，兩兄弟在火爐前取暖，結果威利的睡衣著了火，他卻袖手旁觀，看著威利叫女家庭老師來幫忙滅火，還高興地鼓手叫好，最後並未釀成大禍時卻又失望又生氣地嚎啕大哭起來。套用在《格雷的肖像》中的台詞：「我才不在乎手足之情。我的哥哥死不了，弟弟又整日無所事事。」

父親威廉一早起床就步行至聖馬克醫院工作，不然就到其他醫院看診或動手術。下午常受邀至愛爾蘭皇家學院發表考古學的研究報告。有時會與醫學與哲學社的同好在外晚餐，不然就是在密學研究社用餐，這個社團講究的是美酒佳餚、歡樂笑聲，不討論艱澀難懂的哲學問題。

儘管以工作為生活重心，但以當時的標準，威廉算是花很多時間陪伴兒女。在重要的節日，如生日、獲獎等，他與珍的親朋好友會在夜裡一起慶祝，王爾德與威利常會被叫醒帶到樓下亮相一下，但是王爾德家沒有專門為兩個兒子舉行過聚會，夫妻兩人只將兩個兒子當作展示品。

王爾德喜歡回憶父親以低沉嗓音吟詠著惠特曼的詩文，以及母親在講恐怖故事時，隨著劇情時而呢喃時而尖叫，父親亦會在床頭講在普查時聽來的民間傳奇，或是唱愛爾蘭語的催眠曲：「我睡著了，不要吵我」，王爾德也當父親後，也是唱這首催眠曲給兒子聽。

兩兄弟在上床睡覺前都必須複習母親和愛爾蘭年少詩人的詩集，就像「天主教的孩童必須讀聖徒圖一樣」。如果王爾德不是生長在重視說故事的愛爾蘭家庭，也許他長大後會與大部分作家相同，只重寫作而不重犀利言辭的口才。

珍對兩個兒子期望甚高，奧斯卡出生一個月後，在一封寄至蘇格蘭的信裡表示：「威利是我的寶貝，他長大會成爲英雄人物，也許是未來愛爾蘭共和國的總統。你說呢？我還沒有完成命運交付的任務！她生活優渥，每天不是在看書寫信，就是在接受邀約或接見賓客等，的確有空做這種望子成龍的白日夢。

王爾德兩兄弟常從四樓房間的窗戶觀察廣場上的一切，特別是繞行著廣場的馬車。王爾德從小就相信一些怪力亂神的事情，如他跟母親一樣，相信《魔眼》（the evil eye）的存在，他從來不搭白馬所拉的馬車，認爲這樣不吉利。（在愛爾蘭史詩中，奧斯卡之父奧新便是乘白馬離開長青之地。）

王爾德一家晚餐時鮮少沒有客人，威利與王爾德則是先在房內與女家教用餐後，就下樓參加大人的聚會，而且珍與威廉並不嚴格要求二人準時就寢，所以他們常熬夜聽父母與賓客聊天，最後在父親腳下進入夢鄉。王爾德從中學到社交的重要經驗，並養成語不驚人死不休的習慣，寧可說話傷人也不願平淡無奇。

當王爾德快三歲的時候，妹妹伊索拉出生，兄弟倆被帶到育嬰房歡迎這位初到人世的妹妹。

就像其他的小孩一樣，兩人對襁褓中幼小的嬰兒覺得又好奇又驚訝，而且聽到自己亦曾是如此的小嬰兒時，更覺得不可思議。

在五年內生育了三個孩子後，珍迫不及待地想重拾過去的生活。她開始翻譯德國文豪康茲（Wilhelmine Canz）所寫之《初次誘惑》（The First Temptation），內容描述一位唯美主義者結束生命的悲劇。同時，威廉針對愛爾蘭皇家學會博物館中的古物進行分類，寫了三冊書，出版了其中的第一冊。儘管身處豪宅，功成名就，珍依然懷念過去那段動盪困苦日子，那段以「希望」筆名傳達自由之聲的日子。

她在寄往蘇格蘭的信中寫道：「如貞德等我輩女性實在不適合婚姻。」她最常抱怨：「生命滿是無限的悲苦。」王爾德也同意生命是「非常恐怖的東西」，是「人類靈魂中的悲劇。」王爾德在《神奇的火箭》（The Remarkable Rocket）的童話故事中，描述虛榮如何扭曲了現實，寫道：「至於家庭生活，它令人快速衰老，讓人無法繼續追求更高尚之事物。」珍常向二個兒子怨嘆自己的苦命，在寫給奧斯卡的信中，她常署名爲「摯愛的母親」、「悲傷的母親」或「可憐的母親」（雖然她一點也不悲傷或可憐），而她對兒子常用的稱謂則是「吾子奧斯卡」、「親愛吾子」等。

雖然有反英情結，她亦常參加在英國總督宅邸所舉行的舞會及宴會。只要她一進場，必定成爲衆人討論之話題——她這次又穿什麼服裝？她常從衣櫥東挑一件、西揀一件，來自行搭配，但在裙上或服裝的上半部都帶有政治意涵：寫有五行打油詩的蕾絲以及愛爾蘭的毛葛，或者是仿愛爾蘭早期皇后所戴飾物樣式之胸針等。在《格雷的肖像》中，出場短暫的亨利爵士夫人便是珍的化身：「一個好奇的女人，所著之服裝彷彿是在一陣慌亂中所設計出來，在一陣騷動後穿戴在身上。」

在一八五九年的聖派克日總督府宴會時，她前去對總督屈膝行禮時，所穿的服裝更是讓英國的女仕們倒抽一口冷氣：三層的白絲裙，白緞腰帶上面纏繞著金色花環以及一個大型的綠色三葉草，黑髮上帶著羽毛頭環以及鑲金邊的白紗。在瓦斯燈柔和的光暈下，珍看起來像位披著婚紗的新娘。（不過，有人毒辣地批評看起來倒像塊結婚蛋糕。）她向蘇格蘭的知己寫到：「我是否已淪爲單純的女人？婚姻眞是能改變一個人。……我們不再有高尙的想法與宏偉的抽象概念。」

威廉則可能長期爲躁鬱症所苦。珍描述他常規律性在辛勤工作後，便有一段「舉止怪異」與「疑有憂鬱症」的時期，會將自己「裹在黑色柩衣裡」，「像墳墓一樣冷酷、陰鬱與死寂」。兩人都不是生活的好伴侶，除了親密的性關係外，他們需要彼此更進一步的瞭解，但在觀念上卻還不夠開明，無法探討婚姻問題所在。在這方面，他們還是典型的維多利亞時期的人。然而，珍還可以寫信至蘇格蘭抒解心中抑鬱，而威廉則有私生子亨利，在醫院爲其工作，可做傾吐心事之知己。

在一八六二年，威廉榮獲瑞典的「極星令」（order of Polar Star）的殊榮；次年，維多利亞女王任命他爲愛爾蘭的眼科御醫。在一八六四年，威廉受封爲爵士，但並非是因爲他在醫界專業名聲顯赫，而是因爲他在愛爾蘭醫療普查有所成就，這點讓珍相當不悅，因爲她認爲普查並不算是丈夫的成就，然而她還是樂意改用「王爾德夫人」的封號。但是稱謂改變並不代表王爾德一家已躋身上流社會，若受封爲貴爵則將有所不同，但對醫生而言這是不太可能的事情。

王爾德在《溫夫人的扇子》（Lady Windermere's Fan）中寫道：「人生在世有兩種悲劇：一種是得不到所求，另一種是得到所求。最後一種最糟，是悲劇中的悲劇！」這也許是他看到父親在受封後的遭遇所推論的結果。威廉在受封不久後，就被一位年輕女病患，瑪麗．特拉佛斯（Mary Travers）控訴他性侵害。整個事件撲朔迷離，印證了日後王爾德所寫一句充滿智慧的台詞：「眞相絕不單純且鮮少簡單。」

父親在大學擔任法學教授，瑪麗．特拉佛斯小姐生性敏感，容易緊張，而且如日後所顯現，個性相當偏執妄想。一八五四年她年約十八歲，開始接受威廉的治療。在麥立恩廣場時，她常帶王爾德與威利出外遊憩，威廉亦常陪伴她參加演講，幫她購置衣裳與書籍。在兩人相識八年後，威廉試著結束這種關係，提議要將她送至澳洲，讓她當地親戚照顧。

瑪麗一開始反應歇斯底里，然後決心報復，對外宣傳她所謂兩人關係的另一面。某晚，當威廉在都會廳演講時，報僮在廳外叫賣著一本題名爲《芙羅倫斯．波義爾．普萊斯：王爾德夫人的警告》（Florence Boyle Price: or a Warning by Speranza）的小冊子，一本只要一便士，而且內附王爾德爵士所寫的信件。小冊的故事內容爲一位名爲芙羅倫斯的女性（瑪麗引射自己），受到奎爾波醫生（引射威廉）下迷藥以及誘姦，而奎爾波醫生「帶有宛如禽獸的怪異嘴臉，十分猥褻粗俗。」

對於瑪麗這樣的舉動，珍燃起過去在審判庭所表現的火爆性格，立刻加以回應。她先試著買下所有的小冊子。此舉失敗後，又寫信給瑪麗的父親，信中表示瑪麗誣告威廉，是為了要向他勒索，而且「她與低下的報僮私通」共謀陷害威廉。這樣的說法暗示瑪麗色誘報僮，足讓珍被控誹謗。而且當時社會認為丈夫應為妻子的行為負責，威廉也遭到控訴。

威廉塵封的風流過去，在這場風波中開始流傳開來，所有都柏林人都知道他有私生子。在原告的律師團中，有前任都柏林大學誌主編以及愛爾蘭國會黨黨主席伊沙克・巴特。根據瑪麗在庭上的證詞，威廉在一八六二年對她進行性侵害，然而事隔二年，這樣的指控實在難以查證眞實度。

珍在答辯之際就像對著台下表演一樣。當原告律師問到：「當特拉佛斯小姐向妳投訴妳丈夫企圖玷污她的清白時，妳為何不回她的信呢？」她輕描淡寫地回答：「因為我一點都不感興趣。」巴特指出王爾德夫人毫不在乎原告的指控。她是位有尊嚴的證人，回答問題對任何一方都不帶絲毫惡意，因為她如今是位夫人，而不是昔日大鬧法庭的女詩人。由於威廉本身不是被告，他拒絕步上證人席回答令人尷尬的問題。最後，法院基於珍的信判定誹謗罪成立，但對原告控告威廉性侵害則不做任何回應。

特拉佛斯獲判需賠償四分之一便士，而王爾德一家則為此付出了將近二千英鎊。整件事雖然是場昂貴的鬧劇，但王爾德夫人卻因此名聲大噪而興致盎然。她到處寄信描述事件的經過，並且重申都柏林沒有人相信這控訴是眞的，大家都認為瑪麗「發瘋了」，那些「幸災樂禍」的英國報紙報導不實。

也有人趁這次事件藉機損毀威廉的名聲，像是亞瑟．雅克醫師（Dr. Arthur Jacob）。他將威廉視爲對手，妒羨他懂得自我推銷，所以在《醫報》（Medical Press）撰文批評他不在庭上作證證明自己清白，分明是心中有鬼。然而，《醫學公報》（The Medical Times and Gazette）則支持威廉，表示「天才有其光明之一面，亦有黑暗之一面」，相信王爾德對這句格言也深有同感。整件風波沒有嚴重破壞威廉的專業形象，但壓力卻讓他健康每況愈下，開始習慣性咳嗽，看起來也蒼老許多。

就像王爾德所說的：「一次審判就是一生的審判」，威廉在訴訟結束後更不常待在都柏林，在外地瘋狂地購置房地產與興建房屋。訴訟之前他在都柏林南方的一個度假勝地承租了四棟面海房屋。一八六五年從母親的家族取得了十五英畝的土地。這塊地在梅佑郡與靠近康的地方，可以俯視寇里柏湖，襯著遠處的摩伊科冷嶺之山色。湖面風光壯闊，小島星羅棋布。此地區的歷史古蹟十分豐富，其中最著名的就是康修道院，王爾德曾參與其修復工程。

愛爾蘭傳說傳說中馬革（Magh）與圖拉（Tura）兩國交戰的戰場亦在此地，而魔眼巴伯（Babor of the Evil Eye）就是戰死於此役。王爾德對此傳說深信不疑，盡其所能找出最接近戰場的地點，並在那蓋了一棟兩層樓的尖頂屋，命名爲「摩伊圖拉」（Moytura）。摩伊圖拉距離小紅島則有三十一英哩，道路蜿蜒多塵，若是騎馬或搭乘馬車反而交通不便。

此後，一家人度假的地點從之前到南方的布雷，改成到西方去。王爾德對此地的寧靜與休閒情有獨鍾。小紅島是個雲靄飄渺、時晴時雨的地方；王爾德認爲此地是個神奇的回春之地，可以讓他「比實際年齡還年輕數歲。」葉慈的母親亦在附近的西爾歌出生，所以葉慈認同王爾德身上流著相同的「半開化的血液」，這源自於這富有傳奇故事地區的血統。

王爾德譏嘲英國上流社會在鄉間的休閒生活，因爲他認爲在英國沒有像科勒馬拉的地方。如在《微不足道的女人》中，便明嘲暗諷地寫道：「我確定我若在這國家待了半年，最後會變得毫無文化氣質，沒有人會注意我」以及「英國鄉紳追逐獵狐：一群不可理喻的人全力追逐著不可食用的動物。」王爾德本身不善騎馬，但他樂愛釣魚與打獵。在小紅島時，他凌晨五點便起床，等待西太平洋邊的晨曦，空氣中成千上萬的微塵碎裂成七彩的光暈虹彩，照耀在菲港上。在他度假期間寄給同學的信中，字句中洋溢著對當地戶外的喜愛。

當威廉探索古蹟，蒐集資料寫書時，威利與奧斯卡便常伴隨兩側。王爾德喜愛古蹟挖掘，在唸完牛津大學後，曾想申請進入考古學系就讀卻未能如願。父子三人還曾發現一棟外表沒上灰泥的建築物，裡面有兩間拱型土窖，像是蓋錯地方的石灰窯，這兩間石窖可以聽到另一間的聲音時，他猜這可能是以前附近修道院的監牢或苦工房。當時十三歲的王爾德生平第一次看到監牢，而他大概也沒想到自己有一天也會身陷牢獄之中。

第三章　離家求學

一八六四年二月，王爾德與威利在艾尼斯克冷附近的波爾托拉皇家學校就讀。王爾德當時未滿十歲，還不適應住校就讀，而威利則已滿十二歲。學校地處爾尼湖上下交界處，風景恬靜優美，附近還有修道院的遺跡可供考古探勘。波爾托拉皇家學校自視可媲美英國伊頓名校，連校歌的曲調都相同。而就像英國的學校，波爾托拉要求學生住宿，教育中產階級子弟，重體育而較不重智育，並且相信洗冷水澡有益身體健康。

比起伊頓以及其他愛爾蘭的天主教公立學校，波爾托拉較重視傳統及階級。在此求學的七年歲月裡，王爾德受到良好且自由的教育，他在此接觸古典文學、貪婪地閱讀詩集，增進才智以及第一次與同齡的男童接觸交往。他希臘文學的造詣可以說是在波爾托拉奠下的基礎。他當時很受歡迎，相當逗趣而不會惹人討厭，對音樂與數學能不碰就不碰，而且討厭體能活動。

王爾德在波爾托拉的同學有克勞德・波瑟（Claude Pureser）和愛德華・蘇利曼（Edward

Sullivan），前者是王爾德在古典學上的對手，後者注意到王爾德有「浪漫的想像力」。兩人也跟王爾德一樣進三一大學就讀，最後波瑟留在母校成爲拉丁文教授，而蘇利曼的主要研究愛爾蘭古書。兩人在數十年後對波爾托拉時期的記憶已經模糊，只記得王爾德善於寫作，且比大多數人都還聰明。

王爾德面貌英俊而帶稚氣，雙眼眼皮深邃略往下垂，雙唇像父親一般大而厚。此時的他沒被世間的虛華所污染，還不會用「面具」遮掩原來的自己。他日後寫道：「對世人而言，我似乎只是個玩世不恭的風流人物，這也是我刻意營造出來的面目。向世人打開自己的眞心是不智的……在如此粗俗的時代，我們都需要面具。」

對威利與王爾德而言，讀同一間學校對彼此都是折磨；兩兄弟走在同一個走廊、在同一個餐廳用餐，並在學業上一較高下。一開始，校長比較看好威利，認爲他是全能的好學生。威利一開始給人的印象是「聰明、飄忽不定且充滿活力。」他彈得一手好鋼琴，常在交誼廳內吸引許多聽眾，這讓王爾德又嫉妒又惱怒，因爲他缺乏音樂天分，即使在日後的美學時期，他也不欣賞音樂。正如華爾特・派特（Wlater Pater）所形容，對王爾德而言，音樂是該渴求之理想境界，但他又認爲音樂的力量很危險，不但無法提升人類靈性，反而會帶來負面影響。在《身爲藝術家的評論家》（The Critic as Artist）一文中，王爾德認爲音樂可以讓聽者產生「恐怖經歷」、「恐怖的歡樂，或狂野浪漫的愛情」等幻覺，即使聽者「之前過著十分正常的生活」。在《格雷的肖像》中，格雷認爲：「音樂並不精準，它不是一個新世界而是另一個混沌世界。」亨利爵士充滿音樂性的言語能挑起他的情慾，因爲言語閃爍、意義不明。

隸屬於愛爾蘭教會的波爾托拉相當重視學童對沉悶的新教教義的學習，王爾德也不能倖免。學校早晚都舉行祈禱會，一直到五年級日間都安排了讀經課。王爾德善於探討上帝、政治、與文學等話題，常與同學討論到深夜。這樣的討論可以看出學生的程度。他還有一項令人瞋目結舌的專長：背對著石廳的暖爐，面對著同學，拿著一本厚重的書隨便翻開兩頁，快速地掃讀一遍，便可以精確地講出內容的概要。王爾德像他的父親一樣見聞廣博且過目不忘。

特拉佛斯控告珍的審判在十二月十二日開始，爲期共五日，當時兩兄弟都還在學校。報紙頭條披露出父親與瑪麗兩人過往的關係，而瑪麗過去還常帶兩兄弟在都柏林散步。兩兄弟從學校返家過耶誕節，看到的是混亂的麥立恩廣場，而新學期回到學校又面對同學的竊竊私語。

在英國的公立學校中，同性戀在生活中是可以被接受的，就好像二十世紀可以看到色情小說出版一樣普通。學校在學童的同性戀傾向發展上舉足輕重。但是波爾托拉跟伊頓等英國名校不一樣，貝克特（Samuel Becket）於一九二〇年代曾在波爾托拉就讀，在他傳記中所描述的波爾托拉，並不是個同志風氾濫的地方，不過「學長與學弟之間存有細膩的情誼，追求仰慕等浪漫行爲亦不罕見，而校方與公共輿論似乎從未加以制止約束。」

王爾德認爲這種柏拉圖式的關係是同性間最理想的情誼，也是學生生活中最舒服自在的。他日後向他的至愛道格拉斯爵士提到在學校與密友交往時說：「僅止於細膩的友情而已」。道格拉斯則形容王爾德這段生活為「一般學生玩的把戲」。這種細膩、或是單相思的友情，大多只是偷看唱詩班的成員或是曲棍球隊隊員，不然就是與另一個學童勾肩搭背地走在隱密的道路上。

《格雷的肖像》中充斥著角色彼此注視的情節，意味著驚豔與默默的愛慕，如貝西爾・豪渥德對格雷說：「當我們四目交接時，我臉色發白。一股莫名的恐懼佔領我全身。我知道必須與某位個性迷人的人面對面，而且我若把持不住，我全部的自我、靈魂與藝術都將被吞噬。」格雷只有在注視自己的畫像時，才發覺美貌讓自己成為眾人注目且崇拜的性幻想對象。

如果讓青少年多多接觸古典文學，很有可能被影響而成為欣賞男體的行家。教科書對圖片的審考甚嚴，只能靠文字的描述讓讀者想像裸體雕像的模樣，而古代希臘文化較推崇男性裸體之美，並且視男性間情誼比婚姻更為崇高。在波爾托拉的古典文學課上，主要的教材是一七六四年出版的《古代藝術史》（History of Ancient Art），作者是首位現代希臘學者喬漢・喬辛門・溫克曼（Johann Joachim Winckelmann）。溫克曼從未去過希臘，也從來沒見過自己筆下所描述的雕像。而王爾德十歲時，就在愛爾蘭國家藝術館首次對外公開時第一次親眼看到古希臘羅馬文化藝術品。藝術館就在他家斜對角，非常適合全家週末參觀。

比起英國的哈羅中學，波爾托拉的同志風可說是小巫見大巫。《希臘詩人研究》（Studies of the Greek Poets）作者約翰・艾丁頓・西蒙德斯（John Addington Symonds），曾於一八五〇年代中期就讀哈羅，他記得：「宿舍與書房的談話都相當猥褻色情。不時可看到學生彼此雞姦、手淫與在床上裸體嬉戲。毫無美感、情感與熱情；這些純粹是動物的本能，讓我備覺噁心與厭惡。」

在閱讀柏拉圖的《菲德魯斯》（Phaedrus）與《饗宴》（Symposium）中，西蒙德斯發現「自己靈魂透過柏拉圖與自己對談，彷彿在前世我曾過著充滿哲學的希臘愛情生活。」史特曲（Lytoton Strachey）表示他在十六歲讀《饗宴》時，是「帶著喜悅與痛苦交織的衝動」，以及「又驚又喜，發現原來早在二千年前，文化昌明的希臘人也有和自己相同的感覺。」西蒙德斯認爲柏拉圖的作品對青少年有害，在翻譯柏拉圖的作品時淡化了關於同性情誼的部分，但西蒙德斯本身並未參與任何抵制柏拉圖作品的活動。

柏拉圖的作品讓王爾德產生對同性戀情的孺慕之情，也爲古希臘文念起來抑揚頓挫而深深著迷。當王爾德在三年級是班上第四名，而哥哥威利落到十三名時，校長改變了對兩兄弟的看法。在翻譯修昔底德（Thucydides）與柏拉圖等希臘文學作品時，若論譯文的音韻優美，沒人比得上王爾德。且他對希臘文化的熱愛與嚮往，讓他的譯文超越了字面翻譯。

學生到波爾托拉時會帶著洗衣籃，等裝滿髒衣服時就送回家洗，回來時籃中不僅裝著乾淨的衣物，還會帶著父母的愛心，像是餅乾、蛋糕、糖果等一些甜味點心或是像香腸的食物。王爾德十三歲時在信中就有提到洗衣籃的事情：據說在信內還附上威利與自己的素描肖像，上面寫著：「有洗衣籃之歡喜；無洗衣籃之哀傷」。王爾德雖然沒有說明「快樂的驚喜」是何物，但應該是點心與食物。《國家評論》則刊載了王爾德母親最新關於革命的詩文作品《致愛爾蘭》。華倫阿姨就是珍的姊姊，與珍的政治理念不同。是否王爾德夫人以顏色來區分兩兄弟？還是王爾德自己選擇了深紅與淡紫色的睡衣？

在家的王爾德夫人則照顧伊索拉、讀愛子的來信，並盡可能的投入寫作。一八六七年冬天，伊索拉感染了十九世紀快速蔓延的熱病，康復後被送到鄉下療養，不久又復發，最後在二月二十三日過世。威廉說這樣的悲劇讓他成爲「終生的哀悼者」，而珍對失去她「光芒四射的天使」亦感到同樣的哀痛。珍因爲伊索拉的過世不再熱愛社交活動，爲愛女哀悼了三年。

妹妹的過世讓王爾德備受打擊。照顧伊索拉的醫生回想，當時十二歲的王爾德是個「感情豐富、謙恭有禮、如夢幻般的小孩」，他那「孤獨、無法平撫的哀傷」，唯有藉著「經常探訪村落公墓裡妹妹的墳墓」才能找到抒解。

王爾德因爲喪妹之痛變得更成熟，更像位詩人。在他日後的詩中，如《潘西亞》（Panthea）與《查米蒂斯》（Charmides），他繼續探索在成年之前早夭的問題。在《查米蒂斯》中，一位森林女精靈與一個死人做愛，而在《漁夫與他的靈魂》（The Fisherman and His Soul）寓言中則相反，一位青年與死去的人魚做愛。生性敏感的孩童在青春期會經常爲生老病死的問題煩心。

在《牢獄之歌》（The Ballad of Reading Gaol）中，他寫著：「每個人都會毀滅他所心愛的東西」，反映出他生活中的陰影。如果妹妹會突然過世，那父親與母親也有可能。王爾德一生都害怕衆人離他而去。在他的劇作中，他不斷重複母親不愛其子女、或是因重大事故而喪子等主題，而在《格雷的肖像》中，更將死亡定義爲對肉慾的處罰。

一八七〇年，十八歲的威利進入三一大學就讀而回家住，一掃母親的灰暗陰沈。與威利共進晚餐，一家人氣氛融洽，有時還小酌一下助興。這樣的轉變讓珍發現，原來長期封閉已讓自己的才智與動力枯竭，所以決定重拾女主人的生活，一週至少舉辦一次沙龍聚會。從陰鬱低潮到活躍社交圈，這樣的轉變相當大，不過這也是王爾德一家常有的特質。

有位曾參加的賓客回憶，珍的沙龍是「才子名士聚會之所，有著名的科學家、藝術家或文學家」。每一位參加的賓客，珍都會多次公開介紹，她認爲這樣能夠拉近人的距離，不過卻常因爲過度親近而造成反效果。威廉試著扮演好丈夫與盡職男主人的角色，但當家中變得過於擁擠吵雜，他就會到樓下書房避難，與醫界的同事舉行自己的聚會。在自己的聚會中，威廉常講自己在埃及旅行的故事。聽衆中有位三一大學的學生，名叫布雷姆．史托克（Bram Stoker），是經典吸血鬼小說《吸血鬼》（Dracula）的作者，而史托克於一九〇三年出版的小說《七星之寶》（The Jewel of Seven Stars），其劇情靈感就是源自威廉在一個古幕外發現女侏儒乾屍的故事。

珍大膽無忌的快人快語廣爲都柏林人所流傳，而且愈傳愈誇張。某次當史托克向珍介紹一位他稱爲「半英國半愛爾蘭」的年輕女士時，據說她回應道：「很高興認識妳。妳那英國的上半身與那愛爾蘭的下半身一樣受到我的歡迎。」有人曾問珍怎樣吸引這麼多有趣的人，她回答：「因爲我讓他們覺得有趣。這很簡單。只要集合各式各樣的人，當然不可以有無趣的人，然後再小心仔細地讓大家混合在一起。不用在意他們是否品德高尚，沒有道德感也無所謂。」

曾經有位訪客想邀請倫敦一家著名報社的記者參加聚會，徵求珍的同意。她回答：「請。記者應該可以構成更大的吸引力。」在與一位三流小說家的女兒客套寒喧時，她說：「歡迎，親愛的。妳像極了妳那充滿智慧的父親，但妳沒有遺傳到他那高貴的眉毛。我可以從妳眼皮形狀看出，妳有明顯的藝術天分……。聽說妳有愛人了，真可惜，愛情是雄心抱負的墳墓。在還沒看過更多男人之前，可不要把自己侷限在感情裡。」

王爾德夫人的服裝總是能帶來無盡的話題。某位客人描述：「纏繞在她那粗腰上的是條東方風味圍巾，上有金線刺繡。她那長又大的臉上塗滿白粉。藍黑色的秀髮上戴著月桂編成的頭冠。胸部上別著一串家人圖像的大胸針，一直垂到腹部，讓她看起來像個四處走動的家族陵墓。」這位身材高大超重的女主人令人側目，但這正是她的目的。從美國來的女伯爵安娜·德·布雷蒙（Anna de Bremont）與王爾德和他母親認識多年，從珍身上看到「內斂的光芒」，這「比最時髦的服飾更讓人驚奇，她穿上古代的華服，所展現的優雅與自信，蓋過原本的怪異。」

王爾德有句格言：「有其母必有其女，這是女人的不幸。有其母並無其子，這是男人的不幸。」。不過，他自己就違反了這規則，他不僅像母親一般，在引人注目上，他更是青出於藍，而勝於藍。

第四章
培養美感

王爾德一八七一年十月十日進入三一大學就讀，他在學生手冊上的簽名已簡化成：「奧斯卡・王爾德」。在波爾托拉時，他的希臘文學成績卓越，贏得卡本特獎（Carpenter Prize），並且獲得皇家學院獎學金。三一大學人才輩出，如史威夫特、康葛利夫（Congreve）、高德史密斯（Goldsmith）等名人均為此校學生。一進拱型的校門，就可以看到鋪著卵石的校園廣場，裡面有顆大橡樹，樹下常有學生聚會，如惠特曼曾在樹下與史托克等人分享他的詩《菖蒲》（Calmus）。進到這校園，王爾德覺得備受束縛，因為這一切太習慣也太熟悉了。

大多數學生一進大學就必須拋棄過去的黃金歲月，開始過著水深火熱的苦讀日子。但王爾德不同。他剛回家時和其他都柏林學生一樣，第一年與父母親同住，接著搬至一間名為「植灣」的宿舍，與他哥哥同住了一陣子。王爾德對未來毫不在意，早上或下午醒來時都隨性而為，做自己喜歡做的事。在大學課業成績優異以及獲獎，對他而言並非難事，不過有時還是需要熬夜苦讀，臨時抱佛腳。王爾德這時想要的是學業之外的啓發，尋求心靈上的覺醒：熱情的理念、信仰或可撼動靈魂的事物。

他在校內雄偉的長房圖書館，環顧四周看到的都是熟悉的臉孔，如在波爾托拉的同學波瑟與蘇利曼；愛德華・卡爾森（Edward Carson），王爾德兒時堆沙堡的玩伴，日後擔任他醜聞案的主要檢察官。王爾德在課堂上會刻意挑戰教授，而如果教授無法提出滿意的答覆，便以翹課作爲抗議，其中一位教授是愛德華・道登（Edward Dowden），他是第一位英國文學教授，也是惠特曼的擁護者，他與古典文學的教授競爭課程時數，以便安排較多英國與美國文學的課程。王爾德的目空一切讓他在大學交不到朋友，亦可能惱怒了道登，導致日後他不願意簽署讓王爾德出獄的請願書。

威利比弟弟早兩年進入三一大學，亦以其專長獲得優異的成就。他獲得倫理學著作的金牌，在哲學社擔任重要幹部，發表了《繪畫與國家道德》（Painting and National Morality）等數篇文章。某次當其父親擔任客座主席時，他還爲娼妓制度作辯護。王爾德也參加了這兩個著名的學生組織，但實際上是史托克推薦他加入哲學社，但王爾德則以缺席而著名。

威利在外表上也有改變。他爲了要跟永遠嘴上無毛的王爾德有所區隔，蓄了鬍鬚。據說威利的言詞和弟弟一樣令人記憶深刻。在大學，兄弟間的競爭關係淡化了，但在校刊上還是你來我往、針鋒相對。這份校刊吸引許多希臘文、拉丁文的詩文、翻譯與打油詩等作品投稿。兩兄弟是自小受父母薰陶的詩人，所寫的作品均引經據典，王爾德說過威利是拾人牙慧，而他是剽竊他人智慧。威利較有名的作品是短詩《莎樂美》（Salome），在一八七八年刊出。而王爾德則是用同一個聖經故事，在一八九二年寫出備受爭議的同名戲劇作品，後來由理查・史特勞斯改編成大受歡迎的歌劇。

開學後一個月，同父異母的兩位姊姊艾蜜莉與瑪麗相繼過世，分別享年爲二十四歲與二十二歲。威廉在四年內失去了三位女兒，也越來越自閉，而到摩依圖拉隱居。這個悲劇加深了王爾德對死亡與命運的憂鬱，唯藉著讀書到深夜、下午才起床，才能稍加抒解。他在史文波恩（Swinburne）與葉慈的作品中得到慰藉，溫習父親曾教過他的惠特曼詩集，他也喜歡讀愛德蒙・波克的《哲學探討人類對神聖與美之觀念起源》（A Philosophical Inquiry into the Origin of Our Ideas on the Sublime and Beautiful），此書爲學校美學課所規定之教材。然而他所喜好之文學風格與文體並不是源自紐曼（Newman）或亞諾德（Arnold），而是波特萊爾、派特與馬勒梅（Mallarme），有時是魯斯金（Ruskin）等人的作品。葉慈認爲想像力比智能更重要，王爾德也十分認同。他在一八七七年至葉慈墳前悼念，並寫了一首詩致意，將這位二十五歲死於肺結核的詩人，比喻成殉道犧牲的聖者。

王爾德與當時的拉菲爾前派兄弟會亦有密切的交往。拉菲爾前派兄弟會成立於一八四八年，是當時最前衛的藝術與文學運動組織，由七位藝術家與作家組成，包括羅賽堤、米雷（John Everett Millais）與漢特（Willliam Holman Hunt）等人。王爾德相當欣賞羅賽堤的頹廢主義畫作，其主題大多是身材如雕像般勻稱的模特兒，披著飛揚的長袍，臉上露出類似快達到性高潮般的夢幻神情。美學理念與其重要性盤據了王爾德全部的思緒。「美學」（Aesthetics）此字是一七五○年由哲學家亞力山大．包姆嘉登（Alexander Baumgarten）所創，其觀念可追溯至柏拉圖。王爾德認爲要「爲藝術而藝術」，也就是指藝術應該要以藝術本身作爲考慮重點。雖然這句格言可以用來當作號召口號，但並不是王爾德原創，早在一八○四年便有人使用。王爾德將這一切歸功於法國作家高迪耶（Theophile Gautier），因爲他的不斷推廣，這句格言才會廣爲流傳。

在倡導藝術應爲藝術之美而存在的同時，王爾德也反對魯斯金提出的「藝術有其道德目的」。王爾德到美國演講英國文藝復興時，他就表示「我們，每一個人，窮盡光陰就是要尋找生命的秘密。生命的秘密就在藝術之中。」他的美學理論主要源於派特在一八七三年出版的《文藝復興史研究》（Studies in the History of Renaissance）。王爾德曾說：「這本書對我一生有著無法形容的影響力。」派特書中的結論引起軒然大波，因爲他主張人生應該在充滿熱情時，藉由狂喜而達到人生的成就。

王爾德一直喜歡在談話中使用警句、格言與悖論，達到語出驚人的效果。而母親的沙龍聚會則提供了良好的舞台，還有一群爲他著迷的聽眾。他傲慢自大地開始將自己視爲一件受眾人欣賞的藝術品，最後成爲一位唯我獨尊的自戀狂藝術家。他曾說：「生命模仿藝術，而非藝術模仿生命」。既使是胡言亂語，他也要別人全神傾聽。珍對兒子相當滿意，曾對喬治．摩爾的父親表示，威利有一流的頭腦，而王爾德長大一定會成爲「不凡的人物」。

王爾德在植灣宿舍十八號房間裡的畫架上，擺著一幅未完成的山水畫，可能是描繪摩伊杜拉的景色。如果有訪客來，他會說「剛畫了一隻蝴蝶進去」，這是引用惠斯勒（Whistler）簽名的典故（譯註：惠斯勒簽名像隻蝴蝶）。王爾德後來曾這樣描述他的寫作情況：「早上在辛勤寫作後，我刪掉一句話裡的逗點……。到下午，我再把這逗點放回去。」

他覺得大學生活相當無聊，曾抱怨同學間「最高級的幽默只是不堪入耳的故事」。學生與酒吧女服務生或是與阻街女郎的「粗糙情愛」，讓他噁心厭惡。他不願去酒吧等大學生荒唐場所，也很少在房間內招待同學。因爲威利已前往倫敦研讀法律，王爾德便常常回家，但自己家其實就在大學旁，父母的聚會中也常看到學校的教授，對王爾德而言，三一大學的生活的確毫無驚喜。

在三年的大學生活中，對王爾德影響較深的關係人物，是他的導師約翰．潘特蘭德．馬漢菲（John Pentl and Mahaffy）。馬漢菲比他年長十五歲，日後王爾德也喜歡與小他十五歲的青年交往。馬漢菲在十六歲時進三一大學，並留在校內任職，直到一九一四年他七十五歲時升至教務長才退休。他熱中趨炎附勢，是訓練勢利眼的最佳良師。雖然已婚，卻未與妻子同住，過著單身漢般的生活；此外，雖然他是第一位出書描述希臘同志愛的古典文學家，但本身對同性戀情並無興趣。

在才智上，導師與學生可說不分軒輊、默契十足。王爾德正處發育期，很快地就與六呎三吋的馬漢菲同高。王爾德之所以離開都柏林到牛津，然後留在倫敦，馬漢菲就是背後的推手。王爾德之所以熱愛研究希臘文化，暫時擱置對羅馬天主教的興趣，馬漢菲也是主要原因。王爾德稱馬漢菲是他「第一位以及最好的老師……這位學者教導我如何喜愛希臘的事物。」每當王爾德需要認同時，馬漢菲總會表示支持他。但最後王爾德成爲文學評論家，對馬漢菲的書頗有微詞，而馬漢菲將他的書評視爲污辱，兩人關係開始交惡。

比起在古典文學的成就，馬漢菲在談吐技巧的才能更是卓越。他在《談話藝術原則》（The Principles of the Art of Conversation）一書中寫道：「在現代社會所注重的技能中，如何能言善道爲首要技能。」王爾德對此論點也十分贊同。當時有人表示：「除非曾聽過馬漢菲講話，否則無法明白原來可以如此使用語言，令人爲之陶醉著迷。」王爾德書中的亨利爵士以如音樂般的聲音，迷惑了格雷，而他就是馬漢菲的化身。

當馬漢菲於一八八七年出版《談話藝術原則》，所列舉的許多原則聽起來像是由王爾德代筆，如：避免迂腐，避免明確以及說話不要矛盾等。書中亨利爵士說：「人要吸收生命的色彩，但不要記得細節。細節通常相當粗陋。」王爾德曾對亞瑟．柯南．道爾（Arthur Conan Doyle）說：「我與生命之間，總有一層文字的薄霧。爲了寫出一句格言，我將所有的可能丟出窗外；爲了寫出一句警語，我拋棄了眞實。」馬漢菲的格言有「詩人是天生的，而非後天的」以及「藝術所反映的並非是生命，而是觀衆。」但他缺乏王爾德擅長的矛盾逆論才能，所以有許多並未廣爲流傳。

王爾德認爲說謊沒有道德或不道德之分別。當他爲馬漢菲寫書評時，他同意說謊者在談吐說話方面，常勝過「一絲不苟的老實人，後者不時斟酌字句，懷疑所有事情，並且更正每個錯誤。」

謊言的眞理已融入王爾德個人哲學，日後他在《說謊的沒落》一文中寫道：「編織美麗的謊言是藝術的目標」。他所發展的說謊才能其實是用來自我防衛，來免於自我恐懼，以及免於感到他人的負面批評。當他說「在學會說話前，人性本善」，便暗示了說話就是在說謊。王爾德作品中的角色彼此爾虞我詐，說些言不及義的煩人瑣事，顯示出現代主義對語言的不信任。

這樣對語言的不信任源自於愛爾蘭文化傳統。王爾德的《誠摯的重要》以及日後約翰・米靈頓・辛基（John Millington Synge）的《西方世界花花公子》（Playboy of the Western World），兩書主題都是博大的說謊藝術：前者描述一個需要謊言才能運行的社會；後者顯示出謊言力量如何造就人的一生。王爾德本身就常說謊，而且還鼓勵朋友說謊。結果他的一生便成爲一連串美麗的謊言。然而這就是他所要的，成爲讓人無法一眼看穿的神秘人物。

身爲馬漢菲的學生，王爾德爲他的書《從荷馬至米南德之希臘社會生活》（Social Life in Greece From Homer to Menander）作審稿工作，可能內容也影響了王爾德。在一八七四年的第一版中，馬漢菲將同性戀形容爲「那種奇怪且噁心變態的關係，實際上主要是以面容姣好的青年爲主，這樣的浪漫情感原本我們只有在異性之間才感受得到。」清楚寫出柏拉圖在「饗宴」中沒寫出的部分，也點出了班哲明・喬威特於一八七一年翻譯中所刻意掩蓋的內容。

馬漢菲認爲希臘社會的確有同性戀，因爲當時男性比女性更有文化素養。馬漢菲寫到：「當時沒有人提倡女性高等教育。許多城市內有排擠女性的傾向，限制女性陪同其男友。因此女性由俊俏端正的青年所取代。少年面如處子，靜如少女，如索隆（Solon）、席歐格尼斯（Theognis）、蘇格拉底與艾帕米隆達斯（Epaminondas）等人，幾乎所有偉大的希臘人物都爲之深深著迷。」

然而他的論點聽起來倒像藉口而非解釋，並且避免從性慾角度來探討同性戀。他想要讓大家注意希臘文化中的同性戀情，並非導正社會對同性戀的看法。出版後他遭到許多負面批評，被情勢所迫便在第二版刪掉這些禁忌部分，也刪掉對王爾德「感謝其改正且改進此書內容」。

王爾德認爲當愛爾蘭文藝界爲他「不敢表明之愛情」的定義而震驚不已時，其實都誤解了同性戀情中感性的一面。他認爲這樣的愛情是柏拉圖的哲學基礎，「美麗且細緻，這是最高尚的感情形式。完全不違反自然。這是心靈上的感情，不斷地發生在年長與年少的男性之間，年長者心智成熟，而年少者享有生命中所有的歡樂、希望與光輝。世人不會瞭解，並嘲笑這種感情，有時還加以迫害侮辱。」雖然王爾德對希臘感性的同性戀情深深著迷，而且在中學時也可能與同學之間有愛撫的親密行爲，但他並未完全認同自己是同性戀。他計畫要結婚，並且就像個唯美論者，他要求自己與未婚妻在婚前都能保有童貞之身。

耶穌是王爾德的偶像。耶穌是個浪漫主義的藝術家與詩人，一位性傾向不明的個人主義者，也是一位美學家。王爾德在《獄中書》（De Profundis）中寫到：「耶穌的地位其實與詩人一樣」，而耶穌被釘在十字架上，已成爲一種藝術品，「吸引並獨佔了藝術者的注意，沒有任何一位希臘神祉能相比。」在十字架上的耶穌可說是天主教中同性戀的象徵：他幾近全裸，而且通常在生殖器部位顯現著勃起的現象，藝術史學家認為這是人類救贖的象徵。相信對天主教義有興趣的人，都讀過紐曼的自傳《為己申辯》（Apologia pro Vita Sua），內容記述他在一八四五年改信天主教之情形。紐曼的一生都在尋找完整自我與意義，與王爾德有點類似。兩人都對天主教有著持疑態度。

對王爾德而言，天主教本身就是個矛盾：既帶同性戀的暗示卻又反同性戀；既古典又現代；既注重靈性亦注重肉慾。天主教激起人類的慾望，然後又加以譴責。當時歐洲的頹廢派藝術家（Decadent）與同性戀者都紛紛皈依天主教。在法國有于斯曼（Joris-Karl Huysmans），著有《錯誤》（A rebours），王爾德蜜月時常看這本書；巴貝・都瑞維伊（Barbey d. Aurevilly），著有《魔鬼》（Les Diaboliques）；詩人魏崙（Paul Verlaine）因為射殺同性愛人而入獄，在服刑中改信天主教。在倫敦，則有李歐奈爾・強生（Lionel Johnson）、約翰・格雷（John Gray），畢爾德斯理（Aubrey Beardsley）與拉法洛維奇（Marc-Andre Raffalovich），這些人在皈依天主教前，王爾德曾在倫敦與他們有一面之緣。天主教在當時蔚為時尚，特別是在同志圈內。根據王爾德的觀察：「要改變別人的信仰相當簡單，但要改變自己的信仰則是件難事。若要達到內心真正所信仰的，人必須要口是心非。若要知道真相，人必須先經歷無窮的虛假。」

王爾德不時有皈依天主教的內心渴望掙扎，但總是在關鍵時刻退縮。情緒低落時這樣的渴望更是難以抑制。而他想要改變信仰在家中也不是秘密，他曾與牧師會談並且參加彌撒。如果王爾德在一家晚餐時提起最近羅馬教皇所講的教義，則會引起家中的風暴。父母親對這件事非常反對，但王爾德正值青春反叛期，父子倆常爲此事爭吵，而精於辯論、口若懸河的王爾德總是能輕易地佔上風。相較之下，珍就沒這麼激烈，這是有原因的。

若要瞭解天主教在王爾德身上所扮演的角色，就必須從威廉與珍兩人的婚姻看起，特別是伊索拉出生五年後到與兩人冷戰這段時間。威廉在聖馬克醫院的病患很多都是天主教徒，雖然他沒有偏見，但他兩個哥哥都是愛爾蘭教會的神職人員；他參加禮拜，而且熱愛自己的宗教信仰。而珍受到皈依天主教風潮以及幾位最近皈依的朋友影響，原本固執的她也想親身體驗一下。而且她曾讓兩個兒子私下受洗。據教堂的福克斯牧師（L.C. Prideaux Fox）表示，王爾德八歲時便已受洗；因爲是私下受洗，所以沒有紀錄。（王爾德出生後，接受愛爾蘭教會受洗所登記的日期爲一八五五年四月二十六日，在都柏林皮爾斯街的聖馬克教堂所舉行。）這是福克斯牧師於一九〇五年所公佈的說法，當時他已高齡八十五歲。

他回憶當時，儀式結束後王爾德夫人希望能轉告丈夫這事情，而當他告訴威廉後，威廉回答：「只要孩子長大跟母親一樣好，我不在意他們將來怎樣。」這聽起來相當有紳士風度，但這應該是虛構的，因爲日後王爾德發現父親不斷阻止其改變宗教信仰，甚至控制他日後墓地的選擇。據說，王爾德依稀記得自己接受了第二次受洗，或許這剛好成了《誠摯的重要》中的劇情題材。

王爾德在三一大學要出人頭地並不是難事。他在競爭激烈的考試中脫穎而出，榮獲柏克萊希臘文學金牌，這是當年最高的古典文學獎項。在一世紀前，他的遠房親戚邁特寧也曾獲得這個獎牌。王爾德有兩項第一：希臘詩文寫作比賽第一，以及在古典文學上獲得第一名獎學金。王爾德的母親不僅在比賽時親臨會場，還帶了麥立恩廣場的左鄰右舍一起來「給親愛的王爾德加油。」在王爾德有了想離家的念頭後，他的確需要些動力才能在都柏林多留一年。據傳馬漢菲看到王爾德渴望驛動的焦躁不安，便開玩笑地對他說：「去牛津吧，我親愛的王爾德！對我們都柏林來說，你還沒聰明到可以留在這。」王爾德早已做好離家的準備，也輕易地獲得了牛津大學馬德蓮學院提供的古典文學獎學金，為期五年，每年提供九十五英鎊的資助。

王爾德的傑出表現過了三個月後，仍在麥立恩廣場餘波盪漾。王爾德夫人逢人便誇耀自己的天才兒子在牛津也會跟在三一大學一樣出人頭地。而且她夢想威利也將開始那前途光明的國會職業生活。王爾德搭船離開時，家人在岸邊快樂地與他揮手道別，此時父親威廉還天眞地以為兒子此行會放棄改信天主教的念頭。但是牛津才是天主教信仰者的大本營，那裡有紐曼、亨利・愛德華・曼寧（Henry Edward Manning）以及吉爾德・曼利・哈金斯（Gerard Manley Hopkins）等名人，對倡導天主教信仰更是不遺餘力。王爾德從未回頭看故鄉一眼，迫不及待地收拾行囊離去。

他日後曾說生命中有「兩大轉捩點」，一個是當父親送他至牛津求學，另一個是當他被判入獄之時。他一生可以被簡單地歸類成流放者的生活。在牛津時他一手編劇，以奧斯卡・王爾德的英國身份自居，戴上自己塑造的面具；在牢獄中他拋棄了面具，瞭解自己過去如何揮霍自己的才能，最後落得背負著「同性戀者」的罪名。

王爾德一八七四年進入馬德蓮學院時，剛滿二十歲。他已經不是個小男孩，而是個青年。他曾說：「我們無法追回青春，那二十歲時在體內的歡樂脈動。」當他完成學業時，他承認：「這想起來令人傷心，無疑地，但才智的確比美貌更爲持久。這就是爲什麼我們要費心接受教育。」王爾德身材異常高大，依然不善社交，緊張會滔滔不絕地講些囫圇吞棗學得的藝術理論與生活哲理。

他的出身、他那「不凡的姓氏」與「高尚的社會地位」在牛津並沒有比在三一大學來得顯赫。在《獄中書》中，他還自持出身高貴，稱愛人道格拉斯爵士爲「與我社會階層與背景同等的青年」。王爾德試著在家庭背景上自我膨脹，但是同學們個個系出名門，父親威廉爵士的名號相形下甚爲失色。

入學後前幾個月，就像其他剛入學的學生，王爾德顯得有些不適應。他必須要重新定位，證明自己的實力。他需要外表與「面具」來建立威信權力，所以必須有許多「面具」。他像演員一樣每日自導自演，在他自己發覺前已經成爲不同的王爾德了，整個秘訣在於虛僞。在劇中，格雷講到：「虛僞眞是如此恐怖的事情嗎？我無法苟同。它只是我們可以人格多元化的一種方式而已。」在往後的二十六年，他數次改變自己的定位，更換不同的「面具」。受派特影響，也在豐富幻想的煽動、以及喜好誇耀的個性驅使下，他選擇在牛津扮演起美學家的角色。

第五章
馬德蓮學院

在王爾德的牛津宿舍房裡，他對天主教的興趣凌駕了希臘文化：房間擺設了教宗皮爾斯九世（Pius IX）、曼寧與紐曼等天主教重要人物的肖像、一尊聖母的雕像，以及柏恩瓊斯畫作《耶穌與馬德蓮》（Christ and Magdalene）的照片。另外房內還擺著兩個法國賽弗倫的青瓷花瓶，上面插滿了百合花，王爾德所寫的名句：「我每天都覺得要配得上我的青瓷越來越難」，其中便是指這兩個瓷花瓶。日後在聖馬克教堂的佈道壇上，牧師便引用王爾德的例子告誡教民：「這位青年不以精雕細琢的戲謔詞語，而是嚴肅認眞表示越來越配不上他的瓷器，就顯示出天主教這異教影響已漸漸滲入，而我們肩負著反抗這種力量的責任。」在一八八〇年十月三十日的英國《笨拙》（Punch）週刊中，插畫家毛利爾（George Du Maurier）在作品裡，用了這句警語，讓它更加廣爲流傳使用。

在王爾德於牛津初期所交的朋友中，就讀於巴理歐學院的波德利（J.E. Courtenay Bodley）是位富家子弟，據他描述，王爾德剛開始時說話咬字不清，帶有愛爾蘭的腔調。之後就演變成「中度音調，講話語調輕鬆優雅」，甚至有人稱讚爲「我所聽過最動人的聲音。」波德利爲王爾德引見維多利亞女王最小的兒子利奧波德王子（Prince Leopold），他當時是耶穌學院的學生。波德利也帶王爾德加入共濟會於牛津大學的支部阿波羅會。獎學金並不包括加入阿波羅會的會費與服裝費，但王爾德對寅吃卯糧越來越不擔心，養成了欠債度日的生活方式。

王爾德攬鏡自照時，對自己那雙熱情的大眼睛非常自滿，但大嘴和寬下巴則是他的缺憾。他知道自己長相不像天才，但是打個色彩鮮豔的領帶，或是戴上波浪狀帽沿的帽子，可以讓衆人的注意力從他那不協調的五官轉移開。他不再排斥運動，反而會主動在河上划船運動，或是觀看板球賽以及拳擊賽，爲選手加油喝采。他的好友也都住在學校宿舍，就在他房間附近。好友們彼此都以綽號來稱呼，而王爾德的綽號是哈士奇（Hosky）。

大衛・杭特・布萊爾（David Hunter Blair），綽號「當士奇」，父親是位蘇格蘭的從男爵，常稱讚王爾德「超凡的談吐能力」。布萊爾計畫要皈依天主教，並且希望王爾德能一同改變宗教信仰。理查・雷金納德・哈丁（Richard Reginald Harding），綽號是「小貓」，王爾德常稱他爲「我最要好的朋友」。威廉・威爾斯佛德・渥爾德（William Welsford Ward），綽號是「跳跳」，堅決反對改信天主教，認爲王爾德在馬德蓮的社交能力比他的美學還來的重要：「他的本質不同凡響，我們身爲他的密友，也不以平凡的標準來衡量他。」

渥爾德與王爾德兩人都在人文藝術學系，牛津大學最頂尖的學院。這系學生必須苦讀古典文學，包含古代歷史、哲學以及語言學等，而且必須有著極度的求學好奇心。星期日的下午王爾德便仿效母親舉辦豪華的聚會，來娛樂朋友。當曲終人散時，四個朋友會舒舒服服地躺在火爐旁，談些「男孩子會談的事情，所有的事情。」王爾德還會講些警句或是吟詩，不論是自己的詩作或是別人的。

他們酒酣耳熱時，常會討論未來的志向。渥爾德知道他將會繼承家裡在布里斯托爾的律師事務所；哈丁則想要在倫敦證券交易所上班，而布萊爾則出乎衆人意料之外，說將自己來想出家。渥爾德問王爾德將來想做什麼工作？他回答：「天曉得？不過，我可不想成爲枯燥乏味的牛津教授。我想成爲一位詩人、作家、劇作家。不論如何，我將會出名，如果不能出名，也要惡名昭彰。」他說想要過著歡樂的生活，然後「休息而無所事事。」因爲他相信宿命，而且認爲人類無法改變命運，他比其他朋友更能從光明面來看待生命，相信每天都有希望。王爾德是一位浪漫主義者，他自認天賦英才，可以讓朋友失去對他的戒心，然又因爲鋒芒畢露而輕易樹敵。同學很少見到他在圖書館苦讀，但他又常成績優異，名列前茅。他的秘訣在於唸書時能集中注意力。

在牛津的文士狂人亦不少，如約翰．魯斯金，當時已五十五歲，擔任史雷德藝術學院教授。在上過魯斯金的佛羅倫斯藝術課後，王爾德便期望能去義大利一遊。爲了更接近這位大師，王爾德參加他在一八七五年所舉辦的辛克西路建設計畫（Hinksey Road project），此計畫招募大學義工參與勞力工作，從中體會並讚揚勞工之尊嚴。參與這計畫，王爾德必須清晨起床，對他這樣的夜貓子是相當大的犧牲，他成功地吸引了魯斯金的注意，開始了兩人的友情。

魯斯金不時渴望衆人的目光與掌聲，而王爾德更是逢迎拍馬的藝術家。兩人的友誼關係持續當王爾德移居至倫敦後，但魯斯金對美學的見解與王爾德不同，他認爲這個名詞將藝術貶爲娛樂，美學應該是兼具形式與實質、觀點與角度，符合中古時代與歌德時代。此外他對文藝復興時代有種未表明的熱愛，而派特稱文藝復興時代是頹廢主義精神與靈感之母。

王爾德直到大學三年級才遇上派特。當時三十八歲的派特是位封閉的不可知論者，充滿智慧但性格古怪，唯有像牛津大學這樣的名校才會聘僱他這樣的狂人。派特或許沒有自己筆下所寫的這麼輕狂放縱，但他所寫的「文藝復興歷史研究」被英國學者奉爲經典鉅作。比起亞諾德、田納生（Tennyson）或魯斯金，派特更適合當現代主義初期的代表人物。王爾德告訴葉慈《文藝復興歷史研究》一書是他的「聖經，旅行時從不會忘記帶著；此書是頹廢主義之花朵；在這本書完成時，那審判日的號角應該吹響加以慶祝。」

王爾德告訴布萊爾關於當他還在三一大學時，他父親極力反對皈依天主教，他說：「我相信如果當時我眞的變成天主教徒，他一定會把我趕出家門，他到現在還是會這麼做。」在「誠摯的重要」早期的草稿中，「當然，所有母親就還好，她們會付兒子的帳單且不會去管教兒子。不過，父親會管教兒子卻絕不會付兒子的帳單。」在一八七五年，布萊爾前去羅馬，回來時已成爲天主教徒，這讓王爾德覺得震驚，但他還未準備好放棄他所信仰的兩位神祉：金錢與抱負。布萊爾並未放棄，安排一位天主教牧師試圖開導王爾德，但他並未因此而妥協。然而，他的確喜歡與牧師共處，將牧師視爲第三性者：有同性戀傾向，卻能守身禁慾，自我昇華，以紐曼爲例：他終生獨身，同時具備男性與女性的特質，卻被認爲是位花花公子。

同年夏天，王爾德計畫與馬漢菲以及一位都柏林的朋友威廉・高爾丁（William Goulding）一同去羅馬。在旅途中，王爾德藉由詩文來表示宗教上的渴望。這些作品以宗教爲主題，但融合了異教的形象，刊登在許多雜誌刊物，如《都柏林大學誌》、《愛爾蘭月刊》（Ireland Monthly）等。他途經佛羅倫斯、伯羅納、威尼斯與佛羅拿等地，並寄家書回麥立恩廣場，欣喜之情躍於紙上。最後缺乏旅費，不得不中斷旅程時，他寫了一篇標題適切的《未訪羅馬文》（Rome Unvisited），哀嘆不能親眼看見「唯一由上帝所祝福的國王／不能聽見那銀色號角所發的聲響。」

他母親的回信則免不了提到對威利不成材的抱怨。威利學成返家後，於一八七五年至愛爾蘭的律師事務所工作，然而他卻無心於工作，喜歡在酒吧裡飲酒作樂或是在新開的溜冰場溜冰。人生最重要的就是學識才智，如王爾德夫人在書中所寫的：「知識才智是精緻的弦樂器，如果不加以彈奏，則會鏽蝕，而且唯有透過心靈的交流，我們才能學得自己的價値。」既然對威利將來能領導愛爾蘭獨立的期望落空，她決定要爲他找個有錢的兒媳婦。

王爾德對威利的戀情毫無興趣，但是母親在信中對哥哥感情發展的描述絲絲入扣，對日後劇本寫作有極大幫助。信中也有較沈重的部分，珍告訴王爾德他父親的健康每況愈下。威廉此時受許多疾病所苦，如氣喘、痛風、支氣管炎以及心臟衰弱。一八七六年時狀況更加不樂觀，王爾德當時還在學校準備希臘文與拉丁文考試，回家時剛好能伴在父親病床邊見他最後一面。威廉於同年四月十九日過世。在父親彌留時，王爾德常看見一位戴著面紗的女人默默地坐在父親床旁，這女人可能是父親的秘密情人。王爾德對第一位寫他的傳記作者表示，這顯示出珍對丈夫是何等深愛且寬容。

父親過世後王爾德覺得相當孤單，他沈溺在與父親共同在遺跡探險的回憶時光裡。在寫給小貓的信中，他寫到父親的死已經奪去他對成績傑出的「所有歡樂」；他對跳跳說他害怕回麥立恩廣場，「那裡所有東西都充滿了回憶」。當清算過威廉的遺產後才發現原來家中已瀕臨破產。珍需要王爾德的安慰與協助，但他卻將責任推給威利，畢竟他是最母親最寵愛的兒子，且目前住在家中。

此時正是王爾德發展感情的好時機，可以藉此轉移心情，第一位讓他驚爲天人的就是佛羅倫斯・安妮 ・雷蒙・貝爾坎博（Florence Anne Lemon Balcombe）。她家住在都柏林外的克隆塔夫（Clontarf），家中有七人，在五名女兒中排行第三。她的父親詹姆斯・貝爾坎博（James Balcombe）是位陸軍中校。王爾德第一個讓哈丁分享他的喜悅：「我將帶一位美若天仙的佳人來參加教堂的禮拜。她年僅十四歲，有張我所見過最美麗的臉龐，而且大方有禮。」王爾德會注意女性的長相，卻鮮少描述女性的胴體。理論上，他對女性應會較不自在或是被動，事實剛好相反。在女性朋友的陪伴下，他興致高揚，而且就像大多的青年一般，認爲戀愛可以改變他一生。

佛羅倫斯有雙動人的灰藍色眼睛，一頭如絲綢般的褐髮。在一八七六年的夏天，王爾德爲她畫了張鉛筆素描，畫中她臉露沈思出神的神情，他們倆經常「外出約會」，直到王爾德爲了每年在科納馬拉度假時才分離。在未能說服渥爾德與哈丁一同度假，王爾德邀請另一位在牛津的朋友法蘭克·麥爾斯（Frank Miles），他是位牧師的兒子，以後想成爲藝術家。麥爾斯喜愛園藝，教導王爾德認識金線百合（Lilium auratum），此種百合具有美學的象徵，也是馬德蓮學院的象徵物。在小紅島上的度假期間，兩人在清晨便起床，帶著槍出去打獵，直到捕獲當晚餐的獵物才回來。

他隨筆畫了一幅摩依圖拉風景的紫藍色水彩畫，並題贈「給佛羅倫斯」。麥爾斯則在小紅島居所的前廳拱門上畫了兩個小天使（象徵了王爾德與他自己）在釣魚的壁畫。這壁畫稱之爲《上鉤》（Tight Lines），是釣魚者祈求幸運的作法。一個星期後，威利加入他們的行列。在寫給新女友的信中，威利稱此地爲「眞正的愛爾蘭老家」，他還表示要畫下日落的景象給她。

回到牛津後王爾德爲父親之死而難過，爲家中經濟問題而心煩。他無法好好準備每年的獎學金考試，心情更是跌到谷底。他寫信給渥爾德：「回顧過去數月、數週的日子，均是華而不實、言不及義且無所事事，感覺是如此苦痛，我已失去對自己的信心。」他最後沒拿到獎學金。

爲了安慰自己，他安排與馬漢菲在一八七七年的春節一同旅行，到了傑羅爾後，他則單獨至羅馬。這趟遲來的羅馬之旅，是他對天主教觀感的一個轉捩點。待兩人抵達傑羅爾後，馬漢菲又說服他改道至希臘，又再度錯過羅馬。師生倆參觀了希臘的奧林匹亞與美錫尼，騎馬跨越了伯羅奔尼撒半島，並且搭船前去愛琴海諸島，最後抵達雅典的港口。馬漢菲對希臘事物的喜好，王爾德都耳濡目染。至於未能一訪羅馬之遺憾以及牛津的學業，王爾德早已拋在腦後。

好學的學生是王爾德所喜歡的一種角色，他寫信給牛津的老師表示要開學後晚十天才回去，然而學校並不為所動，畢竟牛津已培育出數屆的古典文學學家，而這些人也沒到希臘一睹巴森農神殿與奧林匹亞遺跡之風采。原訂十天後回來，但二十天過去，王爾德依然不見人影。最後學校決定將他停學一整個學期，並且獎學金減半以作處分。

王爾德對這處分並不以為意，還高興地去羅馬，與布萊爾及渥爾德等人會合，布萊爾還拉著他去參加教宗皮爾斯九世的佈道。教宗還鼓勵王爾德跟布萊爾一樣投入天主教的懷抱。兩人一言不發地離開教堂。回到旅館後，王爾德將自己鎖在房間內開始寫詩，布萊爾以為這是他將要皈依天主教的徵兆，但不久後便發現自己錯了，希臘已經改變了他，他「已經希臘化，甚至有些異化。」

在倫敦，王爾德花光所有錢，僅剩下回都柏林的旅費，準備第一次在倫敦公開亮相，參加一八七七年五月一號格羅斯范紐美術館的啓用典禮。這個美術館為當代法國畫家與前衛藝術家，如詹姆士．惠斯勒等人提供了展覽的空間，打破英國皇家學會百年來的文化壟斷地位。「都柏林大學誌」向王爾德邀稿，請他針對這劃時代的要事寫篇評論。這評論是他第一次出版的散文，也是他首次以藝術評論家的身份來執筆。他所寫的評論格局相當大，企圖把繪畫結合多位作家的作品一起討論，如派特、魯斯金、莫立斯、史文波恩與西蒙德斯等人的作品。

啓用典禮那晚氣氛歡樂融洽，來賓均是盛裝出席。王爾德也不例外，據說他請裁縫師依他夢中得到的靈感設計服裝，他穿著一件從背後看起來像個大提琴形狀的青銅色外套。王爾德的打扮在會場中所引起閒言閒語，就如惠斯勒所展覽的表現主義畫作一般惹人非議。在王爾德的《給青年的名句與哲理》（Phrases and Philosophies for the Use of the Yong）中，有句話便是：「人要不就成爲藝術品，不然就穿戴著藝術品」。但要成爲藝術品，就必須要說謊與戴面具。

雖然想繼續留在倫敦享受突然成名的滋味，但王爾德已經阮囊羞澀，百般不願地回到家中。威利因爲堅持要知道他停學的原因，兩兄弟便當場吵了一架。王爾德夫人將牛津大學的處分批評爲「惡劣的愚行」。王爾德在家就閱讀書籍，或是到大學爲女學生演講希臘文化，九月打獵季時他則到隆福特郡去野獵。在那裡，同住一屋的美國旅客帶了一份一八七〇年在紐約出版的心理測驗書《心靈寫眞，洞悉自己品味、習慣與信念的相本》（Mental Photographs, an Album for Confession of Tastes, Habits and Convictions）。裡面共有四十個問題，王爾德塡了三十九個，出乎意料地忠實反映出他的個性與興趣，首先可以看出王爾德對他本身的價值與缺憾的嘲弄：問到世上最甜美的言詞，他回答：「成功」；而最讓他傷心的則是「失敗」。他最喜歡的職業是「讀自己寫的十四行詩。」最討厭的性格特質：「虛榮、自尊過高、欺騙」以及最欣賞「吸引朋友的能力」。他最明顯的性格是「極度的自尊心」。如果他可以當其他人，他最想成爲「天主教的樞機主教」。他對快樂的定義：「控制人類心靈的絕對能力，既使在牙痛的情況下」。他生命的目標：「成功、出名或甚至是惡名也可以」。最喜歡的女孩名字是「佛羅倫斯」。他認爲婚後他妻子的個性應該是「爲丈夫忠誠奉獻」。奇怪地，「你的人生座右銘爲何？」這一項他並未回答。

王爾德天生即有自我推銷的才能。與人相處一開始，他寫信語氣謙和有理，最後則以滔滔不絕的口才展現他過人的智慧，在一八九〇年他的幾部戲劇作品演出受歡迎時，這種模式更發展到極致。停學時他在報紙上讀到一篇關於保加利亞天主教徒大屠殺的文章，使他針對這題材寫了一首十四行詩，還寄給當時已下任的總理威廉・尤渥特・葛萊德史東（William Ewart Gladstone）。

王爾德在信中解釋他想出版自己的詩作，希望能尋求協助。王爾德打著如意算盤，推想以牛津學生的身份應該不會被忽視，葛萊史東的確有回信，建議他可以投稿至《觀眾》（Spectator），不過卻被退稿。他再接再厲，以紀念葉慈爲名，寄了專題論文給研究葉慈的學者威廉・麥可・羅賽堤（William Michael Rossetti）。他謙卑地在信中寫道：「這只是一個小男孩在日記中的隨筆作品。」對方不知道這位小男孩已經二十三歲了。

對位高權重的人他就阿諛奉承；但對編輯他則傲慢無理。王爾德剛出道，在態度上需要更謙遜有禮一些。當他寄回都柏林大學誌對他評論的審稿時，他寫道：「我一直都是以第一人稱，而不說『我們』。我們是屬於過去寫匿名文章用的，不是我這有簽名的文章。」此外，他還附加：「加上『也許』會破壞整個句子」而且「我的十四行詩一定要全部大寫印出，這看起來以及讀起來很奇怪，不過同樣地，顯得相當突出。」在王爾德作家的身份被承認前，他以態度強硬惡劣著稱。

當他把這篇評論寄給尚未謀面的派特，語氣則又轉換成一位謙遜的小男孩。派特回信道：

「以你的年齡，你具有相當美麗、甚爲文雅的品味，以及對許多美麗事物具有相當廣博的學識。」派特邀請王爾德回牛津時前來一聚。然後，他問道：「你爲何一直寫詩？爲何不寫散文？散文難度更高。」王爾德接受這挑戰，最後超越了派特，甚至譏嘲他以及他的文體。

同年夏天，王爾德的私生哥哥亨利·威爾森死於肺炎，享年三十九歲。由於亨利終生未婚，王爾德與威利將共同繼承他的遺產。但已故的父親卻透過遺產的分配來控制王爾德的宗教信仰。所有的房地產都捐給聖馬克醫院；威利獲得兩千英鎊，王爾德只有一千英鎊，而且規定他不能改變宗教信仰。王爾德即使要繼承所喜愛的小紅島也有附加條件。如果他在五年內皈依其他宗教，就必須放棄繼承權。他對渥爾德抱怨：「我相當失望。我因爲傾向羅馬，而在經濟與心靈上受苦。」

他求學期間時喜歡預言失敗，最後事實相反時，再享受那份興奮喜悅。如他寫信給小貓與跳跳，認爲要在「資優學院」裡拿第一名機會微乎其微，若能得到第四名就心滿意足。他在復活節假日時留校讀書，寫信給佛羅倫斯說怕自己回不了愛爾蘭。學期末他拿到資優學院第一名，在加上之前考試的第一名，他連續拿下兩個第一名。不僅震驚了全校師生，連他自己也想不到。他因爲兩年前沒過的神學考試，又延修了一年。當時在馬德蓮已經沒有古典文學的獎學金；他也參加了三一大學的教職考試，但即使有馬漢菲的背書支持，他還是沒謀到一職半位。雖然教職對王爾德是個明確的出路，但對學校內講究教條紀律的老師而言，他太獨立與聰明，不適合與其共事。

當他以爲已經沒有什麼值得誇耀的事蹟時，他以《拉維納》（Ravenna）一詩獲得了新迪加文學獎（Newdigate Prize）。王爾德夫人興奮地聲音顫抖，說著：「喔，光宗耀祖，眞是光宗耀祖！……這是我今年第一次感受到喜悅的悸動……畢竟，我們家出了個天才。」她瞭解這次得獎的重要性：「這是你以後成功的預兆，你現在可以信任自己的智慧，肯定自己的能力。」

新迪加文學獎設立於一八〇六年，獲獎意味著成爲一群菁英文人的成員，其他成員有亞諾德、魯斯金與西蒙德斯等人，這些人均有助於王爾德日後在倫敦發展。一向看不起王爾德的吉伯特（W.S. Gilbert）聽到他得獎的消息，便厲聲地批評「我知道每年都有些年輕的文人會獲得這個獎。」王爾德從得獎中體會人生的反諷。如果他當時沒有前往希臘，他就不會被停學，如果沒有於途中遊覽拉維納，也不會贏得新迪加文學獎，因爲今年所指定的主題就是拉維納，親身到訪當地讓他比賽更有優勢。在一八七八年六月的牛津大學校慶典禮時，依循傳統，他與副校長、各院長與其他名人同行，一起前往賽爾多尼亞廳（Sheldonian Theater）。典禮上，馬漢菲滿臉笑容，而王爾德則一臉陰沈，故作嚴肅地坐在前排；顯然王爾德夫人並未到場。之後，王爾德與幾位友人一起照相，相片中他抱著獎座，一尊奧古斯都年輕時的大理石雕像，紀念著他是馬德蓮學院自一八二五年以來，第一位獲得新迪加文學獎的學生。

然而，對從父親遺產每年分得的兩百英鎊，王爾德並不滿意。事實上，對其他人而言，這已是相當可觀的數目。此外，他得知佛羅倫斯要嫁給他在三一大學的同學布雷姆・史托克，而且他還獲得亨利・歐文（Henry Irving）青睞，擔任倫敦黎西恩劇院劇場經理。與其說王爾德爲新郎不是他而心碎，不如說因爲佛羅倫斯沒有親口告訴他這消息而生氣，他沈重嚴肅地請她歸還一件耶誕禮物。從佛羅倫斯吸引兩人一事來看，所顯現的不僅是她本身的性格條件，更顯示出兩名男子對女性的態度。他們相當執著女性貞潔的看法，而佛羅倫斯則符合他們心中理想的賢妻良母角色。

王爾德在一八七八年十一月二十八日於牛津畢業。畢業後，他玩票性地申請就讀考古學系，想追隨亞諾德的腳步留在學校工作，不過這兩項計畫都落空。王爾德喜歡牛津大學，不過如他所說的，他想「嚐遍世界這果園所有樹上所結的果實。」在校的最後一日，他漫步在馬德蓮「四處鳥啼的步道上」，他立誓要「將他靈魂之珠投入酒杯，隨著笛聲走在報春花徑，居住在峰巢之中。」

傳記家理查・艾爾曼（Richard Ellmann）認爲在一八七八年左右，亦即在牛津大學時，王爾德因爲嫖妓而感染梅毒。然而沒有證據可以證明王爾德曾與同學一同涉足風化場所尋歡。假造嫖妓經驗並加以誇耀吹噓，這應該是王爾德在塑造形象時，可能會使用的轉移話題手法。

當艾爾曼寫傳記時，王爾德罹患梅毒之說早已流傳多年。在一九一二年亞瑟・雷恩森（Arthur Ransome）所寫的傳記中，便明確地寫到王爾德的死因是「因腦膜炎而死亡，梅毒第三期症狀。」此本傳記題獻給羅斯（Robbie Ross），在王爾德病逝之時，羅斯與羅吉・坦納（Reggie Turner）均在場。之後的傳記作者如法蘭克・哈里斯（Frank Harris），哈斯克斯・皮爾森（Hesketh Pearson）等人繼續採信王爾德死於梅毒的論點，如果此論點有誤，羅斯也應該會提出抗議才對。也許羅斯眞的有抗議，因爲在一九一三年的第二版中，所有關於梅毒的字眼都被刪略。起初，坦納亦支持梅毒的，但之後他改變了看法。至於雷恩森則曾未透露此論點從何判斷得知。

當時沒有留下任何醫療記錄，在王爾德死亡證明書上也沒有註明死因（在其病症末期，醫師主要治療的是他因中耳炎併發的腦膜炎），他信中也沒有蛛絲馬跡。王爾德在牛津大學時，除了在流行性感冒發作時，與大家一樣容易感冒不適外，身體可說是健康無恙。他曾抱怨有痛風之疾，這症狀則與過度愛好美食之飲食習慣有關。

王爾德的牙齒有爆牙且參差不齊，有時還會看到斑點，這在艾爾曼眼中也是梅毒的病症。王爾德習慣掩口講話，艾爾曼推斷這是他想遮掩因接受水銀治療而變黑的牙齒。艾爾曼寫到：「王爾德採用水銀而不藉助宗教的力量，來治療他那恐怖的疾病。也許在病蟲沿著脊椎到他腦膜時，他心中便開始有寫作靈感，以格雷不為人知的變化作為寓言故事內容。」但事實上水銀只會在牙齦邊緣留下黑色線條，並不會讓牙齒變黑，王爾德牙齒變色是因為吸煙過量。王爾德於一八八二年抵達美國時，《紐約論壇報》寫著他「上排牙齒光可鑑人，白晰無比。」而有人則說王爾德的牙齒是綠色的。看來，王爾德牙齒的顏色是因人而異。

不論是過去、現在或是未來，都沒有任何證據支持艾爾曼的論點：王爾德死於神經性梅毒，而這疾病影響了他早期的詩作，最後導致他皈依天主教。但艾爾曼以這論點為中心，進而「推斷王爾德的人格個性」以及「詮釋他日後生活的許多事物」。艾爾曼的傳記實際上就是他這論點延伸而寫成。

第六章 藝術與美學

在格羅斯范紐美術館啓用典禮上，王爾德變成了一件藝術品：穿著狀似大提琴的亮眼禮服，搭配著錦緞製的背心，以及藍緞領巾的領帶。穿著大提琴形狀的外套自娛娛人，不需要任何解釋理由，這是王爾德的叛逆，他寫道：「個人主義是種擾人心神且分化的力量，但其中有無窮的價值，因爲目的在顚覆型態的霸權，解放傳統的奴役，推翻習慣的暴政，並解救人類免於淪於機械化。」王爾德爲藝術而藝術的定義則加入這種對個人樂趣的辯解，將個人的地位臨駕於社會之上。

在他對啓用典禮的評論中，王爾德對惠斯勒的肖像畫作讚譽有加，但強烈抨擊他的《暗空與金光之夢幻曲：散落的煙火》(Nocturne in Black and Gold: The Falling Rocket)。王爾德寫到這幅畫「値得欣賞的時間就像觀看眞正的煙火一樣，換言之，大約是十五秒以內。」魯斯金則認爲連一秒都不到，他批評道：「我之前便曾目睹及耳聞倫敦佬的厚顏無恥，但也曾未想到會聽見有位花花公子在人臉上潑了一桶油漆，還索價二百基尼。」

這樣的批評讓惠斯勒控告魯斯金毀謗，一八七八年十一月二十五日時開庭審理。惠斯勒大興訴訟，希望能藉著控告這位仲裁著英國文藝品味之大師級人物的機會，來裁定藝術之本質與個人之美學。魯斯金則堅稱自己寫的是事實，讓惠斯勒負起反證的責任，要證明這事實也是個謊言。就像其他費心閱報的好事者，王爾德細心閱讀報紙上兩方的對質，相當樂於見到自己所信奉的「謊言中亦有眞理」哲學能成爲法庭上辯論的題目。

惠斯勒與王爾德當時還不認識對方，但王爾德對這位風流藝術家的背景已有些許瞭解。日後兩人先成爲朋友，後來惠斯勒指控他剽竊自己藝術理論，兩人便反目成仇。他知道惠斯勒是在聖彼得堡長大，接著在西點軍校被開除後，在巴黎過著放蕩不羈的生活。惠斯勒於一八五九年至倫敦，當時二十五歲的他強烈抨擊皇家學會；在一八七二年時他完成著名的小女孩與其母親畫像。

穿著水藍色雙排扣嗶嘰西服，光鮮亮麗的惠斯勒在法庭上與檢察官你來我往，最後承認他的作品只花了兩天的時間便完成。當他被問到：「兩天的工作，你就要價兩百基尼？」，他回答：「我所賣的可是一生的知識」。這是一場關於藝術專業的訴訟案，雖然陪審團認爲魯斯金的批評並無不當，最後惠斯勒還是獲得四分之一便士的賠償金，與瑪麗・特拉佛斯控告王爾德夫人一案相同，當作象徵性的勝利。

當惠斯勒與王爾德在一八七九年正式見面時，他這四分之一便士還掛在錶鍊上。兩人在法蘭克・麥爾斯（Frank Miles）的畫室見面，這畫室位於沙利斯拜利街十三號一棟陰沈、據傳鬧鬼的建築物頂樓。兩人見面免不了裝模作樣，然後彼此開始私下較勁。當王爾德畢業後，便住在畫室的下層樓，他相當喜歡這新居，面泰晤士河的景致最美，故他將其命名為「泰晤士居」。他原本為朋友取名的嗜好，現在則擴展到房屋上。

惠斯勒成為名人後並沒有如王爾德一樣自我蛻變，融入英國社會。王爾德改變他愛爾蘭口音，而惠斯勒則刻意強調他的美國腔；王爾德習慣了搭配蛋與臘腸的牛津式早餐，而惠斯勒早餐則是美國式的薄煎餅與楓糖漿。身穿白西裝，頭戴淡紫色帽，惠斯勒的服裝品味與王爾德一樣地刻意做作。當時報紙媒體盛行，惠斯勒瞭解只要有新聞，不論是好或壞都可以。

當牛津所培養出的美學理論漸漸為人看透時，王爾德則又變換另一種面孔，就像神話中的變身一般，可以變成任何東西，舉凡海浪、動物，或變成另一個人。王爾德最喜歡的傳說戰士是古卡蘭（Cuchulain），他身體可以膨脹巨大，並且呈現出多種顏色來恫嚇敵人。王爾德也會自我膨脹，他在膨脹的過程中沒有設限，最後便膨脹到無法兼顧自我與理想。他過度將生命視為一場好笑的悲劇，也過度沈溺於自己的言詞表演之中，就如他一篇關於虛榮的寓言故事《神奇的火箭》（The Remarkable Rocket），裡面的火箭抱怨：「當有人談論自己時，就像我現在這樣，我討厭別人談論他們自己，就像你們現在這樣。」在倫敦待了快一年，王爾德對自己毫無進展感到失望；他寫信給哈丁表示他還沒有「好好大鬧這個世界。」

牛津畢業以後王爾德尚未出版任何詩作。書桌上的稿紙因為太久沒用而泛黃；他講的、想的比實際上寫的還多，而且樓上畫室的訪客走在樓梯上發出的咯吱聲響，常容易讓他分心。樓上麥爾斯以快速素描而聞名，吸引了三教九流的愛好者，其中包括利爾波王子、華爾特・西科特（Walter Sickert）、惠斯勒、艾倫・泰利與莎拉・伯恩哈特（Sarah Bernhardt）。「上樓，開門迎接的是一名從街頭上收留的賣花女孩莎莉（Sally），她偶爾客串模特兒，負責接待客人及供奉茶水等工作。畫室內家具破舊搖晃、刀叉餐具不成套，盡供應廉價的酒以及乾掉的臘腸，但絡繹不絕的賓客自然感受到氣氛，如在書中亨利爵士夫人告訴格雷說：「你一定要來。我負擔不起蘭花，不過對外國客人則不會吝嗇。他們一來，房間就如畫般美麗。」

莎拉的法蘭斯劇團從未離開巴黎，但因為戲院整修關閉，故於一八七九年夏季，在倫敦蓋爾堤劇院安排了六個星期的檔期。王爾德與男演員紐曼・富比士羅伯森（Norman Forbes-Robertson）計畫當伯恩哈特（當時尚未成為國際巨星，僅是個以大膽著稱的女演員）抵達哈富爾港時，為她舉行歡迎會。莎拉原本擔心英國人會排斥她，但在劇場登台時，觀眾的掌聲讓她備受鼓舞。王爾德說他首次「瞭解雷辛（Racine）音樂之甜美。」他稱她為「神聖的莎拉」，並寫了一首十四行詩。王爾德請他哥哥幫忙將這首詩登在《世界》（The World）上，這是他到倫敦後第一個刊出的作品。

王爾德不僅為這女演員處理雜事，亦常帶著鮮花和壓抑的情意到後台。莎拉曾說「大多對女演員獻殷勤的男士，只有一個最終目的。但奧斯卡・王爾德不同。他盡心呵護照顧，並且做了許多事讓我在倫敦過的輕鬆愉快，但他從未有任何進一步的求愛動作。」莎拉認為男人只把她視為女人，而王爾德將她視爲他尚未寫出的第一部戲劇裡的女主角，並夢想要讓她演依莉莎白女王一世，穿上「綴滿孔雀羽翎與珍珠的誇張服飾」。

一八七七年，當麗利・蘭特利（Lillie Langtry）與王爾德在麥爾斯畫室中初次見面時，她正值二十三歲芳齡。在王爾德的眼中，她是「全歐洲最可愛的女人」。兩人一見面就一見如故。

王爾德在外表上除了眼睛與聲音外，沒有可以吸引她的地方。她最心儀的還是他的表演才能，並加以利用來達成自己的目的。蘭特利是第一位引發王爾德熱情的女性，他常伴她兩側。麗利・蘭特利原名愛蜜利・查羅特・拉・布利頓（Emilie Charlotte Le Breton），二十一歲時嫁給了一位三十歲的愛爾蘭鰥夫愛德華・蘭特利（Edward Langtry），他在貝爾菲斯特經營船運事業，不久後便破產。一方面是爲了替弟弟服喪，也因爲沒錢買新禮服，蘭特利夫人一直穿著樸素的黑色套裝，只在領口與袖口綴飾著蕾絲，但她所到之處她永遠是衆人圍繞的中心。

王爾德稱她爲「百合」，而僅以美貌著稱的她，將自己的名字龍飛鳳舞地寫在他起居廳的牆上。當她成爲威爾斯王子（未來的愛德華七世）的最愛時，王爾德便越少看到他的百合。她與丈夫搬到諾爾福克街十七號。

王爾德發誓要寫首十四行詩獻給她。根據他自己的說法，他爲了獲得靈感，而在她家門口夜宿，渡過寒冷、不舒服且不甚名譽的一晚，不符合詩人之作爲。然而，他讓大家相信他的確做了，並且說得也不無道理：「世上唯一比讓人說閒話還糟的，就是沒有人要說你的閒話。」他所完成的作品《現代海倫》（The New Helen），繼先前獻給伯恩哈特的詩不久後，亦刊登於《世界》。這首詩題獻「給海倫，過去在特洛伊，現在則在倫敦。

海倫・莫吉絲嘉（Helen Modjeska）是另外一位他希望日後能演出他所寫劇本的女演員。她於一八八〇年以三十六歲高齡在倫敦初次粉墨登場。她認爲若公開與王爾德這樣的青年喝茶並不妥當，所以兩人在她劇院的化妝室見面。

莫吉絲嘉於一八七六年離開華沙，中斷如日中天的演藝生涯，前往美國學習英文及表演，爲自己能演出莎翁名劇的目標努力，最後與富比士羅伯森演出《羅蜜歐與茱麗葉》而美夢成眞。在她於皇宮連續演出期間，王爾德看了她首場的《加美利亞夫人》（La Dame aux comedlias）以及其它的演出。她的演出十分成功轟動，連亨利・詹姆士（Henry James）都讚譽有加，表示英國劇場之寶是這位演出德國戲劇的波蘭女伶。莫吉絲嘉賦予這位常抱著花的年輕愛慕者一項富有意義的任務，要求他翻譯自己寫的波蘭文詩。波蘭文並非王爾德所通之語言，不過他卻應允了這項要求，只憑一本字典與他的文學能力，就將《藝術家的夢》（The Artist's Dream）翻譯出，並且刊在《綠房》（The Green Room）戲劇雜誌中。雖然翻譯的功勞令他印象深刻，但是卻沒有實質的經濟利益。在身爲詩人的職業生涯，他實在需要靈感寫詩才能更上一層樓。

王爾德一家於一八七九年爲了還清威廉爵士的債務，賣掉麥立恩廣場的家，因此王爾德夫人與威利也不可能繼續住在都柏林。威利並未在律師界揚名，也沒找到富有的妻子，而且比弟弟更早嘗試戲劇寫作，共寫了兩部作品：《法國帕利須》（French Polish）與《夜河》（Evening Stream），雖然出版但都無法演出。對愛爾蘭感到厭煩的威利向瑪格利特．坎貝爾（Margaret Campbell）表示：「這裡所有事物都如此相同。同樣的場景，同樣的對談，同樣的想法，同樣地膚淺……社會的深度就像一座溜冰場，大概只有六吋。」他賺取酒費的方式就是投稿至《世界》。

王爾德不願意切斷與愛爾蘭的關連，所以當母親寫信來，請他幫忙在沙利斯拜利街上找房子，最好是在他住處附近，但他卻將之置於一旁。最後威利在肯辛頓的歐文頓廣場找到公寓，離王爾德住處距離不近亦不遠。當新主人到麥立森廣場接管一切時，王爾德夫人坐在門廳裡，彷彿恍惚地看著這一切。她在五月七日永遠離開了愛爾蘭。王爾德則回來了兩次，均是爲演講而來。

雖然已經五十八歲，王爾德夫人依然是位鬥士，不斷地出版新作，就像過去與丈夫一樣，現在與兩個兒子競爭。從各方面來看，她是三人中創作最豐，爲多種專業的刊物寫作，如《波爾馬爾雜誌》（Pall Mall Gazette），這份刊物以其嚴肅的文學與政治內容備受尊重；《皇后》（Queen），一本女性週刊，以及以上流社會爲主要讀者的《伯利頓雜誌》（Burlington）等。在一八八一年，她的沙龍聚會重新開張。威利則一直與母親同住。

在都柏林身爲女主人的方面，她可說是毫無敵手，但在倫敦可是競爭激烈，許多優雅的貴婦淑女爲了出名而你爭我奪。王爾德夫人則是以歡迎初至倫敦的愛爾蘭藝術家見稱，蕭伯納及葉慈都曾是她座上賓客。在星期六時，她所住的帕克街常門庭若市。

身爲設立在維多利亞堤的聖史蒂芬俱樂部會員，王爾德在牛津大學時就對倫敦西區瞭若指掌。下午若口袋還有錢或是有人請客，便去劇院看戲。常去劇院的他，一定要坐在劇院內靠近舞台的位置，優先順序是包廂、正廳前座然後是特等座。在都柏林成長時，王爾德的看劇啓蒙教育是在皇家劇院或是女王劇院的後座開始的，當時有許多巡迴演出的巨星到此表演。身爲一位有崇高抱負的劇作家，他認爲觀衆是戲劇的延伸，觀衆感動才能讓戲劇成功。

王爾德最喜歡的演員是亨利．歐文，他掌管整個黎西恩劇院，王爾德在三一大學的同學史托克亦爲歐文工作。擔任劇院經理的史托克常站在鍍金的樓梯間上歡迎看頭場戲的客人。歐文在一八七八年成爲英國首席演員前，曾至都柏林演出數次，展現超凡的演技。王爾德在《社會主義下的人類靈魂》(The Soul of Man Under Socialism) 一文中寫到，歐文這種融入角色的能力源自於「他身爲藝術家的追求極致」，不因觀衆滿意而停止所求。

在王爾德的描述中，歐文這個首位被封爲爵士的演員，是位「個性鮮明的人物」。據說在吸引大衆注意方面，唯有格萊德史東與曼寧能與之媲美。王爾德運用他美學的咬文嚼字能力，形容歐文的腳是「流暢且渾然天成，雙腿充滿優雅的智慧，而他的左腳是首詩篇。」在他所寫讚美歐文演出古裝劇的十四行詩中，最雋永的一句是「您的號角要待莎翁的雙唇來吹奏！」

對於王爾德所營造出「對燭火照明的劇院，那浪漫的赤子之情」，歐文深受感動。當牛津大學在一八八五年，以演出《亨利四世》作爲第一個戲劇協會的成立，王爾德在《戲劇評論》

（Dramatic Review）的文章寫出了歐文的心聲：戲劇界一直缺乏學術界的認同。王爾德問到：「爲何不能以良好的演技爲由頒給學位？不是連誤解柏拉圖以及誤譯亞理斯多德的人都獲頒學位？爲什麼這樣的藝術家就要受忽視呢？不！」歐文在爭取封爵的過程中常鋪張地宴客，王爾德則是常客。

王爾德總是不斷尋找機會，探索藝術家在藝術與現實複雜的關係。他在《格雷的肖像》一劇中，塑造了西比兒這角色，劇中當她愛上格雷時，失去了表演的才能。在格雷得知她自殺後，對友人說：「這是定律，演戲的人過著最平凡的生活。他們不是好丈夫，或是好太太，就是乏味的人。西比兒是如此不同。她過著自己最唯美的悲劇生活。她永遠都是女主角。」爲了替自己對她的流水無情找藉口，格雷說：「看不好的演出有違一個人的道德。」

一八七九年某日在藝術家威廉・拜爾・史考特（William Bell Scott）的家中，王爾德遇見了一位十七歲的古典美人維爾莉特・漢特（Violet Hunt），漢特告訴王爾德史威波恩最喜歡的一本書就是王爾德夫人的譯作《女魔法師》。王爾德曾對漢特說「妳知道嗎，我開始怕妳母親。我不敢請她同意我來訪。像妳這樣美麗的女子，在妳手上握有全世界的幸福，是成是敗全在妳。我們將統治這世界，妳以妳的美貌，而我以我的才華。」漢特回憶起王爾德「常常講話越來越激動。」漢特與佛羅倫斯一樣沒有豐渥的嫁妝，但比她更懂賣弄風情，讓與她身邊的男人成爲衆人羨慕的焦點。

在魯斯金離婚後，他愛上了年僅十歲的羅絲・拉・托曲（Rose La Touche），並且答應等她十八歲時（屆時他已四十七歲）才會登門提親。她的雙親拒絕這項提議，但魯斯金繼續他的追求。當羅絲在二十七歲過世時，很長一段時間他爲憂鬱症所苦；然後，十三歲的漢特迫不及待地宣布她願意嫁給他。她母親應該曾試圖阻止女兒做出這樣的蠢事，但她又爲丈夫的前途著想，便向魯斯金提起這締結姻親的建議，當然其中包括要魯斯金再等上一段時日。

然而魯斯金已厭倦了忍耐等待。他表示：「我想紫羅蘭一定更勝玫瑰。（譯註：他以兩女的名字作雙關語）但是，又三年的等待！我的生活是如此令人生厭。」他還說他不喜歡成熟女人的臉孔，而喜歡「極度細緻與柔軟的臉龐，就像我所想像中漢特與維妮斯十八歲的模樣，我年紀越大，就越喜歡年輕臉孔。我眞是愚蠢。我想我不可能喜歡超過十八歲的女性，除非我之前就認識。」

之後，漢特便將對象轉移到王爾德。當他稱她爲「英國最甜美的紫羅蘭」時，她便深深沈醉在愛情之中。在王爾德到美國巡迴演講之前，他每星期日登門拜訪她並且與她父親閒聊，還曾開他的玩笑。漢特說他的到訪爲她帶來「令人稱羨的惡名」，她「幾乎要逃避成爲王爾德太太的這份榮耀。」她的日記寫著：「我相信王爾德眞的愛上我了，暫時地，也許不僅是暫時地。」

雖然還有其他良好歸宿，但漢特選擇了當文學名人的情婦，像威爾斯（H.G. Wells）以及福特・麥道克斯・休佛（Ford Madox Hueffer），過著衣食無虞的生活。在她年華老去，曾經明亮的雙眼，如今爬滿皺紋時，她依然不時提到王爾德的求婚。王爾德一生中的女性，在她們年老時對他依然有所眷戀，如佛羅倫斯直到在七十八歲過世前，在她牆上還掛著王爾德那幅摩依圖拉的風景畫。這位幾近全盲的孤單老寡婦告訴訪客：「我有這幅水彩畫，可羨煞了許多奧斯卡迷。」

第七章
美學與風流

若要在倫敦出名，不僅要事先計畫，更需要充分的資金。王爾德在西區各餐廳早已聲名遠播，但他發現劇院能給他最好的露臉機會，他一出現，觀衆席上便迴盪著「王爾德來了！」的耳語，當黎西恩劇院上演《奧賽羅》時，無所不在的王爾德忙著四處穿梭社交應酬，在中場時，有人看到他親密地搭著史托克的肩膀。過不久，又看到他在樓梯間親吻佛羅倫斯的手。

除了他那媲美推銷員的好口才之外，王爾德對劇本寫作可說是一無所知。在一八八〇年代，主宰著整個劇院界的霸主就是亨利・歐文，除了莎翁作品外，他所演的角色都是爲他量身定做的。威廉・高曼・威爾斯（William Gorman Wills）寫的劇本，就是爲了滿足他想演飛行荷蘭人的興致，但威爾斯卻沒有收到半點酬勞。在每位如歐文的演員兼經理的辦公室內，許多毛遂自薦的劇本堆積成山，積滿灰塵，只有極少作品能受青睞而眞正演出。

剛出道的劇作家一開始都會模仿所謂的「範本作品」，如大仲馬和沙度等人的作品，這些作品常藉複雜的情節與道具來創造懸疑感。蕭伯納對刻意做作特別感到不屑，謔稱沙度的作品爲「亂寫一通」。王爾德則省略揣摩學習的過程，直接借用這些大師的編劇技巧，像是在「誠摯的重要」中，以手提袋來串連整個劇情。

當時的社會寫實劇與蕭伯納的社會批評劇尚未問世，較著名的劇作家則有亞瑟．溫格．皮奈羅與亨利．亞瑟．瓊斯。皮奈羅較強調劇中人物心理與動機，而不是整劇所傳達的主題。他的作品有一八九三年的《第二譚克萊利夫人》（The Second Mrs. Tanquerary）與一八九五年的《艾比史密斯夫人》（Mrs. Ebbsmith），兩部作品都是描述女性與社會嚴格道德觀奮戰掙扎故事，而蕭伯納的《瓦倫夫人的工作》（Mrs. Warren's Profession）則描述神女生涯的黑暗面。王爾德的《微不足道的女人》則是以喜劇方式探討禁忌的社會話題。

皮奈羅出生於富裕的葡萄牙裔猶太人家庭，在父親過世前等了九年才在黎西恩劇院演出。歐文在各省巡迴演出《哈姆雷特》（Hamlet）時，挑選他飾演其中的克羅迪爾斯，並且上演他早期所寫的獨幕劇作品。在一八八一年，隨著《搖錢樹》（The Money Spinner）於聖詹姆士劇院演出成功後，他放棄演員生涯，並在往後的五十七年歲月，每年寫出一本劇本。不同於王爾德，他不喜歡出名，既使在戲劇首演當晚，也極少出來謝幕。

瓊斯則是屬於勤奮努力但缺乏靈感的一型，他沒有皮奈羅的風格，缺少像王爾德的對談，也欠缺如蕭伯納諷刺挖苦的尖銳，但他對戲劇的熱愛無庸置疑。他出生於威爾斯一家農戶，在十八歲時首次觀賞戲劇，便深受影響，立志要模仿其他劇作，寫出自己的作品。爲了完成這理想，他白天在布店工作，晚上則反覆地苦讀別人的劇本。繼《銀國王》（The Silver King）嶄露頭角三年後，亦就是在一八七九年，他的作品《牧師的錯誤》（A Clerical Error）搬上舞台演出，這是他首部眞正演出的作品，再過十年，他才以《中間人》（the Middleman）眞正成名。

王爾德將皮奈羅評爲「舞台的木匠」，寫作風格像是出自「雜貨店伙計之手」，用麵糰來塑造角色；王爾德還說他寫劇本的三大原則：第一條就是不要像瓊斯，第二、第三條則與第一條相同。儘管如此，皮奈羅與瓊斯均是當時大受歡迎的劇作家，王爾德亦曾讀過他們的作品，免不了從中借用抄襲一番。

因爲家中不時接待愛爾蘭文人的關係，王爾德認識愛爾蘭的劇作家狄恩・波多雷（Dion Boucicault）與威廉・高曼・威爾斯。前者主要在美國從事劇本創作，作品有《科氏兄弟》（The Corsican Brother）與《科林・包恩》（Colleen Bawn）。在一八六〇年，當時王爾德六歲，他返回都柏林，被譽爲國家英雄，在麥立森廣場受到歡迎與招待。波多雷在《倫敦無賴》（London Assurance）中，以喜歡馬術及戶外運動的史班克夫人這角色達到嘲諷社會的效果，並在《禁果》（Forbidden Fruit）中安排角色雙重身份的劇情等。王爾德對他的劇作手法感到興趣，並在「誠摯的重要」一劇中可看出與禁果有異曲同工之處。波多雷亦寫些有趣的格言，如「酒於蘇打水中死亡，愛情於婚姻中死亡」，但若論幽默有趣，則仍不如王爾德。

王爾德終於正經地開始寫第一部劇本，《維拉》（Vera）或稱爲《虛無主義者》（The Nihilists）。契訶夫（Chekhov）在二十七歲便完成第一部劇作，《伊凡諾夫》（Ivanov），並且陸續完成《海鷗》（The Seagull）以及其他作品。比較起來，王爾德在寫出《誠摯的重要》之前，劇本寫作之路還相當漫長遙遠。而他的第一部劇本《維拉》，是一部關於政治議題的作品，故事情節是根據一八七八年在愛爾蘭發生的眞實事件，當時一位名叫維拉・薩索理克（Vera Zasoulich）的女子，因爲她信奉虛無主義的愛人被關，而企圖刺殺聖彼得堡的警察署長。然而，王爾德將背景定在十八世紀末期的莫斯科，就史實而言，整個時間設定錯誤，因爲當時尙無虛無主義的產生。主張個人主義與性自由的虛無主義，是在一八八〇年左右，應是十九世紀末所興起的勢力。寫出一部關於愛爾蘭問題事件的劇作並非是明智的決定，但藉由這樣相似的政治運動議題，可以滿足民衆的感受，引起他們的共鳴。

王爾德將地點改至莫斯科，將女主角姓氏改爲莎普洛夫（Sabouroff），任務是暗殺年老的沙皇。這位倡導革命的女主角，在信仰的虛無主義與對皇太子的愛兩者間猶豫掙扎。不過，其中有一幕顯得相當突兀，當維拉參加一次革命份子的秘密聚會時，她在黑色斗蓬下穿著鮮紅色的舞會禮服，看來就像是王爾德夫人的服裝打扮。當維拉的愛人，也就是主張憲政改革的皇太子登上皇位，並且成爲下次暗殺的目標，她選擇自殺，謊報那沾滿她鮮血的匕首已用在愛人的身上。「我已拯救了蘇俄」她吶喊著而死去，爲愛而死。王爾德表示此劇想表現「人民爲自由沈痛且震耳的吶喊。」

在此劇中，王爾德眞正注重的主題並非政治，而是愛情。蘇俄的虛無主義只是這場浪漫悲劇的背景。整劇雖然主題是支持革命的理想，但還是表現出對君主制度的支持。要上演這場戲劇可是需要相當風險的賭注。

王爾德愼重地將劇本以暗紅色皮革包著，上面刻著浮雕的金色字母，獻給他所喜愛的諸位女演員，希望她們看完後能提出擔任女主角的要求。版權演出訂於一八八一年十二月十七日上午，在阿德爾菲劇院舉行，女主角由比爾夫人（Bernard Beere）擔任。她雖不比伯恩哈特、泰利或莫吉絲嘉，但王爾德信心滿滿，堅信自己的作品一定精彩絕倫。

湊巧的是，俄國眞的有位名叫維拉的反抗份子，領導著「人民意願」（People's Will）這個恐怖組織。她的全名是維拉．菲格納（Vera Figner），曾七次試圖刺殺沙皇亞歷山大二世未遂，最後在一八八一年三月十三日第八次暗殺成功，當時沙皇乘坐馬車前往行宮途中時，她將一塊內藏炸彈的復活節蛋糕丟擲到馬車內，爆炸導致沙皇重傷而過世。雖然此事件發生至當時已有八個月之久，考量到威爾斯王子已迎娶新任沙皇的姊姊，此劇之政治內容將甚爲敏感，王爾德便有延後演出的藉口。另一個更可能的理由是王爾德所募集的經費不足，所以無法演出。

王爾德需要別人的認同，因此如同當時許多詩人的作法，他決定自費出版共六十一首詩的詩文集，其中大多是十四行詩，而且有三十首作品曾在雜誌上發表過。他採用一套高超的銷售策略：所出版兩百五十份詩集共有五版，每一年出一版，所以會在一八八二年出到第五版。在一八八一年則發行了三種美國版本。他希望讀者會因此而認爲他是位熱門的詩人，而且年僅二十六歲！

原本他計畫在詩集封面上用法文題詞，寫出他不好意思用英文表達的話：「我初期的詩句是孩童的詩句，而接著的詩句是青年的詩句」，雖然最後又改變心意，但其實所講的相當中肯正確。在王爾德進牛津大學後，詩的主題才從早期的訴諸感官與詞藻華麗，轉變成古典文學與宗教等具深度的議題。

一如往常，他將作品寄給格萊德史東、史威波恩、西蒙德斯與亞諾德等人。在給亞諾德的信中，他表示自己「現在，也許太遲了，才發現藝術需要孤獨相伴。」當然，王爾德痛恨獨自一人，但他希望所塑造如苦行僧獨自在地下室寫作的形象，可以感動這位藝術大師。亞諾德回信表示雖然他並未細讀這些詩，但從詩的標題來看，他認爲王爾德已經「體會拜倫所堅持的信念：作者必須拋棄倫敦生活，才能創作出最好的作品。」亞諾德顯然被詩中希臘文學的典故所誤導。如果王爾德像拜倫一樣肯回到希臘，便可在寫詩的境界更上一層樓。然而，他卻選擇周旋在美國、倫敦與巴黎各地，塑造出與本性相近的形象而成名。

他自版的《詩集》（Poem）飽受各界批評。《笨拙》雜誌的評語：「加了水的史威波恩」。他的作品被視爲剽竊以及違反道德。面對這些口誅筆伐，王爾德唯一對策，亦是當時常用的作法，便是請朋友爲他寫篇稱讚的評論。在劍橋的奧斯卡・伯朗寧（Oscar Browning）則挺身而出，在《文學報》（Academy）中寫道：「英國因爲這新詩人而豐富」，指出王爾德有「清新、有活力的心靈」

以及他「精通各種富音韻的語言」。這些讚揚之詞讓王爾德覺得受用良多。

但讓王爾德爲沈痛的是批評者認爲他虛僞浮華；虛僞可是他創造多種面具的重要關鍵。另外，他認爲批評他剽竊相當不公平，批評者顯然不瞭解如果他的作品讀起來像史威波恩，他只是擷取一件藝術作品，去蕪存菁後創造出另一項藝術作品。史威波恩自己還不是曾拾葉慈的牙慧？布拉姆斯不是曾參考貝多芬的九號交響曲，而寫出他首部交響樂曲？他說：「我活在不受誤解的恐懼之中。」他認爲英國人實在俗不可耐，在「身爲藝術家的評論家」內表示：「我清楚瞭解，在我們所生的這個時代，只有冬烘先生才會受到重視」。

王爾德天真的認爲，這些負面的批評僅是對他不成熟詩文的意見反映。然而，這些批評者的確聯合起來針對他個人而來。王爾德雖然已在倫敦聲名大噪，且這作品包裝精美，用美麗的白羊皮做封皮，以及手製的聖經紙來印刷，但想以這薄頁的作品作爲其登入文壇的處女作並非明智之舉。王爾德原本想藉此讓文藝界對他有所印象，但他的舉動已開始激怒部分文藝界人士。

但是親朋好友都表示支持，如漢特便表示她愛死這作品。王爾德對她的讚美感到欣慰不已，並抱怨批評者在刻意爲難他。之後，他將創作方向從原來的詩轉向散文，在寫給葉慈的信中說：「我們愛爾蘭人太過詩情，不適合當詩人；我們是充滿偉大失敗者的國家，但我們是繼希臘人之後最偉大的演說家。」

牛津大學學生自治會按照慣例向校友王爾德索取其作品，然而當校方這消息一公布，少數人則抗議王爾德的詩集是抄襲之作，並試圖說服其他人退回王爾德的作品。王爾德對此表示：「這是粗劣無禮的行爲」，但並未因此將他所喜愛的青瓷丟入火爐裡，因爲他是個藝術家。他認爲：「只有缺乏想像力的人才未曾創作，眞正的藝術家要懂得利用融會貫通的結果，他一切都能融會貫通。」

在承認藝術家均是抄襲他人甚至是自己的同時，王爾德也講出一個衆所皆知的事實。在「身爲藝術家之評論家」中，他寫到「藝術創作是絕對主觀的。如卡洛特（Corot）所言，他眼中所見之山水風景，只是他心中情緒的反映。」在《說謊的沒落》中，他亦認爲「藝術視生命爲其原料，加以重新創造、塑造成嶄新的形式，」而且藝術，就像王爾德在自己的詩與散文所做的，「與事實、事件、想像與夢想完全無關。」當然，王爾德對相反的意見一樣坦然接受。不過，在《理想丈夫》演出成功接受訪問時，他則顯得想劃清自己的派別流系，表示：「沒有任何人的作品給我任何靈感。只有在斷絕一切世俗影響的情況下才能完成作品。空暇安逸讓人有寫作的心情，而自我隔離讓人有寫作的環境。」

在劇中，王爾德透過亨利爵士一角表示：「優秀的藝術家僅存在於他們的作品中，結果便對自己毫無興趣。偉大的詩人，一位眞正偉大的詩人，是世上最無詩情的生物。不過，較差的詩人則會令人爲之神魂顚倒……如果有人出版了一本二流的十四行詩詩文集，則會令他更叫人無法抗拒。他賦予詩生命但卻不能用筆墨表達。」當然，這位令人無法抗拒的詩人就是王爾德本人。

至於在情色煽情內容方面，王爾德還是剛起步而已，尚未達寫《格雷的肖像》的境界。不過，他所寫的《查米蒂斯》一詩，敘述著愛人撫摸著一座大理石雕像，詩句性暗示已相當濃厚：

冰冷厚實的兩脅，新月形狀的雙股，突出的雪白山丘……。
而在他殘留歡愉的雙唇上
獻上她的香吻，在那筆直的頸部
他雙手緊抱，完全無視自己高漲的熱情。

麥爾斯篤信宗教的父親對此詩相當震驚。他警告兒子這樓友的詩「猥褻放蕩，會對任何讀過的人造成莫大傷害。」在一八八〇年夏天，王爾德與麥爾斯離開了泰晤士屋，搬進了雀兒喜區泰特街一號，一間紅黃磚造的三樓公寓，有綠色的斜屋頂與陽台。王爾德將此公寓命名為「葉慈屋」，因為前一任主人便是葉慈。房屋整修的費用是由麥爾斯父親所支付，他認為王爾德對兒子會有壞影響，所以請他另找新居，而麥爾斯並無表示反對意見。

雖然遭到友人的背叛是成長必經之過程，王爾德無疑地備受打擊，日後常在作品中討論相關議題。根據傳記家的說法，當麥爾斯請他搬家時，他簡直是火冒三丈，甚至有叫罵、丟擲衣服的火爆場面。王爾德發誓將永不再與麥爾斯交談。他搬至查理斯街九號的公寓，位於現今格羅斯范紐廣場外的康諾特旅館正對面。

此時的二十六歲的王爾德繼續雕塑自己那美學信徒的形象，他是一位永遠握著百合花的詩人。然而，他這矯揉的態度與女性化的舉止，在當時並未被視爲是同性戀的象徵。自攝政時代以來，不爲人知的同性戀文化早已流行在王宮貴族之間。身穿綴著蕾絲與錦緞的服裝，腳上是五彩的鞋襪，頭上帶著塗白粉的假髮，這些貴族的紈褲子弟看來女人味十足，但都是貨眞價實的男子漢。性取向並不是問題；但刻意模糊性別區分則增加了這些花花公子的魅力。在攝政時代，布魯穆爾（Beau Brummell）象徵了倫敦過度精美的文化、休閒藝術與對時尚的追求。在他後天的努力下，他成爲當時主宰機智與品位的霸主。然而，在王爾德的身上，先天就賦有這樣的機智才能。

在一八八〇年代，諷刺雜誌《笨拙》常反映出一般人對英國中上流社會的看法與偏見。其首席漫畫家毛利爾（Gerald Du Maurier），曾於一八五〇年代時與惠斯勒同住在花都巴黎。在二十三歲左眼失明後，他選擇繪畫作爲較不吃力的創作媒體。自一八七三年來，他便不斷以美學家的身分提出批評，如剛開始諷刺的主題就針對其白青瓷的那份狂熱：他有一幅漫畫，畫著一位信奉美學的新郎，拿著一個茶壺給新娘看，兩人的對白寫著：「這眞是相當精緻完美，不是嗎？」，「對，的確！喔，老公，讓我們努力配得起它吧！」這股對青瓷的狂熱並不僅限於王爾德一人，事實上，早在王爾德於牛津擔心配不配得起他的瓷器時，惠斯勒與羅賽堤已經收集青瓷多年。

毛利爾漫畫中的對白延伸出許多美學的詞彙，如「全然地全然」、「相當」、「精緻」、「美麗」

與「神聖」等。另外，因爲羅賽堤的緣故，美學家與花有密不可分的關連，其中以百合花爲最。一八八〇年，在毛利爾的畫筆下，畫家毛杜爾與詩人傑勒比・波士多惠爾特問世，兩個角色讓社會留下深刻印象。波士多惠爾特說起話來像王爾德，但長相可不同，他面容憔悴，顴骨突出，常以花來比喻自己的詩人生涯：「百合花已帶我度過第一季，報春花則是第二季。問題來了：萬花中何種花要帶我度過下一季？」在一八八一年二月十二日的漫畫裡，引射王爾德的毛杜爾慵懶地靠在沙發上，與一位鄉下的庸俗婦人聊天，聊到她兒子想當藝術家，而毛杜爾（聽起來就像王爾德附身一般）建議：「爲什麼他一定要成爲什麼人物？爲什麼不讓他心滿意足，繼續美麗地活著？」

在《詩集》出版後，《笨拙》以王爾德爲第三十七號《逗趣肖像》（Fancy Portrait）的主角，畫中他的臉出現在一朵向日葵的花心部分，旁邊寫著這首挖苦的小調：

美學家中的美學家！
姓名又何意義之有？
此位詩人姓氏為王，
但所寫之詩卻為寇。

《笨拙》其他的漫畫家亦拿他姓名開玩笑，所以便有「奧斯褲落・王鵝得」（Oscuro

Wildegoose），等戲稱。根據漢特的回憶，有次衆人在伯恩瓊斯的畫室聊天聚會時，有人談論起毛杜爾的諷刺漫畫，「伯恩瓊斯突然勃然大怒，高聲表示不滿：『隨便你們怎麼說，毛杜爾整個人的智慧加起來都比不過那人（指王爾德）的一根小指頭。』」

吉爾伯特則以歌劇來嘲諷美學，不過日後卻間接促成王爾德美國巡迴演講之旅。在他歌劇作品《蓓遜斯》（Patience）中，他創造了兩個詩人的角色：代表肉慾的雷基諾德・班索恩以及代表靈性的亞契巴爾德・格羅斯范羅。在吉爾伯特的心中，羅賽堤、史威波恩與惠斯勒等人，都是設定角色時所揣摩的對象，但是呈現在觀衆面前卻只有王爾德一人：在節目單的封面上，印著一位美學家，穿著及膝的短褲，黑色長襪，戴著鬆垮的領結與低頂寬邊的軟氈帽，這種美學家的打扮是改良自一八三〇年法國藝術家之服裝而來。這所謂「美學家服裝」並不是王爾德設計的，他是在牛津的共濟會支部中看到有人穿類似的服裝，加以仿效並納爲己用，在美國巡迴演講時則作類似之裝扮。事實上，早在一八七六年九月，當王爾德還是牛津的學生時，毛杜爾筆下的人物就穿著及膝短褲，有襯墊的翻領便服。

除了與亞瑟・蘇利曼共同創作的歌劇劇本外，吉爾伯特還精於歌舞雜劇、默劇等數個盛行於十九世紀的戲劇種類。對他而言，製造笑料便要選定某些人或機構作爲取笑的犧牲品。他精通文字遊戲，如押韻等技巧，雖然不登大雅之堂，但念起來的確繞口有趣。早在王爾德與蕭伯特之前，吉爾伯特便專門批判人間的虛榮、僞善與愚蠢，他所鎖定的對象是中產階級，並不像王爾德喜歡以上層社會爲主。

一八八一年四月二十三日，《蓓遜斯》於康米克歌劇院首演，在十月新的賽佛伊劇院啓用時，移至此處上演。賽佛伊是當時第一座使用電燈的劇院，由附近庫房內運轉時軋軋作響的發電機提供電力。《蓓遜斯》的劇情是描述幾位犯相思病的淑女，比起穿著金藍雙色制服的騎士，她們更喜歡擺姿勢且凝視百合的美學詩人。另外，班索恩以美學家的方法，試圖吸引蓓遜斯的注意。她是位鄉下擠牛奶的少女，歌唱中傳達對愛情眞諦的渴望，然後與陌生的格羅斯范羅見面後，他便立即向她求婚。蓓遜斯與兩位詩人之間的愛情三角習題，與淑女對騎士的愛慕交織出錯綜複雜的情節。

凡扮演過班索恩的演員都曾試著揣摩王爾德那半女性的聲調與動作，但在過度詮釋與強調下，而成爲類似現今所謂娘娘腔或第三性。王爾德認爲自己的動作是「搖擺」（swaggering），指的是走路大搖大擺，展露出十九世紀具有高度自信的神氣模樣。當虛榮心作祟時，王爾德便禁不住「搖擺」起來，但大多僅限於言語上。

並非只有吉爾伯特專門以美學家作爲目標。對戲劇作家而言，王爾德是個令人無法抗拒的題材。甚至有人刻意模仿嘲弄王爾德的作品再嘲弄一番。有時，王爾德不願意看到台上影射自己的演出。雖然成爲被諷刺的主角也是一種推銷廣告，但若想受人重視，王爾德需要遏止更多對他的取笑嘲弄。

此時正好有人正式邀請王爾德以美學信徒的身份，至美國進行巡迴演講，或者就像王爾德所形容的，「讓富者知道自己能享受哪些美麗的事物，讓窮者明白自己能創造哪些美麗的事物」。當時「蓓遜斯」亦在紐約演出，王爾德，這位眞人版的班索恩，剛好可以依照計畫配合宣傳。這次的巡迴演講計畫是雷斯利夫人（Mrs. Frank Leslie建議的。雷斯利夫人是《法蘭克．雷斯利女性雜誌》（Frank Leslie's Lday's Magazine）的主編，丈夫過世後繼承了他所遺留下的出版公司，最後她成爲王爾德的大姨子。

在誇大的宣傳形容下，即將前往美國的王爾德被塑造成一位越洋而來的詩人，其新書在英國「萬人空巷」，來此是要宏揚藝術與詩之美，並將被美國文化界奉爲上賓。就現實而言，如果他的演講受歡迎，也有實質的經濟利益。所有旅費以及演講收入一半的分紅讓他無法抗拒這項誘惑。而且在與麥爾斯交惡後，他的社交生活大亂，也沒有必要繼續留在倫敦。他開始構思他在美國要穿的服裝與演講內容。

第八章
另一個自我

在王爾德的想像中，美國是個寒冷的國度，除了演講所穿的天鵝絨服裝外，他向裁縫師定作一件橄欖綠、水獺皮內襯、海豹皮鑲邊的及膝外套。這件有著超寬的袖口以及大V字領的超大外套成爲王爾德最心愛的服裝。日後當王爾德身陷監牢時，聽到這件外套被賣掉時，他就像痛失摯友一般難過，還表示這件外套「能完全瞭解他」。

一八八二年在英國要得到美國的資訊並不容易，當時只有極少數的報紙才有美國最新的時事資訊。但王爾德並不急著收集，因爲這只會破壞他的期待心情。王爾德計畫在從利物浦啓程的八天航程中，先完成以英國文藝復興爲主題的第一場演講講稿。在報海關時，據傳王爾德說：「我除了我的天才之外，沒有其他東西需要申報」，這句名言讓他聲名大噪。另外一句，據第三者所轉述，則是：「大西洋眞是令人失望，一點波浪也沒有。」所在記者在訪問乘客時，問到同船的王爾德在航程中感覺如何，便有一位旅客重述這段話。王爾德過去從雅典至那不勒斯的航程中，曾經歷過海上颶風的威力，或許他推斷大西洋會更加驚濤駭浪。王爾德住在位於百老匯三十一街的五星級飯店格蘭德旅館。從他住的兩室套房可以俯視新建的渥萊克斯劇院，王爾德每次離開旅館時，便有大批記者蜂擁而上，追問他對美國的印象爲何，並希望他多出口成章好引用在報紙上。

或許有些諷刺，但王爾德發現美國男性「似乎比我們（英國男性）更能掌握生命。」，而且美國女性也較爲優秀。「整體而言，美國人婚姻成功的秘訣有部分可歸因於丈夫不會無所事事，而……妻子也無須爲丈夫的晚餐品質而負責……婚姻的恐怖在此則是從未聽聞。」美國是唯一不欣賞唐璜這種人的國家，他說：「溫馴且毫無情趣的美國男人，讓美國成爲一個天堂，但這也是爲什麼就像夏娃一樣，所有女性都想逃出去。」離婚在此是個正面的家庭觀念。他還表示「當人一生都必須相守在一起時，相處之道便被視爲多餘，談情說愛則是沒有閒暇，但若這種婚姻的結合能被輕易地打破，婚姻的脆弱也可以成爲其優點，提醒丈夫需要不時取悅妻子，而妻子要隨時保持魅力。」這樣的論點亦反覆出現在他日後的喜劇中。

除了負責安排行程的經紀人摩爾斯上校之外，王爾德還有兩名秘書，一名會說：「王爾德先生今日太忙無法見客」的黑人男僕，一台專用馬車以及身穿制服的黑人馬伕。王爾德寫信給富比士羅伯森：「在自由國家中，人沒有奴隸就不能過活」，並且將他的男僕比喻爲「就像吟遊詩人一般，除了不懂得猜謎。」

在王爾德的作品中，常用男僕與管家作爲關鍵性人物，一副玩世不恭的模樣，但爲無助的男女提供諮商，協助他們脫離危機。在《誠摯的重要》的開場，管家連恩與主人艾爾格農的對話台詞則是對階級嘲諷的一個典範：艾爾格農問到：「你聽到我剛才在彈奏什麼嗎，連恩？」連恩則回答：「我應該要非禮勿聞，老爺。」在《理想丈夫》中的格靈爵士，王爾德形容他為「思想史上第一位衣著整齊的哲學家」，在劇中與僕人談論扣眼之類的芝麻小事，更令人捧腹大笑，特別是當格靈爵士說：「英國的下層階級有其不凡之處，因為他們的關係總是不長久。」他的僕人則答話：「是的，我的主人，他們在這方面可說相當幸運。」

王爾德每日都有人邀其共進午餐與晚餐，而且訪客絡繹不絕。他的僕人會將訪客名片放在銀盤上端給王爾德，他則從中篩選應該要接見的賓客。他曾告訴友人覺得自己像威爾斯王子一般：「我現在瞭解為何這皇家小子每天心情都不錯；當個小貴族還真是愉快。」然而，這樣輕鬆自在或許是在掩飾他的恐懼，擔心他尚未完成準備的第一場演講將會出師不利。

拿破崙．沙羅尼為王爾德拍了二十七張宣傳照，每張的服裝、髮型與所展現的美感都有所不同。然而，在第一場演講前，卻來不及洗出這些照片，所以王爾德請當地畫家先畫肖像，再蝕刻在印刷版上列印宣傳單。沙羅尼為王爾德所拍出的系列作品，展現了這位「語言大師」（王爾德自稱）所能呈現之各種情緒風貌。穿著黑色斗蓬以及斜戴寬邊的帽子，王爾德看起來相當神秘誘人，就像吸血鬼一般。而穿著唯美服裝的他看起來感性，但又不失男子氣概：雙腿穿著黑色長襪，小腳則穿著漆皮綴有蝴蝶結的便鞋，整體造型與身高甚為搭配。他那沈思的臉龐呈現出優美的橢圓形，鏡頭下一頭濃密的捲髮中分並梳至耳後，眼皮深邃的雙眼往下望，右眼看來比左眼小。但照片中最搶眼的還是王爾德的外套。包裹在這件皮外套中的王爾德，宛若一位北歐的神明，坐在雕工精細的椅子上，在沈思的姿勢中被時光凍結，手肘靠在大腿上，而手貼著臉頰。這張照片成爲收藏者的最愛，最後還引發了一場版權的官司，一家印刷公司私自印了八萬五千張而挨告。沙羅尼用此事件證明了攝影也是種藝術。

在演講開始前，演講廳所有的席位以每票一元之價格銷售一空。在寒冷多風的一月九日，當王爾德抵達後台準備開始第一場演講時，現場座無虛席，連站位也擠滿聽衆。他將黑色圓邊披風披在肩膀上，氣定神足地慢步上台，展現他及膝的短褲、黑色長襪、蕾絲綴邊的襯衫，以及薰衣草色襯裡的深紫色上衣，開口說：「既然各位曾看過上演多次的《蓓遜斯》一劇，或許你們至少今晚應該換聽我講一下。」這段開場白引起一些笑聲，然後他則話鋒一轉：「各位千萬不可藉由吉爾伯特先生的諷刺劇，便對我們美學下定論，就如各位無法從陽光中飛舞之微塵，或是碎浪中生成之泡沫，來衡量太陽或海洋之偉大與壯麗。」

然而，演講的主題「英國文藝復興」因爲引經據典而顯得複雜，且演講缺乏趣事或是幽默的急智，讓聽衆聽得一頭霧水，或是覺得枯燥無聊。然而，聽衆還是不時給予熱烈的掌聲，畢竟他光靠個人魅力就令在場聽衆爲之神迷。在剛抵達時，王爾德便規劃此次巡迴演講的輕重緩急，將自己劇作家與詩人之身分擺在演講之前。他解釋他《維拉》的劇本之所以未能在倫敦上演，是因爲找不到合適之演員，雖然這撒了個小謊，但比起要解釋當時的政治與財務問題，這較容易說的出口。他告訴記者：「一定要找到有能力的演員。如果在這裡能找到合適的演員，也許就可以在此演出。」他採用激將法，藉此引起美國本土演員的興趣。

原訂四個月的巡迴演講最後延長至約十個月，在上百個城市鄉鎮舉行了一百四十次的演講。觀衆人數不一，從門可羅雀到一千五百人的壯觀場面都有。雖然他台上魅力比不上馬克吐溫，但見過他本人的都覺得經驗相當獨特。而在倫敦，衆人則持續注意這位美學信徒在美國的一切新聞。

受到批評多過於讚賞的王爾德不願意看早報。他在一場記者會表示：「看到每位記者先生努力地想寫出我沒講過的話，個人覺得相當有趣。如果能忍受小報的報導，相信就可以百毒不侵了。」一位《聖路易郵報》的記者寫到王爾德「在閱讀猛烈批評他的文章時，就像品嚐一碟魚子醬佳餚。」當問到他的私人生活時，王爾德則巧妙地回答：「我希望曾經有過。」

王爾德平均每個禮拜有六場演講，他是位親善大使，代表了英國還有自己。他參觀博物館與學校，開玩笑地建議堪薩斯州格利格斯偉爾鎮的大老，如果他們要請他演講美學之題目，最好先更改鎮名。他亦建議聽講的女士們，在買得起波斯地毯前，先不要急著找伴侶。掛在玄關的圖畫亦難逃批評，他說：「把畫掛在那裡，才會有時間去看。」

在跨越半個美洲的演講行程中，他學會要因地制宜，調整演講內容。在芝加哥，他讚揚在一八七一年大火後的救援行動：「這是善與美的表現，如天使們為赤裸者添衣。」接著，他形容當地第一座水塔爲「黏滿胡椒罐的畸形城堡。」引來聽衆一陣抗議的耳語：王爾德污辱了這建於一八六七年當地人所喜愛的地標。無視於台下的騷動，他繼續講著：「我很訝異有人居然如此運用歌德藝術，讓一棟水塔看起來不像水塔，倒像中古時代城堡的塔樓。」

王爾德的美學理論令人覺得沮喪。比起裝飾精美的城堡，他眞的比較喜歡這個醜陋的怪水塔嗎？這違反了高迪耶的原則，他認爲任何事物一旦變得實用便失去其美感。這城堡式的設計只是在整體風景顯得突兀，亦沒有任何道德、政治或社會的意涵。聽衆帶著滿腹牢騷離開，其中一位說：「我當初就不期待會有所收穫，而聽完後的確如此。」對王爾德要讓美學成爲「新文化之基石」的計畫而言，將是趟艱難的過程。

在費城，首位出版《格雷的肖像》的出版商史托塔特（J.M. Stodart），安排王爾德前去新澤西州康登，拜訪「灰色好詩人」惠特曼，這位詩人的肖像常被印在香菸盒上。王爾德幼時在父母的吟詠下，第一次聽到惠特曼讚揚於自由與革命同志之間情誼的詩文。在「性傾向」這觀念尚未生成時（根據牛津英文字典，「同性戀」一詞是在一八九二年才加入英文），惠特曼便在《草葉集》的詩中，大力頌揚對其他男性的偉大情誼。與惠特曼初次見面時，王爾德便當面說：「我來拜訪您，就像拜訪一位我從搖籃便已熟識的朋友。」

他兩人談論了史威波恩、田納生與美學運動。當提及王爾德的使命時，惠特曼說：「我只能說你既年輕又熱情，而此路是如此寬廣，如果你要我有所建議的話，就是勇往直前。」王爾德說他喜歡有「迷人風格」或「唯美主題」的詩人。兩人的會談持續約兩小時，王爾德親密地把手放在惠特曼的膝蓋上，兩人喝著自釀的莓酒。王爾德對記者誇耀：「我十分仰慕他，常與史威波恩、羅賽堤，以及莫立斯談論他。他的詩是如此希臘以及理智，如此包含一切，兼容並蓄，具有歌德與史基勒（Schiller）的泛神論。」至於他是否眞的曾與這些詩人討論惠特曼，對於他所要塑造出來的形象而言則是無關緊要。

數年之後，惠特曼回想起王爾德是個「身材高大、相當優秀的男孩……如此坦白、活躍且具男子氣概……是個俊美的青年。」對他的聲名狼籍，他則是感到困惑：「我不明白爲何有人筆下會對他如此嘲諷。的確，他說話是帶有拉長音的英國腔調，但他發音清晰，更勝於之前我所有聽過的英國以及愛爾蘭青年。」

在聖派克日時，明尼蘇達州聖保羅市的愛爾蘭裔美國人歡迎王爾德的來訪，並將他譽爲「愛爾蘭最高貴女性之子，在一八四八年這個動盪時代，她的作品以及本身高貴的典範讓愛國之火焰持續熊熊燃燒。」在簡短的談話後，王爾德預測獨立後的愛爾蘭將有文藝復興的到來。王爾德夫人相信愛爾蘭「能說善道的天賦」是愛爾蘭裔美國人成功的主因，而其子認爲在美國，個人與社會的偏差可以解決各社會中的差異問題。梭羅將民眾的反抗視爲美德，而惠特曼的同性戀身分亦不會影響他作爲一位成功詩人。

對王爾德而言，身爲一位完全的愛爾蘭人是項不同的經驗，他感受到解放並樂在其中。在評論別人意見時，王爾德反對英國對愛爾蘭的佔領，認爲這是「現代歐洲最大的悲劇之一」，並且讚揚在美國的愛爾蘭人。「若要瞭解自己的優點以及英國的缺點，愛爾蘭的知識份子早該橫渡太平洋……放逐對愛爾蘭人的意義，正如猶太人所受囚禁之經歷。」在公開場合這樣發表無戒心、充滿愛國情操的演講，這是他之前塑造自己英國人形象時所刻意避免的行爲。

當抵達波士頓時，演員兼劇作家的迪恩・波多雷前去旅館拜訪王爾德。王爾德當時正在用早餐，便請他閱讀《維拉》，但波多雷對他巡迴演講所發生的趣事比較感興趣。波多雷告訴「波士頓報」王爾德是「易受人出賣的犧牲者，暴露在他人嘲弄與批判下。自他孩提時代我便認識他，而像我一樣瞭解他的人都知道，在那經紀人對他華麗的宣傳包裝下，他是位高貴、誠摯、仁慈與可愛的人。」雖然汲汲營營自我推銷，王爾德卻不是個市儈商人。

在下次見面時，波多雷已讀完《維拉》，但卻有所批評，認爲全劇應該大幅改寫。他告訴王爾德故事主幹「相當不錯且精彩」，但「旁節細部」則是未隨著主幹來發展。他批評「劇中的對白拖緩了劇情，對白應該只是「劇情對角色影響所必產生的結果」。王爾德並不以爲然。對白是他的專長，在劇中必定佔重要成分。但他禮貌地點著頭，將波多雷的話當作耳邊風。

一月三十一日時，在波士頓音樂廳，王爾德掌握了全場演講氣氛。六十位哈佛的學生事先訂位，穿著及膝的短褲以及黑色的長襪，每個手上還揮舞著百合花或向日葵。然而，王爾德事先就知道此事，刻意改穿晚禮服演講，愉快地強調每個字說著：「我環顧四周，我第一次迫不及待地想說這句禱告詞：『請讓我擺脫我的門徒。』」他舉起雙手，做出像耶穌的姿勢，全場掌聲歡呼雷動。

就像歐文、泰利以及一年後亦於美國巡迴演講的史托克，王爾德討厭巡迴時所需的長途火車旅行。搭著火車穿梭在美國各地，看著窗外飛馳而過的城市與平原風景，是件無聊的事情。王爾德告訴記者「我不喜歡以這速度走馬看花。你知道，要一窺某個國家眞面目的唯一方式，應該是要騎馬旅行。我一直期望能騎馬，跨越新墨西哥、科羅拉多以及加拿大。」他並不是空口說大話；他曾騎馬橫跨地形崎嶇的地帶，與馬漢菲一同騎馬至奧林匹亞。在他心中，以及在他獲獎的詩作「拉溫那」，王爾德「飛馳狂奔，追逐落日／在深紅的暮光消逝前，／我終於抵達拉溫那的城牆內！」

在美國境內所有區域，王爾德最偏愛西部，「那有灰毛的大熊、野性的牛仔、自由的戶外生活，以及無拘無束的舉止，一望無際的草原和無盡的謊言。」他拜訪科羅拉多州座落於落磯山脈的銀礦盛產地里德維爾，他聽說在此地每個人都配槍。他說：「有人警告我如果來這裡，他們一定會射殺我或是我的經紀人。我回信告訴他們不論他們對我和經紀人作什麼，我都不會就此退縮。」

穿著他最喜愛的外套，搭配寬鬆的褲子，長髮梳整好，用黑人礦工軟帽罩住，王爾德搭著吊籃下降至「無雙礦場」內。他用一把銀色鑽頭開啓一座新的礦井，並將其命名爲「王爾德」，然後還在礦場內與礦工共進晚餐。晚餐桌上擺著幾個小酒杯、開過的酒，每個人都坐在板凳上。根據王爾德寫給西克特的信中形容：「第一道菜是威士忌，第二道也是威士忌，第三道還是威士忌，所有的菜都是威士忌。但他們仍稱這爲晚餐。當礦工看到美學與食慾能如此協調共存時，他們無比驚喜。當我點燃一根長雪茄時，他們大聲歡呼，震得礦坑上方的銀礦灰都落下。」王爾德高舉酒杯，向那些興奮地握拳的礦工敬酒，「毫無懼意」。他說：「他們都異口同聲地稱呼我爲：『沒戴眼鏡的野蠻小子』。」在賭場時，大家還繼續喝酒。王爾德注意到鋼琴上有個告示牌，寫著：「請不要對鋼琴師開槍，他已經盡力了。」王爾德表示這是「我所看過唯一最理智的藝術評論方式。」（「不要對鋼琴師開槍」這句話通常被視爲王爾德的名句。）

巡迴演講開始後便不斷上演令人難堪的場景，爭吵與火爆對峙著。王爾德對媒體一直是又愛又恨。若想要快速出名的機會，摩爾斯建議王爾德將回信寄到《紐約世界》爲自己辯解。或許是因爲要刊登在雜誌上，王爾德的回信內容冠冕堂皇，一方面誇大自己的重要，一方面慷慨激昂地說：「這些新聞記者是誰？他們毫無意義地穿梭往返，從社會新聞到文化歷史，從犯罪活動到評論批判，極度無能卻睥睨一切，在新聞界中橫行霸道……『低能的自戀狂』……讓他們從望遠鏡偷窺我們，任他們隨意報導。但，我親愛的喬昆，如果我們將他們以顯微鏡細審，只會看見一片空白。」

從王爾德身上，美國人看到他這愛爾蘭人的舉止談吐可以像英國人，受良好教育且服裝講究。他已經贏得所要的名氣，但這美學怪人的形象讓他感到擔心。蛻變後的王爾德應該是個風流公子，比較接近享受美酒佳餚的貴族，而不是布魯穆爾或迪斯萊利（Disraeli）的正統美學弟子。所以無可避免地，王爾德最後將他的美學理論與頹廢主義相結合。

第九章 嶄新視野

在搭吊籃下降至礦場的驚險經驗，以及企圖對美學定義所產生的挫折後，王爾德需要藉由像紐約的城市，來轉移注意力以求抒解，因此當八月中旬巡迴演講結束後，他決定不回倫敦。但也只有他母親期盼他回來。她寫信：「我以爲你搭船去日本了」，王爾德則向她報告在美國的收入，讓她覺得欣慰放心。王爾德夫人認爲兒子載譽榮歸時會有盛大的歡迎：「你依然是倫敦的話題人物，計程車司機問我是奧斯卡・王爾德的什麼人，送牛奶員還買了你的照片！」雖然她預言王爾德返鄉時，會遭到群衆「蜂擁包圍」，還必須躲進計程車內，王爾德則是持不同的看法：他擔心英國報紙對他在裝置藝術創新的見解興趣缺缺，只會記得對他百般嘲諷的文章而已。

當他還猶疑未決時，紐約對這位心力焦瘁的詩人展開歡迎的雙臂。紐約名流女仕爭相邀請他作客。一位對他敬畏有加的年輕女性，回憶起王爾德「像顆璀璨的流星」般進入她的社交圈；某次午餐餐會，他坐在她旁邊，爲了打開話題，他說：「我們人生重大危機並不是事件本身，而是其中的熱情。」兩人先是沈默地互相凝視著對方，然後一起放聲大笑。雖然這不是第一次，但王爾德更確切地預言自己將在這一代歷史上留下不可抹滅的痕跡。

約翰・道斯莫斯（John Doresmus）教授是王爾德之前在都柏林的朋友。在他美國的家中，王爾德第一次見到伊莉沙白・馬爾伯利小姐。她當時二十六歲，自初入社會以來，就一直逃避社會所規範的婚姻制度。她自小便住在紐約，雖然父母是貴格會與長老派教會的信仰背景，但他們認爲劇院相當具有教育意義。每星期五晚上，一家人就到紐約十五家劇院的其中一家觀看演出，從古典樂至戲劇、音樂劇至歌舞雜劇、法國喜劇性歌劇以及其他多種的表演。

馬爾伯利小姐外表未老先衰，看起來像個老婦，還長著男性的細鬍，但她命中注定成爲一八九〇年代美國著名的戲劇代理。一開始她對王爾德頗有好感：「就像其他人，我拜倒在他口才天賦之下，喜悅地聆聽他談吐中所展現的智慧。」日後她擔任王爾德的經紀人，當他開始招搖其同性戀身份時，雖然她本身是女同性戀者，卻開始對他有較負面的看法。王爾德從不明白爲何他的行爲在同性戀圈子內會造成如此大之恐慌。

王爾德擔任自己的經紀人，他向女演員推銷自己的劇本，然而在美國，他的形象較接近精美的藝術品，而不是位才華洋溢的劇作家，所以工作並不順遂，他從錯誤中學習，並發覺協商合約之困難。如波多雷所建議的，《維拉》需要大幅改寫，但在找到適合之女主角前，王爾德絲毫沒有提筆的動力。他早在之前便口述整個場景，但在缺乏靈感刺激下，他也無法改寫。

當蘭特利隨巡迴演出的劇團來到紐約時，王爾德將近來推銷劇作的挫折完全丟至腦後。十月二十三日他前所未有地在早上三點起床，穿上黑色天鵝絨夾克以及他最喜愛的外套，乘馬車至碼頭，於四點三十分搭小船到亞歷桑納號（跨大西洋至美國所搭的同一條船）。他登上甲板，帶著一大束百合花，然後一朵一朵地獻給這位女演員，逗的她心花怒放。

根據《紐約時報》報導，他的領結「樣式俗麗，而襯衫胸口大開，露出他一大片男人味的胸膛。」這顯然是捏造的，因爲王爾德從不公開暴露他的身體。一位加拿大的記者問他是否曾「啓發」過蘭特利夫人，他回答：「比起啓發新大陸處女地，我寧可蘭特利夫人是我的對象。」然而，就許多方面而言，早期兩人在沙利斯拜利街時，蘭特利的確受他啓發良多，他教她讀詩、建議她多穿黃色系衣服、鼓勵她從事演藝事業。她並不是天生的女演員，但她面容姣好，熟記台詞，並且常帶著華麗的珠寶首飾，讓觀衆席上的貴婦仕女猜測爭辯哪件才是她愛人威爾斯王子所送的禮物。

王爾德對她的仰慕亦引起某些人的注意。一位記者寫到：「至於被愛神箭射中的王爾德，他現在則是愛情中神魂顛倒。」這對傳聞中的情侶和之前的關係一樣，成爲彼此的外型設計顧問：王爾德建議她在演出《皆大歡喜》時，不要穿長靴，而她常整理他那一頭亂髮，且幫他拉正領帶，而王爾德則是堅持要她當沙羅尼拍照的模特兒，沙羅尼還付她五千美元的酬勞。在拍照過程，她不斷地談話說笑，並且選擇不用第一組的樣版。她謝謝沙羅尼：「你讓我看起來很漂亮；我很美麗。」，沙羅尼則是像個頑皮小子聳聳肩作爲答禮。在美國，她的照片每張五元，而在法國則銷售了五百張。

王爾德告訴蘭特利美國並非未受文明開化，只是沒有文化而已。他自認是蘭特利參加晚餐餐會或其他宴會時唯一的護花使者，但是一位名爲福萊迪・蓋伯哈特（Freddy Gebhardt）的花花公子，他利用送貴重禮物的攻勢，贏得貪心的蘭特利青睞，搶了王爾德的寶座，所以常見他們三人一同共進晚餐。當她首次於美國登台演出《天作之合》（An Unequal Match）時，王爾德介紹她認識一位不尋常的人物史迪爾・麥卡伊（Steele Mackaye），他所發明的活動式場景以及摺疊式座椅是現代劇場設備的先驅。

他的父親詹姆士・麥卡伊上校（Colonel James Mackaye）曾爲林肯總統從事間諜工作，並創立了美國電報公司。然而，身爲他的兒子，史迪爾便顯得好高騖遠，誇大不實，可說是典型的美國夢想家。在十六歲時，他便離開學校至巴黎學習繪畫，然後又改學演戲，揮霍家中優渥的財富來追尋自我之實現。他投入法蘭科伊・德沙爾（Francois Desarte）的門下，這位演員宣稱他已發現「人類表情之自然且必然之定律。」德沙爾要求門徒觀察孩童玩耍，以及在醫院、太平間、避難所以及藝術館內研究人體之奧妙。除了四處旅遊與學習外，卻從未成大器，或許是因爲他家財萬貫，有揮霍之本錢。

四十歲的史迪爾身材瘦長且散發著一股陰暗詭異的氣息，留著一頭黑色長捲髮。對王爾德而言，他彷彿是塊磁鐵，他個性鮮明的點子與想法常讓王爾德欽佩不已。他最新的發明是活動式場景：將兩個場景安裝在一個升降架內，其一個場景在另一個上方，利用滑輪與秤錘等重物來調整不同高低。史迪爾向來賓們解釋當一個場景在舞台上時，剛好可以布置另一個場景。他還拿懷錶測量，結果兩個場景替換總共只需要四十秒的時間。王爾德對這種機械的事情一竅不通，但他可以預見這裝置對劇作家有多大益處，並且提出問題，顯示他相當有興趣。

演出時王爾德原本與史迪爾一同前往，然後應《紐約世界報》主編赫爾伯特（W.H. Hurlbert）之邀，到報社排字間內，與滿手油墨的排字員同座，著手撰寫對該劇評論。王爾德對全劇做出任何評論（事實上，他並不喜歡此劇），只讚美蘭特利的美麗（其美貌引發英國藝術一場新運動）以及她的服裝（比場景更加耀眼）。他甚至提及在麥德遜廣場劇院的安全布幕，這也是史迪爾．麥卡伊的一項發明。

史迪爾想在百老匯與第三十一街交叉口上，建立全球第一座斥資百萬的劇院，並要求王爾德同意，將以他的《帕杜亞公爵夫人》（The Duchess of Padua）以及《維拉》作為這豪華劇院的開幕演出。然而，尋找投資人的贊助是個更大的問題。足智多謀的王爾德向他的伙伴保證，他在美國曾與有地位的人見過面，他們一定樂意開支票來投資。只有在年輕的熱情、過度的陶醉以及無知的樂觀下，這個異想天開的計畫才會繼續進行。當事情變得毫無希望時，王爾德還鼓勵史迪爾：「切勿失望，你和我一起可以征服世界。」

史迪爾負責籌錢，而王爾德則負責找女主角。《維拉》的劇本已經是現成，但《帕杜亞公爵夫人》的劇本還只是草稿。他缺乏像之前爲伯恩哈特與泰利寫詩的靈感。他也常去劇院觀看戲劇演出，並且挑選可能的女主角，希望她能引發出寫劇本的靈感。最後瑪麗・安德森（Mary Anderson）表示有興趣。她當時在羅蜜歐與茱麗葉演出，雖然王爾德並不喜歡此劇整體表現，但瑪麗對他的提議相當有興趣。

這振奮了王爾德的自信心，他保證他的作品將能讓她「躋身世界偉大的女演員行列中」。兩人開始談論簽約之相關事宜。經過漫長的討論後，兩人同意於一八八三年一月底，由史迪爾擔任全劇演出之製作人，王爾德在簽約時便可拿到一千元之酬勞，若安德森接受劇本，則再付他四千元。王爾德對史迪爾說：「世界在我們腳下」，並且大肆慶祝一番。但兩個星期後，爲了延長演出的檔期，決定延後一年再上演。劇本的截止日期是三月一日。沒有了截稿日期的壓力，王爾德便遁身在紐約的社交圈內逍遙快活。

史迪爾提醒王爾德不要忘了《維拉》改寫的事情。另一位女演員，瑪莉・波史考特（Marie Perscott）讀過《維拉》劇本後，表達了高度興趣。在有過與安德森協商的經驗後，王爾德此次的姿態更高，要求對演出權的有永久掌控，先付他一千美金的簽約金，而在一八八三年秋天上演後，每場演出需付五十美金之版費。最後兩方簽訂了草約。現在世界眞的在他們腳下！

一八八二年十二月，王爾德帶著他巡迴演講的酬勞搭波西尼亞號前往英國。重回大西洋上，他回憶起麥爾斯的背叛行爲，他沒有捍衛藝術自由，也沒有在他父親批評自己詩作時挺身辯護。除此之外，他還想到自己愛徒詹姆士・雷諾爾・羅德（James Rennell Rodd）的背叛師門。羅德原本是公認「牛津美學家」此稱謂之繼承人，曾於一八八〇年以一首讚揚華爾特・萊雷（Walter Raleigh）的詩贏得新迪加文學獎。當初羅德從貝利爾學院畢業時，王爾德鼓勵他矢志成為詩人，並介紹他認識波恩瓊斯與惠斯勒認識。

在一八七九年夏天，王爾德還與羅德一家人結伴至比利時旅遊。一整年他們沿著羅爾河遊玩，最後在巴黎停腳。但羅德已厭倦王爾德喜歡掌控一切且需要有人作陪的習慣，所以當他於一八八一年出版第一部詩集《南方之歌》（Songs of the South）時，他拒絕更改王爾德評為造作的篇幅。

如果有王爾德不能忍受的事，那就是門徒的背叛。所以他要讓羅德再重回他的掌控下。在啓程至美國巡迴演講前，他向羅德保證一定會在美國找到出版商出版他改名為《玫瑰葉與蘋果葉》（Rose Leaf and Apple Leaf）的作品。然而在王爾德離開英國的期間，羅德便改拜在惠斯勒的門下。他之所以要與王爾德保持距離的理由相當充分，因為王爾德那浮華公子哥的形象越來越惹人側目，且在他從事外交工作生涯的初期，更是需要謹言慎行。最後，他的確事業有成，曾於一九〇八至一九一九年擔任英國駐義大利大使。

然而，在美國的王爾德則遵守諾言，說服了史托達爾特（J.M. Stoddart）出版羅德的作品。王爾德親自寫序，還負責整本書的設計：羊皮封面，詩文用褐色油墨印刷而且每張紙只印一面，中間穿插著蘋果綠的空白頁。封面與扉頁都蓋著王爾德最喜愛的圖章印：一個長捲髮的男孩圖像。他選擇這圖章很明顯地是個對羅德示愛的暗示。他一方面是自我陶醉，一方面告訴史托達爾特此作品是「印刷史上之傑作」，開啓「美國印刷之新時代」。

王爾德對年輕詩人的慷慨照顧爲他吸引了許多門徒。彼此之間大多是嚴謹的柏拉圖式關係，年長者教導年少者的理想典型。但王爾德與幾位學生關係的確相當親密，只是程度各有不同。王爾德需要這種友誼的假象，並且要求無條件的愛慕與忠誠。但羅德的忘恩負義讓他想將所有學生逐出師門。羅德，這位「虛假的朋友」也曾抱怨王爾德那「如奧林匹亞神般的態度」，但之後改稱他爲「大膽且有天賦之人」，曾經讓他「幾乎從傳統束縛解放。」

當王爾德寫童話故事《好朋友》（The Devoted Friend）（收錄於一八八八年出版的《快樂王子與其他故事》中）時，藉機發洩遭到背叛的痛苦。故事中，修格是個自私且卑鄙的傢伙，他是漢斯的「好朋友」，漢斯爲他作牛作馬，希望能換得他一台壞掉的手推車，但修格卻不斷剝削這位和藹可親的年輕人。當漢斯因爲修格的要求而淹死時，修格還說：「我再也不要給人任何東西了！人太慷慨總是會因此受苦。」在此故事中，王爾德表露出他對痛苦與同情兩個矛盾的想法。修格認爲不快樂的人「應該獨處而不受干擾」，但「眞正的朋友總是說些難以入耳的話，並且不在意讓對方痛苦。」只有極少的例外情形，但王爾德的情感與忠誠不帶一絲惡意，不會刻意讓對方痛苦，這在像他如此舌燦蓮花的人身上，可說是一項少見的特質。

當王爾德回到倫敦時，羅賽堤已不在人世。他是在一八八二年四月九日，復活節當日過世，當時王爾德則是在美國的加州首府搭火車至猶他州鹽湖城途中。他常提及羅賽堤如何如何，自以為兩人之間眞有友情存在，還不知道對方根本厭惡自己的《詩集》作品。羅賽堤從不認同美學家，但他卻是他們的神話人物，葉慈說他是「潛意識的影響人物，也許是影響力最大的人。」羅賽堤有幾年時間深受毒癮所苦，且還有情緒不穩的問題，有時是憂鬱症，有時是妄想症。

漢特告訴王爾德她曾拜訪過羅賽堤於雀兒喜堤的住所都鐸屋。她看到屋內的擺設，包括他太太，麗茲・希達爾（Lizzie Siddal）所畫的《淑女之嘆》（The Ladies' Lament），上面還貼著準備拍賣的標籤。數年之後，當漢特寫《羅賽堤之妻》（The Wife of Rossetti）一書時，她表示麗茲因為丈夫與模特兒外遇，所以服毒自殺。在王爾德離去後，漢特蛻變成長為一位自由的新時代女性。她曾到過巴黎，學習德文，讀喬治・桑的傳記，並且認為浪漫的激情更勝於婚姻。

王爾德回到查理斯街原來的房間去住，並且前去探訪母親與哥哥，他們仍住在附近的帕克街上。但當王爾德的返鄉讓王爾德夫人恢復她為兒作媒的興趣時，他又逃到巴黎去寫劇本。他第一次去巴黎是在一八六七年與母親與哥哥同行，在伊索拉過世之後。巴黎花都現在是他第二個城市，都柏林的一切已成為過去。王爾德崇敬巴爾札克、福婁拜與波多雷；他說的一口流利法文，但他寫作部分就略微遜色，而且他法文發音純正與否亦是見仁見智。當他寫《莎樂美》時，他表示要精通另一種語言，並從中創造出美麗的事物。

王爾德自認是英國美學運動的領導人物，期待在法國受到應有的歡迎，他住進佛特爾碼頭旅館一樓的住了兩年套房，從窗外便可俯視塞納河。波多雷在一八五六也曾住在同一間旅館的文人區房間，寫出《惡之華》；華格納於一八六七年亦曾在此停留，並寫出歌劇作品《紐倫堡名歌手》。王爾德是波多雷的崇拜者，但認爲華格納作品過於好戰血腥。在《格雷的肖像》中，亨利爵士夫人認爲：「我最喜歡華格納的音樂。音樂聲音很大，可以大聲講話而別人都聽不到。」但至少在《紐倫堡名歌手》中，並沒有那些狂暴喧囂的神明與女神。王爾德對所有靈感來者不拒，只求能讓他專心在書桌前創作。

《帕杜亞公爵夫人》劇本的期限已剩不到兩個月，王爾德還是好整以暇地開始布置他房間。在茶几檯上擺著一本波多雷的詩集，在書桌上則擺著他的名片、幾本羊皮紙封面金色凸紋飾的《詩集》、劇本草，以及一袋著名倫敦手工製紙。在絲綢般質感的雪白紙張上寫下黑字，對這種充滿藝術氣息的行爲，王爾德就像在喝香檳上絕不吝惜揮霍。他想像自己是爲古代的書法家，彎身在雪白如肌膚般滑順的宣紙上盡情揮毫運筆。

巴爾札克在寫作時會穿上一件白色羊毛修道士斗蓬，威尼斯金製的皮帶上還掛上一把裁紙刀、剪刀以及小刀。王爾德以他爲模仿對象，在書桌前都穿著一件白色羊毛浴袍，爲了更像巴爾札克，他還定作一根與他註冊商標一模一樣的枴杖，象牙製的枴杖，柄端則是青金石。然而巴爾札克每天要喝二十幾杯咖啡來刺激靈感，慢慢地走向咖啡因中毒之路，但王爾德則比較偏愛尼古丁，常一次花數千元買煙，才能滿足他這大煙槍。他在書桌上放著一個青瓷大碗當煙灰缸，旁邊則擺著一盆花來消除煙臭。王爾德對抽煙的每個動作都樂在其中：點火，吐第一口煙，捻熄再重新開始。皮耶爾·羅伊斯（Pierre Louys）是位法國詩人，王爾德日後便是將《莎樂美》題獻給他。王爾德同意他的看法，認爲香菸是人類在十九世紀所發明之唯一新樂趣。香菸是王爾德最親近的朋友，沒有它王爾德就無法寫作。

當王爾德參觀某間美國小學時，看到「禁止吸煙」的標示，令他覺得驚訝萬分地叫道：「老天！他們好像說吸煙是種罪行。我想他們不會也警告學生不要在樓梯間上互相打殺？」在《誠摯的重要》中，面對布雷克奈爾夫人的質詢，傑克坦承他有吸煙，她的反應是：「我很高興聽到這件事，一個人至少也得做些事情。」在《微不足道的女人》中，阿爾福萊德爵士認爲金煙頭的香菸「實在是貴的嚇人，我只有在欠債的時候才買得起。」在《格雷的肖像》中，亨利爵士說出王爾德的肺腑之言：「香菸是完美享樂的一種完美形式。它是如此精緻又讓人無法滿足。」

坐在書桌前，凝視著羅浮宮裝有天窗的藍灰色屋頂，王爾德一反常態地專心寫作。自從別人邀約已不會讓他分心後，他的工作進度相當順遂，如他所常說地，用流暢且富音樂性的「白紙黑字」地寫著，龍飛鳳舞地寫「of」看起來像兩個扣在一起的圓圈。然而，《帕杜亞公爵夫人》這部以無韻詩體寫成的文藝復興時代復仇悲劇，是他所有劇作中最不受歡迎的一部；在一八九八年，王爾德自己承認它「我作品中唯一不適合發表的一部。但其中仍不乏一些佳句。」之後，他將精力轉移至未完成的《人面獅身》（The Sphinx）詩作。他於牛津大學時便開始寫這首詩，至一八九四年才完成。神秘且寧靜的人面獅身像，帶著如娼婦的淫蕩以及古老的秘密，長久以來讓王爾德深深爲之著迷。（他曾稱女人爲沒有秘密的人面獅身獸）。

當他在巴黎受到冷落時，王爾德則主動出擊，到各餐廳、咖啡館裡打知名度。他現在處於當花錢大爺的心情。當一位左岸咖啡館的常客表示想回英國，並且要加入海軍時，王爾德馬上提供他一套新西裝以及火車旅費。王爾德不是那種將錢投資在銀行的人，所以他隨身帶著，隨時準備好應付任何想揮霍的時刻。他的金錢觀從未改變，他說：「當人沒錢時，唯一的安慰就是揮霍，這可是一生受用的哲理，甚至在艱辛黑暗的時刻。」在《格雷的肖像》中，亨利爵士說：「我不想要錢。只有要付帳單的人才會想要錢，我可從來不付帳。」

王爾德最後並沒有找法國的詩人來當友伴，而是找二十歲的羅伯特．哈伯爾．謝拉德（Robert Harborough Sherard），這位敏感的少年立志想當作家，小王爾德八歲，是華滋華斯的曾孫。謝拉德的外表符合當學徒的標準：蜜褐色的頭髮，面貌俊秀，但不具同性戀者的氣質。他畢業於牛津大學的新學院，在王爾德留在巴黎的三個月中，兩人經常在一起。在王爾德的一生中，謝拉德對他的崇敬日漸增長，幾近至偶像崇拜的邊緣。雖然謝拉德以王爾德爲題寫了五本書，但依然無法接受他是個同性戀。

謝拉德看到了王爾德孩子氣的一面，他穿上了最心愛的外套，將自己緊緊包裹著，然後說：

「眞是舒服又溫暖」。謝拉德見證了他如蝴蝶脫蛹的蛻變。第二階段的王爾德一身法國人打扮，頭髮則仿效古代羅馬暴君尼祿的雕像，加以剪短而捲燙。在去理髮店用捲髮鐵燙頭髮之後，他覺得相當滿意，也說服謝拉德作同樣的髮型。兩人結伴去巴黎附近的貧民窟探險。至於據傳王爾德某晚跟著一位著名流鶯一起走，這依然是道聽途說，無法加以證明。

隨著他在巴黎四處自我推銷後，王爾德以爲就可以結交朋友，但光是講一口法文尙不足以讓法國人對他有所印象。他與竇加見面的結果並不理想。竇加告訴華爾特．西克特說王爾德「長得像鄉下劇院舞台上的拜倫。」王爾德想要拜見法國象徵主義詩人保羅．魏崙（王爾德稱他「繼但丁後的基督教詩人」）。但他現在只是位性別倒錯、日漸凋零的詩人。當王爾德看到他時，他在咖啡館裡爛醉如泥，衣衫襤褸，爲了同性愛人的過世而悲傷不已。王爾德曾深受他詩中宗教狂熱所吸引，但如今看到的只是他的窮困潦倒，以及那醜陋猥褻的嘴臉。王爾德厭惡地掉頭就走。他事後說：「魏崙人在陰溝裡，但他寫詩則是人行道上。」

小說家兼傳記作家艾德蒙．德．宮柯爾特（Edmond de Goncourt）對王爾德便比較友善，曾數次與他見面。宮柯爾特在小說《芳斯丁》（la Faustin）藉由主角探討生命與藝術間之衝突，而書中女主角需要愛情才能上台演出。受到此主題的刺激靈感，王爾德構想出概略情節，其中女主角面臨的是一個相反的難題：愛情反而剝奪了她的演出才能。這女主角就是日後《格雷的肖像》的西比兒。十年之後，當王爾德將於戲劇界中成功之際，宮柯爾特於《巴黎之聲》（L'Echo de Paris）

中刊登了日記的內容，其中寫著他認爲王爾德有「令人懷疑的性向」（au sexe douteux），且引用王爾德對史威波恩的形容詞：「誇耀罪惡者」（flaunter of vice）來形容王爾德。

王爾德在一八八〇年代時只見過史威波恩一面。他寄給史威波恩自己與惠特曼會面的紀錄，希望在美國回來之後，便能與他拉近關係。但這方法並未成功，部分是因爲王爾德在「玫瑰葉與蘋果葉」的序讓史威波恩有所不滿，他形容羅德是「王爾德的青年，那位所向披靡的亞歷山大之朋友兼愛人西菲斯遜（Hephaestion）。」無視於史威波恩對自己的影射，王爾德向宮柯爾特辯解史威波恩完全誤解了他們的對話，他寫到：「英國社會與往常一般，依然虛僞、拘謹與世俗，不知道如何在藝術品中看出藝術；只看出其中的藝術家。因爲社會總是將藝術家與他的藝術創作相提並論，就認爲如果要創造出哈姆雷特，就必須帶點憂鬱氣質，如果要想像出李爾王，就必須完全發狂。天生高貴渾然天成的藝術家史威波恩長久以來一直被雜交與食嬰等流言所纏。對這些荒謬傳聞，他只是一笑置之。」四個月後，王爾德再一次用相同的說法，爲《格雷的肖像》作辯護。（當宮柯爾特將日記出版成書，兩人所講的話並未納入書中。）

王爾德完成了《帕杜亞公爵夫人》，稱這是「我年少時期的傑作」。他將劇本寄給安德森，並焦急地期待她的認可；他一千元的預付金已經花費得所剩無幾，所以期盼合約中剩下的四千元酬勞，前提是她得接受這劇本。六個星期後，他收到回覆的電報，安德森在電報中表示：「以劇本現在的形式而言，我擔心無法吸引現今觀衆。」

王爾德將自己投入另一項工作，藉此轉移受到拒絕的挫折感。距《維拉》預定紐約首演的八月中旬，還有四個月。王爾德頻頻寫信給瑪莉．波史考特，仔細叮嚀：「千萬不要擔心表演若引人發笑，就會毀了悲劇本身。相反地，妳更強化出悲劇內容。」他將他的相反論應用在戲劇表演上：「生理學上的一項道理，那就是所有強烈的情感都需要藉由相反情感的方式來加以抒解。」

在一八八三年八月二日，王爾德登上不列顛號前往紐約。當他抵達時，《紐約時報》注意到他全新的外表：長褲、圓角下擺的天鵝絨外套、豹皮長靴、拜倫式衣領搭配著圍巾與鑽石別針。八月二十日，也就是首演的當晚，天氣如先前所擔心的一樣，潮濕且悶熱。節目單上寫著《維拉》是王爾德「最新作品」，讓他聽起來像個著作等身的劇作家。在第四幕時，評論家已經在座位上不耐煩而躁動不安。女伯爵安娜．布雷蒙回憶起當時：「觀衆水準不高，而且在高溫的折磨下，看戲的興致都融化殆盡。」

第一位爲王爾德畫素描的藝術家詹姆斯．凱利（James Kelly），回憶當時有觀衆喊著快點把布幕拉下。《泰晤士報》的評論寫著：「對一位天眞無邪、有才能的作家而言，這應該是徹底的失敗。」又惡毒地加上：「王爾德只會空口說白話，只是個業餘作家。」連波史考特的演出都被比喻成當街叫罵，身上那件由王爾德所設計的朱紅色禮服也飽受批評。此劇在演出七場後結束，而波史考特則把此劇作爲巡迴演出的戲碼，以彌補損失。

安德森當時則正在倫敦首演《英格馬》（Ingomar），她寫信給《紐約論壇報》的評論家威廉．

溫特（William Winter）：「他們說《維拉》是在美國最糟的失敗作品……威利・王爾德昨晚還跟我說，看到我在《英格馬》這樣糟糕的戲劇演出，他覺得相當遺憾……我倒想看王爾德能否寫出這樣的劇本。」阿爾法德・布萊恩（Alfred Bryan）則是畫了一幅漫畫諷刺威利與王爾德，畫中在《維拉》落幕時，兩兄弟緊緊抱在一起相擁而泣。

王爾德並沒有急著趕回倫敦；他接受邀請，參加在紐波特與賽拉托卡等地舉行的聚會。他請沙羅尼爲他捲髮的模樣拍照留念；還擔任哈爾波・潘尼頓（Harper Pennington）的模特兒，畫了一幅眞人大小的油畫肖像，他應該對此畫相當滿意，因爲畫中他看來功成名就，且加上那根象牙手杖，看起來相當有巴爾札克的氣質。一個月後，他回到查理斯街，還多了一位室友謝拉德，他爲了與王爾德在一起，放棄在東區工作的計畫。雖然居住的地方住址不錯，但床鋪不夠柔軟舒適，且室內沒有浴室。他們每日享用牛津式的早餐，抽著名牌香菸，喝酒打發時間到下午。

心不甘情不願地，王爾德又開始巡迴演講。當時是計畫做區域性的巡迴演講，藉此推銷《美麗之屋》（The House of Beautiful）以及新作《美國印象》（Impressions of America）。對他這樣喜歡求變的個性，再次巡迴演講是種退化，特別是當他對美學的支持正游移不定的時候。王爾德開始對母親所期望的結婚成家有更大的興趣。

第十章
奧斯卡・王爾德夫人

就任何一方面而言，康斯坦絲・瑪麗・羅伊德（Constance Mary Lloyd）都是位不凡的女性，她在一八八一年春天遇見了未來的丈夫奧斯卡・王爾德。當時王爾德隨母親拜訪住在倫敦的一位愛爾蘭朋友，他見到她：身材修長纖細，一頭栗色秀髮盤捲在頸後。她母親是愛爾蘭人，喜歡讀葉慈的作品，讓王爾德留下印象。在回家的路上，王爾德突然對母親說：「媽媽，我想要娶那位女孩。」他已經找到心目中的理想妻子。王爾德夫人馬上付諸行動，邀請康斯坦絲參加她星期六的沙龍聚會。隔一個禮拜，王爾德則受邀到她家中參加下午茶。康斯坦絲寫信給弟弟奧希歐（Otheo）：「我無法不愛上他，因為當他與我講話時，他完全不矯揉做作，談吐自然，展露出比一般人更好的口才。」

她弟弟亦仔細觀察這對戀人；他回憶當兩人分開時，王爾德的眼光則緊跟著姊姊在房間內遊走。康斯坦絲有許多令人讚嘆的優點。她有教養且相當聰明，二十三歲的她學過繪畫與音樂，讀過但丁的原文。她不像漢特或蘭特利等庸脂俗粉；她對時尙流行並不在意，較關心社會革命。她對貧困者有人飢己飢之同理心，因爲她有個悲慘淒涼的童年。她想與王爾德分享這段時光，但他對別人的不幸則不感興趣。奧希歐說王爾德不能忍受別人「重現過去的悲劇」。在《格雷的肖像》中，亨利爵士在得知格雷飽受創痛的童年後，他說：「我對所有事情都能有同情心，唯獨苦難例外……生命中越少提及之部分所產生的痛苦也越多。」

在《社會主義下的人類靈魂》中，王爾德認爲對痛苦的同情並不是同情心的最高表現，不符合他個人主義的哲學。他寫到：「所有人都能對朋友的苦痛有同情心，但若要對朋友的成功有同情心，則需要相當細緻的個性，事實上就是個人主義的本質。」雖然他暗示人應該具備這兩種同情心，卻明確地認爲人樂己樂是其中最好的一種，因爲這能「增強了世上所有歡樂」。他舉聖人與殉道者等極端的例子來支持他的論點。康斯坦絲只是想與他分享過去的不幸童年，他便這樣長篇大論以對。事實上，他們倆有一個共同的家庭秘密：他們的父親都有公開的不光彩事蹟。

雖然說康斯坦絲的雙親赫雷斯・羅伊德（Horace Lloyd）與雅達・愛特金森（Ada Atkinson），未盡父母親養育之責，但他們並不是狄更斯小說那種人面獸心的父母。康斯坦絲的祖父約翰・赫雷修・羅伊德（John Horatio Lloyd）是女王的御用律師，事業有成，曾爲許多英國鐵路公司處理法律事務。兩個兒子追隨父親的腳步，投入家營的律師事務所。然而，第三個兒子赫雷斯，也就是康斯坦絲的父親，則當了家庭的叛徒，自己經營事務所，專攻仲裁業務。

在二十七歲時，他娶了雅達・愛特金森，她來自都柏林某一望族家庭。兩人住在倫敦的哈爾渥德廣場，兩個小孩康斯坦絲與奧希歐則相繼兩年內出生。赫雷斯是個不盡職的父親，大多時間流連在俱樂部，或隨著威爾斯王子到歐洲度假勝地以及泡溫泉。他不僅有過外遇，也曾因爲對法院餐館的女侍暴露下體而遭到逮捕。心生怨懟的雅達則刻意棄兒女不顧，兩個小孩只能彼此依靠尋求心靈上的扶持。

康斯坦絲四歲時，外祖父過世，由外祖母擔起在都柏林的一家之計。康斯坦絲從小便有愛爾蘭人的意識，且熱愛這國家。當她十六歲時，父親因不明病因在四十六歲時過世。雅達發現自己人生所有轉機，在四年後改嫁，但決定此後與兒女的生活斷絕任何關連。奧希歐當時就讀牛津，而二十歲的康斯坦絲則搬至倫敦的祖父家中，一家是由他未嫁的姪女，也就是康斯坦絲的姑姑愛蜜莉勤儉嚴謹地主持家計。

當康斯坦絲與王爾德越來越情投意合時，王爾德則前往美國巡迴演講。他回來後又緊接著去巴黎，然後又爲了注定失敗的《維拉》首演前往紐約。回到倫敦不久又要開始各省的巡迴演講。兩人之間的愛情長跑持續了三年。當蘭特利隨劇團至美國時，王爾德寫信給她，表示他愛上「一位嚴謹、身材瘦長、紫羅蘭色瞳孔，如月神般的女子，濃密的褐色捲髮配上她如花般的面容，宛若一朵頷首低垂的盛開花朵，那雙象牙般的纖手在鋼琴上彈奏時，樂音之美妙，連鳥兒都停止歌唱來細細聆聽。」（當王爾德形容美麗的事物時，他一定用沒有溫度的物品作象徵，如象牙就是他常用的字詞。）他繼續寫到：「我等不及要讓妳認識並且喜歡她。離她如此遙遠眞是令人害怕，但我們一天通兩次電報，而且我會突然從世界的盡頭趕回去，只爲了與她相處一個小時，做出有智慧的戀人會做的所有愚蠢事情。」

當王爾德對英國各地的聽衆宣揚藝術與美學時，康斯坦絲則是孤單一人忍受相思的煎熬。她告訴弟弟：「當王爾德來時，我陪著他。而當他離開時，我難過得什麼事都做不了。」她認爲王爾德是最偉大的詩人，口才無人能比，並且相信他會成爲最偉大的劇作家。正如王爾德自己所說：「男人不會有眞正的成功，除非背後有支持他的女人。」，婚姻可以讓他擁有這一切。康斯坦絲需要愛情的滋潤，而王爾德（當傾向異性戀時）可以與她談情說愛，給予呵護關懷。

當王爾德詢問康斯坦絲對《維拉》的意見時，她覺得受寵若驚。她知道這劇本是項失敗之作，但也懷疑王爾德是否在試探她文藝評論的能力。所以她一直謹慎以對，一直到都柏林探訪王爾德時才寫出她的評論，當時適逢王爾德在都柏林舉行兩場演講。她寫的評論四平八穩，委婉但不敷衍，展現身爲一位有見地且獨立女性的風範。她稱《維拉》是「一部相當好的劇本」，其中有「相當戲劇性的情節」，並讚揚「談論自由的段落，以及慷慨激昂的部分」，但她認爲部分較不重要的對白「稍微無力或牽強。」

違反了王爾德不談論痛苦的禁忌，她繼續寫到：「對我們大多數人而言，這世界的確是不平等且充滿苦痛。恐怕你我在藝術上有不同的見解，因爲我認爲如果沒有完美的道德，就沒有完美的藝術，而你說兩者是個別不相干之個體。當然，你可以反駁我無知的知識。我非審判者，你亦無須刻意討好。但既使我是，我也該依據你的目的，而非你的作品來加以審判。你可以說我不對。」康斯坦絲寫得擲地有聲。王爾德開始覺得她是位值得挑戰的對手。

王爾德在十一月回到都柏林，這是自父親於一八七六年過世後第一次返國。他暫住在環境幽雅的賽爾波恩旅館，比一般旅館費用高出許多：明顯地，王爾德刻意這麼做，好向當地親戚炫耀一番。在演講期間，康斯坦絲發現他「十分明顯地裝模作樣」，但最後發現他其實相當緊張。畢竟在女友的矚目下，再加上第一次回家鄉演講，任何人都會覺得缺乏安全感。

他十一月二十五日在愛爾蘭計劃明顯地表示結婚的意願。但他是否事先準備求婚的講稿？還是像《誠摯的重要》中傑克向葛溫德靈求婚時一般奇特：傑克問道「嗯……我可以現在向妳求婚嗎？」，而她回答：「我個人認爲此乃絕佳時機。且爲了讓你不失所望，傑克先生。我認爲必須事先跟你講清楚說明白才公平，我決定要全心全意接受你。」

康斯坦絲僅告訴弟弟「準備好聽我說一個天大的消息：我跟王爾德訂婚了，現在十分、瘋狂地高興！」奧希歐樂見王爾德成爲自己姊夫，告訴他「如果康斯坦絲爲人妻與爲人姐一樣成功的話，你的幸福是指日可待；她可靠且眞誠。」這是一番用字奇怪，但有先見的賀詞。然而，康斯坦絲先警告未婚夫：「我外表相當冷酷與不善表達；如果你希望瞭解我是如何熱烈地愛你與崇敬你，就必須能讀我的心，而不是看我外在的假象。」在《帕杜亞公爵夫人》中，公爵夫人告訴她愛人：

「你不記得你自己的話：女人的愛讓我們男人變成天使？哈，男人的愛卻讓女人受苦，得爲自己承擔所有一切。」

之後，王爾德與康斯坦絲之間便開始如火般的熱戀。王爾德給朋友的信中寫到：「當然，我倆深陷愛河之中。自訂婚以來，我必須長期出門在外，用我精彩的演講來教化各省的居民，不過我們每天通電報兩次，連電報的辦事員都跟著浪漫起來。我還是很嚴肅地拿電報的內容給他們打，態度試著看起來尋常，好像上面的『愛』字代表著『買進』，而『親愛的』是『平價時賣出』。」

康斯坦絲的反應則是過度的無助，展現一種王爾德無法瞭解的脆弱，直到他遇上他的愛人道格拉斯爵士時，才能感同身受。她在信中寫到：「你相信我真的全心全意，熱切地愛著你嗎？當你成爲我的良人時，我將用愛與忠誠的繩鏈將你綁緊，好讓你永遠不會棄我而去，或是在我還愛你、安撫你的一天時還愛上別人。」康斯坦絲純潔浪漫，忠誠不二，相信如果她愛王爾德愛的夠深，他便不受任何誘惑。就是這份感人的忠誠，讓王爾德背叛她後，更加深了他的罪惡感。

從康斯坦絲僅存的幾封信件看出，這對已經訂婚的戀人開始向彼此坦承過去的男女關係。她不免聽說過他與蘭特利的關係。因爲王爾德對有輝煌歷史的女性特別感興趣，在喜劇中常以此類女性爲中心角色。然而比起這類女性的過去，康斯坦絲還算是小兒科。她承認遭到前任未婚夫解除婚約。她決定：「我不認爲我會嫉妒，當然我現在不會嫉妒任何人；我相信現在的你；我樂於讓過去歸於塵土，過去不屬於我。」康斯坦絲是個謎般的人物，情緒也捉摸不定。王爾德講到：「她很少講話。我一直懷疑她到底在想什麼。」

在《快樂王子》故事中，其他燕子喞喳地談論起主角燕子愛上的蘆葦：「這是場荒謬的感情，她既沒有錢，也沒什麼人際關係。」愛蜜莉姑姑反對兩人訂婚，所以每次看到王爾德總是視而不見。康斯坦絲向弟弟抱怨他家「冷酷且現實」。」當漢特聽到他們訂婚的消息，她在日記中寫：「聽說王爾德的未婚妻一年只有四百英鎊的收入，而不是八百英鎊。我預料聽到他們解除婚約的消息。」事實上，康斯坦絲一年收入只有二百五十英鎊，在她祖父過世後則增加至九百英鎊。但對這前途未卜的孫女婿，她的祖父並未給予認可與祝福。如《誠摯的重要》中的布雷克奈爾夫人一般，他問王爾德收入以及債務之情形。王爾德承認目前有一千英鎊的債務。他要王爾德在確定婚期之前，先付清五百英鎊，然後他會從康斯坦絲的繼承金中，拿五千英鎊給小倆口來租屋且裝潢。

王爾德一家沒有任何意見。威利寫信給康斯坦絲，稱她為「我親愛的小妹」，因為如果他妹妹伊索拉還活著的話，兩女年紀只差九個月。而他寫信給王爾德則是：「我親愛的老弟」，接著說道：「這眞是喜訊、好消息、明智的決定，而且在藝術的最高層面，令人為之著迷歡喜。」王爾德夫人則比較實際，問到：「你以後要做什麼？要住哪裡？在此同時，你還是必須持續你的工作。我在信中附上請你演講的邀請函。我希望你能在倫敦有個小房子，過著文人生活，然後你可以教康斯坦絲幫你校稿，最後成為國會的一員。」當時她委身下嫁給威廉時，這可不是她所追求的家庭生活。她需要自己的獨立身份。但當自己兒子成家時，她便將女性主義觀念拋置一旁，認為需要兒媳婦必須當全職的主婦，好讓兒子全心在政治生涯奮鬥。

小倆口在泰特街十六號（現在已改爲三十四號）租了一棟四樓房屋，就在當初王爾德與麥爾斯住所對面的街角。自下水道系統改善後，雀兒喜堤岸在一七七一年後成爲備受歡迎的住宅區，如羅賽堤、惠斯勒等名人都選擇在此定居。史托克與佛羅倫斯住在附近的聖里歐納德地十七號。約翰·辛格·沙爾均（John Singer Sargent）日後亦成爲鄰居。王爾德聘用了曾爲麥爾斯、惠斯勒整修房屋的艾德華·威廉·高德溫（Edward William Godwin），請他來整修屋內的裝潢；但維多莉亞式的房子外表與鄰居一樣單調無特色。

兩人的大喜日是在一八八四年五月二十九日，結婚典禮於薩瑟克斯園的聖詹姆士教堂舉行，並未對外公開。康斯坦絲的結婚禮服出自王爾德的設計，樣式相當古典。新婚隔天用完早餐後，這對新人便啓程到巴黎度蜜月。兩人穿過市區到右岸，住在雷佛利街的瓦格蘭旅館蜜月套房，房間裡面佈滿了鮮花。最早來祝賀的朋友是謝拉德，他還陪新郎散步。興高采烈的王爾德興奮地描述洞房花燭夜的情形：「實在太神奇了，當一位年輕處女……」，尷尬的謝拉德趕緊請他就此打住。

幾天後，《晨間新聞報》（Morning News）訪問王爾德，他大刺刺地躺在沙發上接受訪問，四周則堆滿了書。他正在讀司湯達（Stendhal）的《紅與黑》（Le Rouge et Le Noir），一本他不時反覆閱讀的書。他說：「就我個人而言，我認爲讀書最高境界在於遺忘的樂趣，想想，有些書你在生命中的某段時間很喜歡，但現在則不然，這不是很妙嗎？其中得到了「超越」作者的正面樂趣，以及淩駕作者之上的感覺。」他接著稱讚莎拉・伯恩哈特在《馬克白》的表現，他看了不止一次，他讚道：「在現今的舞台上，此劇是獨一無二的，是她最佳之創作。我刻意說是她的創作，因爲在我心中，只談論莎士比亞的《馬克白》或《奧賽羅》並不切題。莎士比亞只是其中一環，接著再由表演者，透過他們的心靈，表現出作品本身。」

當康斯坦絲讀雨果的「悲慘世界時，王爾德則選了最近出版的《違反自然》，作者是于斯曼。這本書變成他頹廢主義的聖經。在王爾德度蜜月的兩周前，此書開始於各書店銷售，並成爲巴黎的話題。書中的主角，德斯・爾善弟斯（Des Esseintes），他的滿腔熱情比派特書中的主角還要狂野，王爾德從他身上找到的格雷雛形。在書中，格雷讀一本應該就是「違反自然」的書時，他驚奇地發現主角「有些像依據他而設定的。事實上，整本書似乎包含他一生的點滴，彷彿在出生前便寫好他的一生。」王爾德對《格雷的肖像》一書應該也有相同感覺。

旅館爲他們籌辦了婚後第一次晚宴，讓康斯坦絲心中落下一塊大石。她告訴弟弟說：「旅館每件事都看起來一定沒問題。我相當期待當天到來。」參加的賓客有藝術家約翰・辛格・沙爾均與約翰・多納丘（John Donoughue）、法國文評家保羅・波吉特（Paul Bourget）等著名人士。接著兩人在迪爾皮度過一個寧靜的星期，享受海風輕撫以及在海濱的人行道上漫步。之後在六月底回倫敦，卻發現新居尚未完工。五千英鎊早已花費殆盡，王爾德便將債務增加至一千七百英鎊。在搬進新居之前，這對新婚夫婦便不斷地更換旅館與租屋，婚姻生活早期相當麻煩且多事，不僅高德溫的工作進度落後，還有承包商收費過高，最後訴諸法律的問題。在一八八四年七月八日，康斯坦絲的祖父過世，她則收到繼承的財產。

當威利度假時，王爾德則爲哥哥代筆撰寫《浮華世界》的戲劇評論，而且他也開始另一場在各省的巡迴演講。他從艾丁堡寫封深情款款的家書給妻子：「我在這裡，而妳在地球另一端。喔，可恨的現實，讓我們的雙唇無法親吻，雖然我們的靈魂已合而爲一……我感覺到妳的手指在我髮間，妳的臉頰輕刷過我的臉頰。空氣中充滿妳聲音的樂曲，我的靈魂與身體似乎不再屬於我，而與妳的軀體糾結融合成爲甜美的狂喜。有妳，我才覺得完整。」除了這句「有妳，我才完整」，天下身爲人夫者還能想到更動聽的話嗎？有人認爲他們的婚姻過於做作，如葉慈曾認爲是「精心設計的虛假作品」，他們顯然卻未深入瞭解王爾德早期對妻子的感情。

在一八八五年一月，王爾德口中的「美麗之屋」終於完工，外表並沒有任何驚人之處，至今日都未有太大改變，重點是在內部的裝潢，王爾德認爲其完全符合自己演講的美學眞諦。雖然沒有留下任何照片，但在多人的回憶錄中都提及屋內各房間的擺飾。餐廳是不同色調的白色油漆粉刷，白色的窗簾上有黃色絲繡圖案，完全沒貼壁紙。王爾德認爲貼著壁紙的房間令人眼花撩亂，還曾在演講中說：「在壁紙影響長大的小孩子，日後犯罪的話可以一切歸咎在壁紙上。」他最後還說到他與旅館的壁紙「正在決一死戰。決定其中哪一個得離開。」

在那純白的餐廳牆壁上，掛著一整排珍貴的版畫與蝕刻畫，其中一副威尼斯風景作品是出自惠斯勒之手。餐廳中唯一的點綴色彩就是鑲嵌在灰泥天花板上的兩根日本羽飾。在雕工精美的白色壁爐台上方，有一幅多納丘根據王爾德的祭妹輓詩「安魂禱文」所做的鍍金的銅淺浮雕小女孩肖像。書房的色調則是毛莨黃，搭配亮漆硃砂紅木器具。其中王爾德最喜歡的是一張如絲綢般的象牙檯。王爾德覺得它是如此賞心悅目，想要將自己的十四行詩刻在上面。他說：「鵝毛筆只能用來寫寫提貨單。十四行詩應該看起來永遠不同。」

王爾德喜歡精品：古典人物雕像、白青瓷器、圖畫、鍍金浮雕封面的書籍等，但他缺乏收集的熱誠，更不用說經費與自我控制，所以一直沒有成爲眞正的收藏家。他大多的收藏都具紀念的價值：與馬漢菲在希臘旅遊時買的雕像，一幅紀念布萊爾的羅馬畫作，一幅畫著孩童嬉戲的日本畫，一幅西米恩・所羅門（Simeon Solomon）所畫的《愛慾》（Eros），以及一座愛馬仕雕像複製品。在他收藏中，最著名的便是湯姆士・卡萊爾（Thomas Carlyle）的寫字檯，這是卡萊爾母親在他就讀大學時買給他的禮物。

葉慈注意到在鋪著紅布的白色桌上的正中央，擺著一座以古典人物雕像爲底座的燈罩。這簡單典雅的擺飾與房間融合唯一，整個氣氛舒服寧靜，清爽且空氣流通，而不是像維多利亞時代用天鵝絨與流蘇裝飾的厚重。葉慈說王爾德過著幻想的生活，且「永遠像在演出一場戲劇，劇中的一切完全不同於自己童年及年輕時代。他每天一睜開眼，便迫不及待欣賞自己美麗之屋的一切，並記得昨天還跟一位公爵夫人共進晚餐。」麥立恩廣場與它窗簾緊閉的窗戶以及沒洗乾淨的茶杯，已成爲過去往事。

在旁人的眼中，康斯坦絲相當沈默寡言，作爲王爾德如此外向的人的妻子，她實在過於嫻靜害羞，然而他們不瞭解王爾德比較喜歡別人當他聽眾。身爲女主人，如果她宴會一切都沒有問題，她才會做到賓主盡歡，而且常常在結束後，開始擔心是否待客不周，表現出習慣性的宴會後憂鬱症。王爾德則在晚宴上表現活躍，且每星期都會去劇院數次，認爲婚後他還是能維持往常的社交生活。下午若沒有訪客，王爾德開始覺得在家無聊。他是個喜歡社交的愛爾蘭人，需要多人陪伴才會覺得自在。但是康斯坦絲則是開心地過著家居生活，並喜愛這美麗的家。

這對新婚夫婦穿著同是綠色的服裝在格羅斯范紐美術館參觀時，是相當醒目的一對金童玉女。綠色、黃色與朱紅色都是王爾德所偏愛的顏色（他討厭淡紫色與紫紅色），特別是可以搭配他最喜歡的毛邊外套的綠色。康斯坦絲穿著同樣是橄欖綠的天鵝絨套裝，搭配著繡有多彩珠飾的披肩。在《鋼筆、鉛筆與毒藥》(Pen, Pencil and Poison）中，花花公子的主角「對綠色有股莫名的喜愛，喜愛綠色，就個人而言通常代表有細緻的藝術家氣質，就國家而言，若不是道德淪喪，就是民風散漫的象徵。」不知是否有意或無意之間，王爾德將康斯坦絲視爲自己的女性延伸，就如他與蘭特利一般。某位傳記加寫到：「爲了他，她試過希臘、中古、法國卡洛林王朝、荷蘭與法國督政時期的裝扮，她自己一點都不喜歡。」

在婚後一年內的一八八五年六月五日，康斯坦絲生了一個兒子，名字則取爲西瑞爾。一八八六年十一月五日，西瑞爾多了一個弟弟，名字取為「維衛恩」。因為兩次懷胎生子都相當辛苦，康斯坦絲必須經常躺在床上休養。對妻子外表的突然改變，王爾德無法適應，認為她不再具有吸引力：月亮女神已經變成凡人。與波多雷所見略同，王爾德認為女性應該保持神秘，像一座隨時讓男人目眩神迷的金像，供人膜拜敬仰，而醜陋是種惡疾。他說：「母性抹滅慾望，懷胎埋葬熱情。」如果這是愛情的結果，他認為女性不是為熱情而生，而只是為了生兒育女。他告訴謝拉德疾病與痛苦讓他嫌惡作嘔：「我知道，牙痛的人真的值得我同情，因為這是恐怖的疼痛。但，他讓我除了噁心之外，毫無其他感覺。」

然而，對康斯坦絲而言，妊娠與生子的痛苦很快就拋之腦後。西瑞爾是家中的寶貝，康斯坦絲寫信給朋友說：「他整天咯咯笑個不停，非常逗我開心」。但他之後便可能感染上急性風濕關節炎，或者是沒被診斷出的非癱瘓性的小兒麻痺。康斯坦絲說大兒子「身體越來越彎曲」，並且需要按摩與運動。至於在個性上，西瑞爾「感情非常豐富，相當頑固，是個極度聰穎的小孩，但他目前對一切事物都沒什麼興趣。」而小兒子則是「更聰明，反應更機敏」。康斯坦絲認定兩個兒子中，老二比較聰明，而老大則遺傳了「愛爾蘭的口才，雖然他沒有愛爾蘭人的巧手。」

在一八八五年十一月底，當時西瑞爾五歲大，王爾德接到亨利・克利・馬里利爾（Henry Currie Marillier）的來信。這是個愉快的驚喜，勾起他在沙利斯拜利街的回憶，當時馬里利爾還是克萊斯迪醫學院的學生，住在地下室，常為王爾德準備早上的咖啡，藉此賺幾便士的小錢。馬里利爾現在於劍橋修讀古典文學，寫信邀請王爾德看《仁慈女神》（The Eumenides）一劇的演出。王爾德掌握這機會暫時遠離家居煩事，並加深兩人之間的友誼。馬里利爾前來泰特街拜訪，兩人談論起葉慈、愛倫波，與波多雷。在給他的信中，王爾德寫到：「我從比自己年輕的人身上獲益良多，而你又極其年輕。」

幾個月之後，當王爾德去格萊斯高爾演講時，他覺得如釋重負。他告訴馬里利爾，藝術生活是「漫長且寂寞的自殺」。他認爲「我們許多狂喜的火熱時刻，均僅是在某處感受事物之陰影，或是期待他日能感受之事物。」他在一八八六年二月回到牛津，參加新劇院開幕，喚起了過去的回憶。他嚴肅地說著：「年輕的牛津學子相當愉悅，如此希臘、得體與未受教育，他們有外在但沒有內在。」王爾德常用「外在」（profile）一字指令人渴望的青春。

王爾德覺得不安於現狀，他告訴馬里利爾：「我個人願犧牲一切，只求嶄新經驗，然而我知道所謂的嶄新經驗根本不存在。」在《格雷的肖像》中，他寫到與命中註定的人一再相遇的情節。但關係對象並不再是女性。康斯坦絲不再讓他覺得完整。

第十一章 越界

王爾德深愛康斯坦絲，與她結婚的確是希望跟她快樂地長相廝守，共度一生；但他從未想到她成爲母親後，會干擾自己對美感的敏感，或是家居生活會改變之前重娛樂的單身生活。布雷克奈爾夫人瞭解他的感受，她告訴傑克說：「我一直認爲想要結婚的男人應該要經驗豐富，不然就毫無經驗，那你是那個？」傑克猶豫一下，回答：「我是後者，布雷克奈爾夫人。」她回答：「我很高興聽到這答案。我不贊成改變人天生的無知。無知就像嬌弱的異國水果，輕輕一碰，花朵就掉落。」布雷克奈爾夫人所講的並非是對性的困惑或好奇，但在羅伯特・包德恩・羅斯（Robert Baldwin Ross，亦就是羅比・羅斯）出現後，王爾德對自己的疑惑更加深切與複雜。

羅斯年僅十七，比王爾德年輕十五歲，父母均是加拿大裔，在法國出生。他的父親約翰・羅斯是位律師，擔任參議院的議長，活躍於加拿大政治界，而他的外祖父羅伯特・包德恩，曾是北加拿大第一任總理。當羅斯二歲時，父親便過世，母親爲了小孩教育問題，將全家搬至英國。兩年不到，她改嫁給一位加拿大友人，並搬遷到倫敦盎斯露廣場八十五號。羅斯從小就被兩個姊姊溺愛著，一家人和樂融融，直到他坦承自己同性戀的身份。

在家教、學校、旅行以及營養充足的條件下，羅斯在生理與心理都比較早熟，彷彿他在母親子宮裡就開始成長。他並沒有王爾德所喜愛的優雅外表，王爾德說他有淘氣小精靈般的臉孔，但照片上看起來，他比較像隻可愛的雪貂。最後，羅斯成爲王爾德的「摯友」，並經王爾德任命，擔任他在一九〇八出版十四本作品集的經理與主編。他爲此書爭取到版權，在王爾德的文學聲望上，也握有決定性的影響力。但他無法洞悉王爾德的內心深處，也無法瞭解爲何王爾德對道格拉斯爵士如此迷戀。有些關於王爾德的荒謬傳聞都是羅斯一手所捏造出來，如在牛津時代嫖妓而感染梅毒，以及王爾德死時血肉模糊的慘狀等。

王爾德與羅斯何時相識已不可考，但在一八八七年時，兩人已經熟稔到當羅斯母親出國時，羅斯便寄住在王爾德家中。康斯坦絲喜歡他，而他也非常疼愛西瑞爾與維衛恩。王爾德協助他準備劍橋的入學考試；當王爾德巡迴演講時，羅斯則與康斯坦絲共進晚餐。身爲一個出道已久的同性戀者，羅斯看出王爾德的同志傾向，並成爲他的愛人。

雖然兩人在一年前便有第一次親密接觸，但並未有任何正確日期的紀錄和證據。在王爾德的書房內，有許多希臘雕像、紀念飾品等，極可能引發兩人一時乾柴烈火的衝動。在王爾德死後，關於兩人關係的傳聞，直指是「小羅斯」主動勾引王爾德。王爾德早已期待他的擁抱，所以並未抗拒。只有在日後，他在《微不足道的女人》中，寫出「一個吻會毀了人的一生」的台詞表達出自己的心聲。也許是在羅斯的啓蒙下，王爾德首次體驗了口交等同性性交行爲。

現在王爾德已能接受自己從年輕時期的同性戀傾向。他覺得受到解放，能快樂地享受生命。他開始文藝創作的巓峰期。從一八八七年至一八九一年間，他從事評論寫作（有時固定每週交稿），爲某女性雜誌擔任了兩年主編，出版童話故事、論述、對話文、一本小說以及第三部戲劇《莎樂美》。認同自己性傾向刺激他寫作的靈感，比爲還債而寫作的壓力更加有用。在英國嚴禁同性戀的法律下，他已是一名罪犯，不僅滿足了他長久以來的幻想，更應用在創作靈感上。從此之後，妻子、家庭、同志愛人這三角習題更顯得複雜，令他難以抉擇。

對王爾德而言，完美的愛人應是兼具愛、熱情與友誼的完美性格。他在《溫夫人的扇子》中寫到，男人與女人之間「不可能有友情。有熱情、敵意、崇敬、愛情但沒有友情。」但在康斯坦絲的背後，是何等心情與情感才能給她無窮盡的動力與支持，讓她支持下去？王爾德永遠無法明瞭異性之間可能存在柏拉圖式的理想愛情。當他寫《理想丈夫》時，他瞭解唯一比無愛情的婚姻更糟者，就是單方面愛情的婚姻。

亨利爵士告訴格雷：「婚姻唯一迷人之處，便是讓欺騙成爲夫妻生活必需之物。」在羅斯與王爾德一家共住的三個月內，除了在泰特街家中需要小心之外，兩人關係並未偷偷摸摸地進行。羅斯在一八八一年進國王學院，並開始接觸新聞工作，在一八九一年之前，很少回來與王爾德相聚。

王爾德寫信給他：「我希望你在劍橋過得愉快，不論別人對劍橋有任何批評，我認為它的確是進牛津的最佳預備學校。」

在報章雜誌界中，王爾德的哥哥威利人脈比較廣，也比較有辦法。在他的幫助下，王爾德的文章在莎拉．伯恩哈特與艾倫．泰利工作的《世界》雜誌中刊登。從報紙到雜誌，他工作不甚積極且不穩定，曾受雇於《每日電訊報》、《笨拙》、《紳士》與《浮華世界》等報章雜誌。在一八八〇年，他創辦了諷刺時事的雜誌《潘恩》（Pan），但只出一期便關門大吉。蕭伯納從不認同報章雜誌的一切，認為威利「只是個不重要的粗俗新聞工作者，應該剔除在文學史外。」但他多慮了，威利與其同類者雖然曾經叱吒大西洋兩岸的新聞界，但如今則是銷聲匿跡的一群。

不論前晚如何通宵達旦，威利就是能在截稿壓力下有精彩表現，他文思泉湧，論點清楚與正確，動筆與動口的速度一樣快。某位同事讚嘆他對「不論是政治或社會的事件，都能在短時間做出一針見血的總結」，然後「下筆論述清楚機智」，帶著「律動的智慧」以及「巧妙但尖銳的愛爾蘭幽默」，一切似乎「躍然於紙上」。為了避免被拿來與王爾德作比較，他的文章內不寫格言警句。

威利常與喧鬧的記者朋友們同樂，而在去俱樂部與朋友共聚的途中，則會常碰到王爾德，這時威利便覺得相形見絀。兩兄弟在母親家中相見時（威利仍與母親同住），兩人相敬如賓，好讓母親欣慰寬心，但威利希望弟弟能認同他，並邀請他進入其社交圈。但還是未能讓王爾德以作家身份來對待威利。因此，她曾期待兒子能攜手稱霸文學界的夢想，就像她其他的夢想一般破碎幻滅。

蕭伯納認爲報章雜誌粗俗不堪，而王爾德所見略同。在《身爲藝術家的評論家》中，吉爾伯特認爲「若就現代新聞界而言，事不關己，我無須爲它辯護。可以用偉大的達爾文進化論來證實其存在原因：俗者生存。」畢竟，「報章雜誌不值一讀，而文學則是無人一讀」。在《社會主義下的人類靈魂》，王爾德再次抨擊：「過去人們有書架，現在則是報架」。在「鋼筆、鉛筆與毒藥」中，也許便是指威利，王爾德寫到：「那些寫頭條新聞而備受讚揚的記者，他們最偉大的成就便是用華麗的文體來掩飾主題的不足。」

王爾德大多時將報章雜誌業者評爲藝術家的對頭。在《社會主義下的人類靈魂》，他稱讚法國「限制記者的自由，而讓藝術家享有幾乎完全的自由。而在這裡，我們讓記者坐擁絕對的自由，而全面限制藝術家。」然而，身爲藝術家，王爾德亦在新聞媒體的注意下，從中獲得利益。事實上，他的成功大部分可歸因於他知名度（不論是好是壞）。自從穿上大提琴形狀的外套，以及塑造自己美學家形象之後，他便是文字與嘲諷漫畫的對象。王爾德創造出美學家的面具，《笨拙》雜誌雖百般嘲諷，但也提升他曝光度，並促成他美國巡迴演講之行。王爾德雖然不願意承認，但高知名度督促著他努力維持自己的形象，或是加以求新求變。

在泰特街的家中，甜蜜的家庭生活暫時制衡了王爾德同性戀的需求。他現在是個快樂且盡職的父親，什麼都不要，只想再重回孩提時代，並且與兒子在育嬰房裡盡情地玩耍。然而，還是不斷反覆的巡迴演講，但他還能在各省間持續宣揚美學多久時間？只要沒有其他工作，他便持續旅遊，或返家與康斯坦絲和小孩團聚，或與朋友在皇家咖啡廳相聚，寫些評論，然後再前往北方各地演講。他每場演講酬勞是五英鎊，算是不錯的收入（如果沒有花費在美食上），但一家之計主要還是依靠康斯坦絲的遺產收入。

最後，王爾德與每個婚後的男性（不論是前人或是來者）相同，發現婚姻生活是如此一成不變。早上醒來所面對的每一天都與昨天大同小異。他每天最喜歡做的事便是泡澡，在浴缸旁放了一張小桌子，上面則擺著一盒的香菸以及當煙灰缸用的大圓碗。他習慣點一根香菸，吸個一兩口，捻熄再點另一根。煙霧與水蒸氣形成寧靜的霧氣籠罩著他。他可以在浴缸裡待上數個小時，泡澡抽煙並在腦中構思文章。有時想出精彩絕倫的佳句時，他還會開心地大笑。所謂說話前要先經大腦，或如他所說的：「說話本身是種精神上的行爲。」耶穌以寓言警句教化世人，而王爾德則是用逆說或散文詩歌。耶穌有他的信徒，而王爾德也自成一派。

很諷刺的，王爾德與通俗報章雜誌關係越來越密切，因爲王爾德必須靠稿費來補貼收入。從一八八七年至一八九一年，他爲了史達德（W.T. Stead）的《波爾馬爾雜誌》寫了將近上百篇匿名書評，在《法律與社會評論》（Court and Society Review）投稿反而越來越少。史達德是個滿腦性愛的狂熱者，他專挑婚姻出軌的政客來報導，並認爲婚姻的忠貞是英國人生活的最高表現，他因爲一系列聳動的雛妓文章而大大出名。這一系列文章的標題是《現代巴比倫之少年貢物》（The Maiden Tribute of Modern Babylon），促成一八八五年刑法修正案的通過，將法定年齡提高至十六歲，並嚴禁任何公開以及私下之同性戀行爲，也就是這個修正案讓王爾德遭受牢獄之災。

王爾德在雜誌裡評論的書並不固定什麼類型，如手冊、食譜、詩以及小說等，作者也從無名小卒到文學名人、之前的老師到脫離師門的學生都有。在稱讚某本婚姻手冊的作者是「婚姻制度之捍衛者與幸福之指南」後，王爾德說自己應該要抽取版稅，因爲他這句讚美之詞經常被用在此書的宣傳上。他之前的門徒羅德出版了第二本詩集，王爾德不屑地評爲「內容健康而無害。」；馬漢菲的《希臘生活與思想：從亞歷山大時代至羅馬征服》（Greek Life and Thought: From the Age of Alexander to the Roman Conquest）更被他評得體無完膚。在評論史文波恩的《詩與歌》（Poems and Ballads）時，他斥責作者受文字所主宰，「他的歌謠音量過大，掩蓋了他的主題。」

對王爾德培養自己思考的過程中，這段自由作家時期相當重要，且有助於他文學批評理論的建立。他已跳脫馬修·亞諾德的批評理論。王爾德將評論者與藝術家相提並論：讚美亦是一種藝術，而批評找碴則是每個人都會。王爾德認爲「現今作家與藝術家似乎認爲，評論家的主要功能就是不斷談論他們二流的作品」，這些人的「無知虛榮心」讓他覺得有趣可笑。他認爲評論家的責任在於教育大眾，啓發世人新的觀念與期望。這些論點最後寫成一本關於文評的書，書名爲《意圖》（Intentions），於一八九一年出版。

藉由爲《波爾馬爾》雜誌寫稿，王爾德獲得在另一家雜誌社工作的機會。一八八年十一月《女性世界》（The Woman's World）創刊號發行，粉紅色的封面上以黑色大字印著「王爾德主編」。

這份雜誌創刊的緣起，是因爲王爾德在《波爾馬爾》雜誌生動的文章風格引起湯馬士・威米斯・雷德（Thomas Wemyss Reid）的注意，他是凱薩爾（Cassell & Company）出版社之新任總經理，請王爾德看看過去幾期的《淑女世界》（The Lady's World），並請他寫信提供任何改進的意見。

走在時代尖端的王爾德覺得雜誌內的時裝、飲食與服飾眞是不堪入目。在寫給雷德的信中，他認爲這雜誌「太小女孩氣，不夠女人味」，與其他女性雜誌太相似，並帶有「些許俗氣的污點」，並不是「有智慧、文化與地位的女性」爲訴求讀者的雜誌。雷德知道此雜誌有問題，而王爾德則是一一挑出，並建議由名人來執筆，寫出關於女性心聲與感覺的文章。王爾德直覺地知道名人有助雜誌銷售。他向雷德提出企畫，並獲得他生平第一份也是唯一的全職工作，從一八八七年五月至一八八九年十月止。他的薪水是每週六英鎊，但除了固定薪水之外，王爾德從中亦有所好處。

心思敏銳的蕭伯納毫不留情地認爲王爾德「打從骨子裡趨炎附勢」，王爾德所做的一切都經過精心策劃，只爲提高他生活的舒適與聲望。身爲女性雜誌的主編，他可藉機與貴婦夫人接近，承諾讓她們在雜誌裡署名或是刊登整頁的照片，討伯爵夫人以及女仕們的歡心。身爲主編，他根據自己與朋友的形象來塑造雜誌風格；因爲王爾德比較偏好貴族，他先列出以幾位貴婦人爲目標，如亞契伯德・坎貝爾夫人（Lady Archibald Campbell）、桃樂西・奈維爾夫人（Lady Dorothy Nevill）、羅馬亞皇后、自己母親與妻子等人，寫信向她們邀稿。

改名爲《女性世界》後，版面設計與內容也大幅修改。這本雜誌反映出王爾德的美學觀點，但強調知性的內容則略顯沈悶冗長，如有些文章長達四千多字。王爾德更換雜誌原本的八卦專欄，改成對新書的書評。他還親自設計新封面，一改過去綠底印著雕像的圖樣，而採用粉紅色底紙，紅墨水印雜誌名，以及印著一根彎曲的女像柱，藤葉起伏攀爬其上。

到處邀稿讓王爾德藉機聯絡老友，如奈莉．西克特（Neillie Sickert）。她是畫家西克特的妹妹，兩人初次見面時，她還是個小女孩，容易受他天花亂墜的話所影響。她回憶當他口沫橫飛時，看到她臉上皺著眉頭，然後就裝憂鬱地說：「這是眞的。」兩人交情甚篤，他甚至曾向她坦承自己的不安，他在信中寫到：「我希望能成功，但我不能如自己所願地一事無成。」當王爾德向奈莉邀稿時，她還在大學就讀，她寫了一篇關於教育的文章，而王爾德每頁付了她一基尼的稿費（一基尼相當於一英鎊再加一先令），因爲這是她第一篇有稿費的文章。王爾德相信藝術家應該有酬勞，而且是優渥的酬勞。在《快樂的王子》中，燕子將王子的藍寶石眼睛送給一個窮困潦倒的劇作家，作家喜極而泣：「終於開始有人賞識我！」

王爾德邀稿的信口氣不是溫和、有耐性，就是用哄騙、鼓勵的手腕，有時以上皆是。他某次回信給投稿者：「個人認爲在此時若以戲劇近況爲主題並不適當。因爲插圖的關係，我們在出刊前六個禮拜就須送廠印刷。」所以他請這位投稿者「任選另一個主題寫出一篇三千字的文章，不過請先告知本人您的主題」，以免與其他文章重複。王爾德是位優秀的主編。他知道即使是最有自信的作者，也需要不時的鼓勵與讚美。

每個星期上班三天，王爾德從雀兒喜郡的史洛恩廣場搭地下鐵到查令十字路，然後再沿著斯特蘭德街與菲利特街步行經過蘭吉特廣場，跨過街道經過日後他於一八九五年受審的老貝利（英國人對中央刑事法庭的暱稱），然後到蘭吉特丘。剛開始王爾德一早就得起床，還得與擁擠的人群一起通勤，他覺得這一切都相當新鮮有趣。他說：「對我而言，工作從來不是現實，而是脫離現實的方式。」他通常在早上十一點進到辦公室，向編輯助理亞瑟・費許打聲招呼後，開始一天的工作。

由於在辦公室內禁煙，在裡面的每個小時對王爾德都是煎熬。但他不曾遁到樓下的酒吧裡享受吞雲吐霧之快感，事實上，他鄙視酒吧、酒店等必須站著喝酒，而不能舒服地坐著的地方。在他被關時，監獄亦不准抽煙，他違背良心地說了一句頗具哲理的話：「你下定決心不抽煙，便可輕易順從這不可抗拒之力。」但眾所皆知，王爾德也知道自己有自我控制的問題。

他越來越早離開辦公室，剩下的時間則是在皇家咖啡廳打發，假裝自己還在辦公室內工作。費許比王爾德年輕六歲，且對他又敬又畏，常爲王爾德的未到早退找藉口。如果王爾德來辦公室，從他的腳步聲，費許便可判斷是否將要工作還是將工作擱置一旁。天氣不好時，他會重重地嘆息，然後問：「今天有工作必須要處理嗎？」如果沒有，他便戴上帽子離開。在春天時，費許發現他心情會比較好，「帶著妙語如珠的心情」進辦公室，讓整個無聊的辦公室爲之一亮。

最後王爾德到辦公室只是來晃一晃。他的《文學評論與其他》專欄也疏於寫作（他擔任主編時只寫了十一篇）。王爾德語帶誇張地向另一個《凱薩爾》的主編亨利說，他已經不回信了，他語帶誇張地解釋：「我認識有些初到倫敦者，他們原本前途似錦，但幾個月後，因爲染上回信的習慣而健康大受影響。」王爾德能討投稿者的歡心，但一年後，他的邀稿信已失去過去的個人魅力。某位凱薩爾的主編認爲，他「如此懶散，但眞是個天才。」王爾德人生最大的悔恨就是他的懶散。

無可避免地，開始有人抱怨專欄與遞減的銷售量。王爾德爲此努力了一陣子，但很快地又鬆懈下來；必須持之以恆地辦公，對王爾德而言是無法瞭解且無法接受的事。隨著雜誌銷售量下滑，出版社決定回歸過去的流行時尚主題。在一八八九年三月，王爾德接獲聘期只剩六個月的通知。他最後的文章是一篇以刺繡與蕾絲發展歷史爲主題的評論，過了一年雜誌刊登出來。

一如過去對下屬的周到照顧，王爾德寫信給費許，說道自己婚姻生活中，「全世界只有兩件重要的事情，就是藝術與愛；而你兩者兼具，千萬不可捨棄。」在他離職時，他寫信給雷德，感謝他與所有職員的照顧與專業協助，還特別誇讚費許是「最值得信任，也最有才智的副主編。」看到王爾德離職，雷德覺得相當遺憾：當他眞的來上班時，辦公室內只要有他，氣氛就相當愉快。

相較於王爾德的工作，康斯坦絲除了相夫教子之外，她出版了兩本兒童書籍《祖母的故事》（Grandma's Stories）與《好久以前》（A Long Time Ago），還爲《女性插畫雜誌》（Lady's Pictorial）寫不掛名的戲劇評論文章。康斯坦絲克服自己的害羞以及上台恐懼症，希望丈夫能以她爲榮。史達德預言她將很快成爲一位受歡迎的「演說女性」。如在一八八八年四月由國際仲裁與和平協會女性委員會所贊助一場會議上，康斯坦絲便上台演講，呼籲要教育兒童認識戰爭的殘酷。

她還加入「合理服裝社」，並擔任其社刊主編，社刊宗旨在於解放女性束腰、裙襯、與高跟鞋的束縛。在一篇關於女性作家正確的服裝穿著上，她認爲「不要再有虛僞的髮捲或是額頭上波浪的瀏海，這樣會提高太陽穴的溫度，並有礙冷靜的思考邏輯。」反對束腰者認爲讓人喘不過氣的束腰有百害而無一利，會造成肝功能失常，胃潰瘍以及慢性便秘等問題。最有益健康的穿著典範則是康斯坦絲的打扮：寬鬆舒適的羊毛束腰外衣加上搭配得宜的長褲。

王爾德夫婦熱中於看手相、招魂、催眠、摸骨等怪力亂神事情。王爾德相信魔眼，以及父母親所收集出版的各種愛爾蘭迷信故事。他讀關於魔法的書，也收集咒語與巫藥。有一次他還告訴葉慈若想剷除眼中釘，最好方法是「用祖母綠上刻一隻三頭犬，然後把它放入燈油，然後再將它拿到你敵人所在的房間裡，他肩膀上就會長出兩個新的頭，三個頭就會彼此自相殘殺。」

當時全倫敦亦吹起一股超自然密學風潮，王爾德則對手相術特別感興趣，從中得到「亞瑟・賽維爾爵士之罪」情節的靈感。但聽這種密學術士講道並不適合自己，所以他搧動康斯坦絲，鼓勵她參加了幾次「通神社」的聚會。此社的創立者是海倫娜・皮特羅佛娜・布雷費斯特基（Helena Petrovna Blavatsky），她是維多利亞時期著名怪人，「神秘學」（occultism）此字便是因爲她的推動而廣爲使用。通神社鼓勵違反世俗的行爲，如同性戀等，而創社者布雷費斯特基夫人則以身做則，與她的女大弟子安妮・貝森特（Annie Besant）有段公開的戀情。也許在通神社的影響下，康斯坦絲更進一步加入神秘色彩更濃厚的「金晨密學社」，此社甚至舉行魔法的儀式，創社者是威廉・威恩・威史特考特（William Wynn Westcott），他是一位倫敦驗屍官也是位著名薔薇十字會會員。金晨密學社吸引各式各樣的人，有魔術師、江湖術士等，也不乏名人，如葉慈。

王爾德就像彼得潘一般，從不受年紀所侷限。他喜歡《愛麗斯夢遊仙境》以及童話故事裡天馬行空的想像力。而現在，他有兩個睡不著的兒子當他聽衆，讓他盡情地講故事，他自認這是「散文研究，部分是爲兒童而寫，部分是爲保有赤子般喜悅與歡樂之心者而寫。」王爾德本身就是個長不大的孩子。他的小兒子維衛恩，在自己的《王爾德之子》（Son of Oscar Wilde）中回憶父親常衝進孩子房間裡，四腳著地，「開始扮成獅子、野狼與馬」。王爾德還得修理因爲玩得太瘋狂而損害的玩具，而如果他玩累了，他就開始講童話或冒險故事，而且永遠有說不完的故事。西瑞爾有次問父親爲什麼講《自私的巨人》時眼眶還帶淚；他回答：「眞正美麗的東西總是會讓他落淚。」

王爾德在一八八八年出版「快樂王子與其他故事」，收錄了部分他在床頭所講的故事。這本書引起書評者的注意，首次正視王爾德作者的身份。某位評論家還將他與安德森相提並論，另有人指出他比安德森更帶有批判之諷刺，還有人認爲這些故事將王爾德的天才「展現地淋漓盡致」。艾倫・泰瑞（Ellen Terry）告訴王爾德，她「日後想對好人講他的故事，或甚至對壞人講他的故事，然後讓他們變好。」

一八八七年《法律與社會評論》刊登了王爾德的《坎特維爾之魂》與《亞瑟・賽維爾爵士之罪》兩篇故事，主題與人生的救贖有關，結局亦皆大歡喜。在《坎特維爾之鬼魂》中，女主角維吉妮亞是位年輕的美國女性，她從鬼魂身上學習「生命爲何物，死亡的意義，以及爲何愛能勝過兩者。」在第二篇故事中，王爾德探討藝術家總是藉由犯罪行爲來表現藝術的衝動，日後在《鋼筆、鉛筆與毒藥》中亦探討相同之主題。

《亞瑟・賽維爾爵士之罪》結合了王爾德對星座、犯罪、與手相的興趣。路易斯・漢蒙伯爵是當時倫敦最頂尖的手相家，他除了私下替客戶看相，還在宴會上爲時尚名流看相，就像故事所描述的一樣。《喬治・艾利森與手相大師》開場甚爲平淡無奇；而整個故事是與藝術家羅伯特森（W. Graham Robertson）在鄉村散步時，王爾德先口述而成。羅伯特森日後抱怨王爾德的故事用文字來表達後，「失去大部分的魅力」。葉慈對這故事的評論是「相當有趣。」

故事中，亞瑟爵士爲了迎娶未婚妻，但又擔心醜聞纏身，最後不得不動手殺人。起初他不知道的命運已經有所徵兆：「命運可以寫在手上，用自己不懂的文字寫著，只有別人才能解讀。手掌可能透露出一個人恐怖的罪惡秘密，或是血腥的罪行？」根據漢蒙的手相寶典，殺人者的大拇指短且粗，手掌上也會有一條粗、短的紅色手紋。知道他的命運後，亞瑟爵士擔心他會把「這沈睡的城市從其夢中驚醒」。王爾德延續劇情，寫到亞瑟爵士看到兩個人在看布告欄，「他心中興起了莫名的好奇心，然後他湊了過去。」王爾德本身也「湊了過去」，從原本在大學時代同性間柏拉圖式的關係，越界到不同的同性情慾世界。現在，他對俊美少年更加地虎視眈眈，關係更加親密刺激，最後震驚倫敦與整個世界。

第十二章 敵人與朋友

一向鬍子刮得乾淨的王爾德在每天早上起來時，會看著鏡中滿臉鬍渣的自己，自問是否看起來像個罪犯。答案非常滿意，鏡中的他是個帶著天才面具的罪犯兼藝術家。面具比眞面目透露出更多訊息。一八八〇年代末期，王爾德在犯罪的刺激感驅使下，帶著報復的心態從事文藝創作，在《評論雙週刊》（The Fortnightly Review）以及《十九世紀》等刊物中，刊登了四篇著名的論說文章，日後收錄於《意圖》一書中。

結合藝術家與罪犯兩者身份所產生的力量，讓王爾德欲罷不能。他的《鋼筆、鉛筆與毒藥》明顯地是篇以湯瑪斯．格利菲斯．偉恩萊特（Thomas Griffiths Wainewright）爲對象的傳記性文章。偉恩萊特身兼作家與畫家，曾犯下僞造及連續殺人等罪行。王爾德寫此文並非要重述衆人所熟知的偉恩萊特生平，而是要藉此宣揚他對犯罪與創造關連的看法。關於偉恩萊特，王爾德寫到「他的罪行似乎對其藝術有非常重要的影響，讓他的風格具有強烈的個人色彩，這是他早期作品所欠缺的特質。身為罪犯的事實並不會影響其寫作。」這番話亦可應用在王爾德身上。

在王爾德數部戲劇作品中，有趣的人物角色都是帶有罪惡的特質，亦因爲罪惡的存在，才讓好人覺得備受其吸引。在《莎士比亞與舞台服裝》，後來改名爲《面具的眞實》一文中，王爾德一開始討論舞台服裝必須符合史實，但文中主題所闡述的理論卻又與其矛盾，他寫到：「藝術之眞實是與其矛盾者亦是眞實。形而上的眞實亦是面具之眞實。」在「身爲藝術家的評論家」中，吉爾伯特與爾尼斯特一段對話亦討論到罪惡此主題：吉爾伯特解釋「所謂的罪惡是進步的一項關鍵要素。若無罪惡，世界將停滯不前，或老化，或是變得一片黑白。藉由人類的好奇心，罪惡增加了人類的經驗。」

在討論爲何創作者優於批評者時，爾尼斯特建議應該要廢除批評者與報章雜誌，因爲他們「對自己所不瞭解之事物還勤於大放厥詞，刊登批評文章。」吉爾伯特則認爲唯有希臘人才具備批評之精神，並說：「如果希臘人除了語言本身外什麼都不評論，他們還是世界上最偉大的藝術評論家。」爾尼斯特表示贊同，因爲「創造力本身高於評論」。但吉爾伯特又補充，若無評論者，亦將無藝術創作。

王爾德藉著吉爾伯特講到，最高的評論是「一個人靈魂的紀錄，比歷史更令人著迷，因爲其僅與個人有關……這是自傳唯一的文明形式，因其所描述地並非歷史事件，而是個人生活中一切思緒。」王爾德的目的是創造以性格爲主的理論，他寫到：「唯有先強調自己個人性格，評論者才能詮釋別人的性格與作品……因為藝術起於個人性格，亦唯有藉由性格才能加以闡述。」而在特的理論中，則是用「氣質」此字，比較模糊且不具批判意味。王爾德所用「性格」一字帶有自戀主義的意味。

因為在「評論雙週刊」中發表《身為藝術家的評論家》與《說謊的沒落》兩篇文章後，王爾德開始與法蘭克．哈利斯熟識。哈利斯是當時最備受爭議的文人與新聞工作者，除了擔任了二十年的資深編輯外，他還寫短篇故事、戲劇與傳記，如一九一六年出版的第一版《奧斯卡．王爾德：其一生與告解》(Oscar Wilde: His Life and Confession)。雖然蕭伯納並不是王爾德的知心好友，他在哈利斯在一九一八年所出的第二版傳記中，也加入了他對王爾德的回憶點滴。王爾德與蕭伯納兩人初次見面是在一八七九年王爾德母親的沙龍聚會中。蕭伯納記得當時兩人之間氣氛凝重緊張：「我們兩人相互較勁。而這種奇怪的關係持續到現在，既使我們已不再是稚氣的新手，已經見過世面，具有豐富社交經驗。」

蕭伯納比王爾德小兩歲，從小在都柏林海契街長大。比起王爾德，蕭伯納的家醜更是不足與外人道矣：父親是個酒鬼，一家人僅靠母親教授音樂課維持家計，但她似乎與教歌唱的老師有染，傳言這位老師才是蕭伯納的生父。當王爾德在大學時，蕭伯納還在都柏林的貧民窟中，擔任收房租的伙計工作。蕭伯納自視甚高，且相當重視身體健康，相當熱中於養生之道，舉凡吃素到為健康因素穿著羊毛衣物，他都樂此不疲。

精通於音樂欣賞且抱著成爲作家的決心，蕭伯納於一八七六年抵達倫敦，比王爾德早兩年。他爲《星刊》（Star）寫音樂評論文章，並寫了《青澀》（Imaturity）等幾本名不見經傳的小說，並且成爲一位社會主義者。王爾德在費邊社聽了一場演講後，便寫了「社會主義下的人類靈魂」一抒對社會主義之己見。他請蕭伯納過目，並詢問其意見，蕭伯納則回答：「此文章非常機智有趣，但完全與社會主義無關。」

也許這篇文章的確與社會主義無關，但絕對與個人主義有關。分析王爾德於文中所讚揚的自由，顯現出他其實是無政府主義者，而不是社會主義者。他的理念對藝術者有利：「我們唯有藉由反抗才能進步，藉由反抗與反動。」然而又小心地補充：「完美性格的意義並不是反動，而是和平」，以及「最適合藝術家的政府則是無政府。」王爾德想說服所有人接受他的思考方式：「自私並非隨自己所願地生活，而是要讓其他人的生活亦隨自己所願，而所謂無私則是讓他人自在生活，不去干擾他們。」所以這世界是個無私的世界？難怪蕭伯納看完不禁莞爾。

蕭伯納記得與王爾德會面次數爲六次到十二次之間，他認爲第五次時在雀兒喜郡海軍展覽時，是場不同以往的經驗，他回憶道：「這是我唯一一次發現王爾德口若懸河的神奇天賦」。蕭伯納不改自己愛爾蘭口音，反而努力維持著，對於王爾德在英國人面前所展現的愛爾蘭人風貌並不認同。每當蕭伯納公開斥責王爾德時，總是批評他帶著「麥立恩廣場清教徒式的虛僞做作」，但認同他是「所有文明都市的一份子」，且認爲他「本性其實是非常愛爾蘭的愛爾蘭人，除了愛爾蘭，在任何地方他均是異鄉人。」但漸漸地，王爾德壓抑他愛爾蘭的本性，以便塑造令人印象深刻的形象。

蕭伯納認爲王爾德在社會上缺乏親近的好友，人際關係並不紮實，最後導致他的敗。這番話的確有其道理。蕭伯納於一九一六年寫信給哈利斯，提到王爾德「無法與人建立友誼，即偶爾例外，也不是最眞誠動人的友誼。庸俗者痛恨他對他們的嘲弄不屑，勇武者討厭他的傲慢並加以抵制。因此，他孤獨一人，只有少數人追隨其左右……以及出外用餐的朋友……不論到何處，只有他單獨地炫耀自己的才能性格，想藉此贏得他人的尊敬。」數年之前，王爾德就相同的議題，向葉慈表示蕭伯納「沒有敵人，且他的朋友沒有一個喜歡他。」蕭伯納所忽略了一點，那就是王爾德習慣避開那些在學識才智能對他構成威脅的能人。他在牛津所培養的人際關係，讓他能拜訪派特與魯斯金，並且請史文波恩協助，爲他母親申請皇家津貼時寫推薦信。但若是要談天吃飯，他還是選擇身旁的美少男爲伴。

畢業於牛津大學的王爾德回倫敦定居時，便有之前建立起的人脈關係：馬德蓮學院以及其他學院的朋友。而康斯坦絲亦有她的親朋好友，如蒙特坦波夫人（Lady Mount-Temple），她是一位遠房親戚，視康斯坦絲爲己出，而王爾德最喜愛拜訪她在托爾奎的住所，並留在那裡寫作。但常接觸的朋友中並沒有夫妻檔或是有小孩的家庭。在菲利特街的雜誌社工作時，王爾德也是來去匆忙，除了哈利斯等同事外，並未交到任何朋友。

當然葉慈亦算是他的朋友，雖說王爾德習慣避免與才智上與其同等甚至更優秀的人過於深交，但若不是葉慈因其國家主義的理想，與王爾德漸行漸遠，兩人的友誼應該會更進一步才是。兩人對愛爾蘭的愛是言語無法形容的。葉慈於西爾歌長大，這是愛爾蘭西部海岸的一個市場鄉鎮，依山傍海且流傳著豐富的民俗故事與傳奇。兩人身上都流著葉慈所說的「半開化血液」，所以當王爾德講到在小紅島聽到神秘且無形的聲音時，葉慈總是能心領神會。葉慈爲了取悅當時是都柏林著名畫家的父親，他原本學習藝術繪畫，但不久便改爲詩詞創作，所出版《奧新的疑惑》（The Wonderings of Osin）是藉由神話人物角色探求自我意義的作品，爲他未來的成名奠下開始。王爾德在《波爾馬爾》雜誌中則是對葉慈給予肯定，他寫到：「年輕詩人的詩集都是曇花一現，無法實現的美好未來。然而，我們不時可發掘一本不同凡響的詩集，無法抗拒其動人的誘惑，就大膽預測其作者前途不可限量。」不論他這番評論是否出自眞心，事實證明他的預測正確。

葉慈在初到倫敦時，便曾參加王爾德母親的沙龍聚會，但直到一八八八年，在《凱斯塞爾》（Cassell）編輯亨利的家中，才與王爾德見面。見面當時，王爾德還說了一句名言：「文學界友情的基礎就是在這下了毒的染缸裡彼此攪和。」在五年前，當時葉慈十八歲，在都柏林聽王爾德「美麗之屋」的演講，並對他完美的字句讚嘆不已，似乎「經過徹夜苦思而成但又如此渾然天成」。察覺到葉慈對自己的崇拜，王爾德邀請他共進耶誕節晚餐。葉慈在充滿文人名士的環境中成長，已不再是天眞無知的青年，但在王爾德泰特街的家中，他覺得自己還是個毛頭小子，在自傳中他寫到「不解自己爲何缺乏自我風格，爲何不能泰然自若，舉止不能自然有禮……這位世上最完美的學者的風采令我震驚不已。」

年輕時的印象或許有所偏差，但葉慈說他認識王爾德時，「正值他人生最快樂的時光。名聲還未受醜聞所影響，在同輩間建立起言論家的聲譽，他似乎正享受著水到渠成的人生巓峰。」然而，當王爾德成爲倫敦西區名人、成功的劇作家、不盡職的父親與丈夫後，這一切都改變了。葉慈表示王爾德「無法忍受藝術創作的靜態煎熬，所以依然偏向動態，無法定下來。」

在這晚餐後，康斯坦絲先離席去照顧小孩，王爾德則朗讀刊登於《十九世紀》一八八九年一月版的《說謊的沒落》。此文是王爾德當時最新的作品，內容極力爲說謊作辯護與支持，亦顯示了王爾德常自相矛盾的本性，他透過誠實來倡導說謊的藝術。對保持自己如藝術品般形象而言，美麗的謊言是不可或缺的；所以關於王爾德刻意在性傾向大做文章，或是從事激烈費力的活動等，這些傳聞眞實性有待懷疑，因爲這違反了王爾德的本性。然而，王爾德在塑造自我形象上相當成功，這些傳聞實在以假亂眞，令人信以爲眞並口耳相傳。王爾德曾說，說謊者的目的「就是要散播魅力、歡喜與快樂。說謊者是文明社會的基礎，沒有他們，既使是在高官貴人華廈內所舉辦的晚宴，也會跟皇家學會的演講一樣枯燥無趣。」

王爾德在出版觀念上比當時社會大衆更爲先進，認爲動筆寫作僅是一個出版過程的開始，還要加上設計、印刷、發行、評論以及宣傳，這些均是二十世紀出版業的概念。王爾德眼光獨到，選擇與查理斯・瑞其茲（Charles Ricketts）合作。除了《莎樂美》之外，王爾德所有作品中的插圖與版面設計等，均出自於他之手。瑞其茲多才多藝，精通於各項美術領域，如插圖繪製、版面設計、木雕、繪畫、雕刻與場景設計等。

王爾德所有書的首版均是以棉布紙印製而成，不像一般紙會氧化變黃，然後像乾枯樹葉一般，一捏就碎。就印刷技術而言，王爾德正巧碰上熱印刷技術的發明，才能在書的封皮印上金箔圖樣。以《人面獅身》爲例，在它羊皮紙封面上所印的華麗圖案，堪稱是十九世紀末封面設計的極致，直到二十世紀，才由設計多樣的封頁所取代。在《格雷的肖像》中，亨利爵士稱讚高迪耶某部以日本紙印製的作品，「黃綠色的皮革封面，上面印有金色的涼亭以及數朵石榴花。」（《格雷的肖像》則是灰色粉彩紙封面，印有數朵金色小萬壽菊。）

瑞其茲剛結束在版刻工會五年的學徒生涯，開始創業時便將他的作品投稿至《女人的世界》（the Woman,s World）。王爾德看了甚感滿意，並指定他爲雜誌的文章製作插圖。在還是學徒的日子，瑞其茲認識了查理斯・杉儂（Charles Shannon），他是一位長相稚氣，有抱負理想的畫家，兩人同居五十年之久。他們倆是經濟自給自足的單身漢，過著追求高貴與品味的文人雅士生活。他們的藝術家友人威爾・羅森史坦（Will Rothenstein）形容：「他倆從住家俯身看著附近的街道，就像從祈禱書中走出來的人物。」

在一八八九年的夏天，王爾德拜訪兩人在雀兒喜區的住家「溪谷居」，座落在國王街的一棟攝政時期風格的房屋。這是一趟個人私下的訪問，主要是對兩人最近所出版的《日晷》（The Dial）表達敬賀之意，王爾德收到一份，且對其所傳達之精緻美感讚嘆不已，所以特地登門拜訪。他一進到客廳就說：「眞是迷人的古早味房屋，這些日本版畫也令人眼睛爲之一亮。的確，日本人眞是懂得藝術精簡之美。你們的牆壁是黃色的，我家的也是。黃色是歡樂的顏色。」王爾德還細細欣賞兩人的收藏，如希臘雕像、威尼斯琉璃飾品、日本畫家葛飾北齋之版畫作品與波斯雕畫像等等。

瑞其茲所看到王爾德是個三十五歲的中年人，外表比實際年齡大。瑞其茲日後形容王爾德的長相：「他的臉在下巴與嘴部分比較寬，在深邃的眼皮下，是雙充滿智慧的眼睛，爲整張臉添上光彩，有時在思考時，臉就像張面具。」至於惠斯勒，瑞其茲形容他：「像是個匈牙利樂隊的指揮，想要模仿麥菲斯特（Mephistopheles，德國傳說中的魔鬼）」，在服裝上，比王爾德更花俏華麗。

瑞其茲身材瘦小結實，個性容易緊張，黑眼珠以及留著范戴克（Vandyke）式的短鬍鬚。他生於日內瓦，成長於一戶有教養且重音樂教育的家庭，父親是英國人，母親是法國人。王爾德發現瑞其茲較爲活潑外向，而杉儂則是嫻靜寡言，正如某位朋友所形容「應當是太太的角色」。當時有人觀察到兩人之間存在著「一種人類最珍貴的關係」，兩人的組合是「令人感覺自在，甚至令人耳目一新。」王爾德又發揮爲朋友取綽號的嗜好，將杉濃取名爲「萬壽菊」，瑞其茲則是「蘭花」。此次拜訪開始了王爾德與瑞其茲七年的合作關係：王爾德寫作，而瑞其茲「建構」（build，照他自己的用字）精美的書籍。

王爾德認爲「溪谷居」是「全倫敦唯一不會令人感到厭倦的房屋，在此無須爲任何事找解釋理由。」在這種作家與藝術家的工作關係上，難免會演變成彼此較勁競爭，最後互不相讓。兩人一開始惺惺相惜，瑞其茲歡迎王爾德只要願意隨時都可來拜訪，但所謂近生狎，經常拜訪讓王爾德不尊重瑞其茲。某次他謔稱瑞其茲「以隨便印上金箔的淡彩紙來創造美麗的事物」，此言激怒了瑞其茲，因爲這樣將他的精緻藝術印刷品貶低爲幼童般塗鴉之流。就像他輕視其他詩人一般，王爾德亦未將藝術家看在眼裡，他也曾在某晚出言不遜，指瑞其茲與杉濃「兩人都是藝術的苦行僧，就像大多數畫家一般，你們遠離人世，不過你們缺乏好奇心。」至一八九四年，兩人在《人面獅身像》一書的製作上，有相當大的意見衝突。據瑞其茲所言，王爾德認爲此次合作是兩人「不平與憎恨之根源。」

但在一八九一年時，王爾德與萬壽菊和蘭花的關係還算和善，與他們的朋友亦相處愉快。但在瑞其茲迷人的風采下，亦具有著個性火爆的一面。某晚，王爾德帶了一位身份條件較差的客人，一同參加大家的聚會與藝術討論，在這位不速之客離開後，瑞其茲便砲轟王爾德：「爲什麼你將這個人帶進來？」王爾德則高傲地回答：「他只是位卑微的崇拜者，只能在我們的世界外打躬作揖而已。」，最後想早點結束這爭論，說到：「所以，我，身爲這世界之神，恩准他進來。」還有一次火爆的事件，當時西蒙德斯想逼惠特曼與其他名人承認自己同性戀的身份，結果大家沈默以對，讓他倍覺惱怒，最後被大家請求離開現場。

瑞其茲說王爾德「有兩個人格，一個是事前精心策劃，卻又裝作臨時發揮的表演者，另一個是充滿智慧的天生人生評論家。」王爾德的創作過程各有不同，有時是突然靈光一現，想出情節或是場景，但大部分則是先編個故事，然後口述出來，如果聽起來不錯，再以白紙黑字寫下來。對他而言，就像古希臘文學的音韻一般，散文以及戲劇中每個字聽起來的音韻相當重要。王爾德認為，文學是種較為強調聽覺而非視覺的精心設計；他忽略了其之所以如此，乃是在古典文學時代，聲音是文學傳播的媒介，而眾人是以耳朵來欣賞文學。

王爾德相當「趾高氣揚」，就像在《神奇的火箭》中那枚神氣的火箭，它誇口：「我喜歡聽自己講話，這是我最大的一項樂趣。我通常自己一個人長篇大論，而我是如此聰明絕頂，有時候連自己說的每個字都聽不懂。」瑞其茲常看到王爾德陶醉在自我英雄崇拜，聽他自誇認識羅賽堤、波多雷與高迪耶等名人，瑞其茲看在眼裡，覺得相當有趣。某晚，王爾德說：「福婁拜剛告訴我，當我對他唸到：『大地乾枯且隨高熱而燃盡。人們在平原上到處奔走，就像一群在銅鏡上蠕動的蒼蠅！』，他是如何崇拜我。」當然，每個人都知道王爾德是在開玩笑的。

某天晚上，王爾德將他的短篇故事《W.H.先生的肖像》擴大其內容篇幅後，講給瑞其茲與杉濃聽。此故事於一八八九年七月刊登在《布雷克渥茲月刊》中。在此篇故事中，王爾德認為莎士比亞寫十四行詩的靈感來自於對反串演員的愛慕，這位男演員名叫威利·修格斯，他經常反串女主角，因爲當時在伊利莎白時期，禁止女性登台演出。王爾德在讀莎翁的十四行詩時，一邊針對充滿性暗示的詞句做雙關語取笑揶揄，一邊便勾勒出故事大綱。在這故事中，歷久彌新的修格斯肖像到最後原來是件贗品，王爾德藉此想讓讀者知道一項瑞其茲與杉濃已經知道的道理，那就是長久友誼可以超越短暫的肉慾。

「W.H.先生的肖像」的主題相當弔詭，認爲如果讓他人接受自己的信念，自己則會失去此信念；即使是有人爲此信念犧牲性命，此信念也不一定正確。著名的愛丁堡雜誌《布雷克渥茲月刊》的老闆威廉·布雷克渥茲（William Blackwood），亦即，認爲此故事相當震憾人心，對其中關於同性戀的聳動內容並不擔心。王爾德告訴瑞其茲：「我想將這故事出版成書，薄且精緻，還要上金粉。」有鑑於此故事在《評論雙週刊》首次發表卻引起反彈，他則誇口道：「早已有人警告過我，這故事內容過於驚世駭俗，等到我的書出版後，整個英國都會鬧的天翻地覆。」

王爾德請瑞其茲能仿效傑·克羅伊特（Jean Clouet，克羅伊特是位十六世紀法蘭德斯小幅圖畫之畫家）設計出類似風格的卷頭插畫。瑞其茲則如其所願完成作品，畫中修格斯的肖像則擺在一塊橡樹朽木上，而杉濃以蟲蛀過的木板條，爲這幅畫裝上框架。王爾德寫到：「這根本不是仿冒，足可稱爲克羅伊特的眞品，眞品中的眞品。」顯示出他寧可相信瑞其茲的作品眞是伊利沙白時代的古董，而無視於事實，這只是根據虛構人物所仿製的肖像。

在王爾德泰特街的家中經過一番調教後，羅斯順利進入劍橋大學，但是他只待了一年，因爲他某次狂歡而醉倒在校園的噴泉裡，感冒引起肺炎在一八八九年離開學校。他爲了同志的身份與家人分裂，離開倫敦而前往艾丁堡，在《蘇格蘭觀察家》（Scots Observer）雜誌社工作，最後又回倫敦，擔任《作者協會》的編輯。羅斯對王爾德並無任何要求，能與他在皇家咖啡廳外，在蘇活區的一家小飯館安靜地共進晚餐便已心滿意足，兩人點了三先令的餐點，然後王爾德一邊用餐，一邊敘述《說謊的沒落》的內容。羅斯則是稱職的聽衆，且在才智上也不罔多讓。王爾德告訴羅斯他是《W.H.先生的肖像》與《說謊的沒落》的幕後功臣，這是王爾德讓門生覺得有所重要地位的伎倆，但羅斯則是信以爲眞。

在王爾德藉由一封美國朋友的介紹信，認識了克萊德．費奇（Clyde Fitch）這位有趣人物後，便較少拜訪溪谷居。費奇比他年輕十一歲（王爾德喜歡比自己小十一到十六歲的對象），劇作家的生涯剛起步，前景一片美好，是位屬於惠斯勒流派的風流才子。他穿著一件天藍色的西裝，在第一天抵達麻州的愛默斯特學院時，便將房間的牆壁四周畫上一長串的櫻花。日後，他則改穿整齊的黑白色西裝，配上紫色領巾，白色帽子以及鑲銀的手杖。

費奇的戲劇主要是以上層社會爲主題，不過都如同泡沫般短暫（有次他同時有四部戲劇在百老匯上演），極少被重新搬上舞台。他必須努力工作，才能維持奢華鋪張的生活方式（他在帕克大道家中宴客時，喝的是頂級的葡萄酒，還以螺旋狀的希臘古董酒杯來盛酒）；他在二十年內共創作或改寫了五十五部劇本。他說：「寫劇本就像是摹寫出已經記在心中的事情一般」。費奇與人共同寫一部以寶兒・布魯穆爾（Beau Brummell）生平爲背景的戲劇，布魯穆爾是位英國的公子哥，也是喬治四世在未登基之前的朋友。此劇於一八九〇年五月，在麥迪遜廣場花園首演，結果大爲成功，讓費奇打入紐約的文藝圈。

在寫劇本時，若一時詞窮，費奇就會在布魯穆爾的台詞中，加入王爾德式的台詞，如「人太常握手了。應該是要目光交接，雷吉諾德——目光交接」以及「仔細看看我，摩爾迪蒙，我沒出什麼差錯？我領巾有沒有折痕？我可不希望因爲我而讓折痕成爲流行。」王爾德給了他一份《布雷克渥茲月刊》，裡面刊有《W.H.先生的肖像》。正如王爾德所期望的，費奇反應熱烈，在信中寫到：「你這百年難得一見的狂人。」

費奇隔一年回到倫敦，想要重拾兩人之間的關係。他寫信道：「沒有人像我一樣愛你。有你同在，我宛如身處夢境；當你離去，我夢醒不成眠……我倆有共有的秘密。」在一八九二年，費奇又回到倫敦，暫居在阿爾巴尼，就是《誠摯的重要》中的傑克所住的地方。但此時，王爾德已經與約翰・格雷（John Gray）相識，接著又認識道格拉斯爵士。

王爾德試探性地探索倫敦地下的同志圈，自知這麼做有其風險，因爲亞瑟・沙摩賽特爵士（Lord Arthur Somerset）就是在一八八九年九月因爲同性戀醜聞聲名狼籍，最後必須離開英國—

—據傳他是在克里夫蘭街一間男妓館對數名男童進行性侵害。在道格拉斯爵士堅持帶他去更容易曝光的同性戀場所前，王爾德都是經由朋友介紹才認識喜歡的少年。也許他就是在溪谷居內認識約翰·格雷。比王爾德小十二歲的他，出身於藍領階級家庭，父親是木匠。格雷在第一版的《日晃》中刊有兩篇作品。在瑞其茲與杉濃等啓蒙影響之下，格雷漸漸被改造成貴族般的文人雅士。

然而，格雷在社會的形象則是由王爾德一手所塑造而成——引薦他認識一些需要認識之名流。在《格雷的肖像》中，亨利形容這樣的關係所帶來的成就感：「將自己的靈魂投射到他人美好的身體內，並暫時停留在其中；聽到自己智慧的見解，帶著年輕與熱情的樂音，從另一個人口中迴響而出；將自己的氣質注入他人之內，彷彿是注入神奇的液體或是奇特的香氣；這麼做能帶來眞正的樂趣，也許是在這膚淺且粗俗的時代，我們僅存最令人滿足的樂趣。」

格雷備受王爾德性格所左右，因爲王爾德會讓門徒認爲自己是王爾德心中的一切（至少他們暫時是如此），認爲王爾德對他們的一切，如觀點、詩作等感興趣，但對他們的問題則不然。格雷本身亦是位天份頗高的詩人，讓王爾德更加喜歡與其相處。兩人關係的眞正本質尚待推測查明，但是無疑地，其中應有同性戀情的成分。王爾德在《獄中書》內寫到，「我眞正的人生，較爲高尚的人生」是與格雷或是像他一樣的青年所共度，然後他接著在這封給道格拉斯的信中，相當憤怒地指出這正是他在法庭上所解釋的說法：比起瘋狂愛慕，愛情是更高的層次。

格雷在白天擔任公務人員工作以維持生計，最高曾做過外交部圖書館的館員；晚上則是在獨立劇院度過，此處常有私人俱樂部的戲劇表演，如伊斯班的《鬼魂》（Ghosts）以及其他遭到禁演的作品。有時他晚上也會去詩人俱樂部。一開始詩人俱樂部只是住在英國的愛爾蘭人的一般聚會，常在「皇冠」以及「柴郡乾酪酒店」舉行，這是在菲利特街旁的一家酒吧，與十八世紀最傑出的演說家撒姆爾・強生（Samuel Johnson）有所關連。在此俱樂部中，格雷認識了葉慈、亞瑟・西蒙斯與爾尼斯特・道生。王爾德則不是此地常客，因爲他對酒吧、俱樂部等不屑一顧，且對這樣的讀詩會也無太大興趣。不過當格雷在此處，以法國象徵主義之風格朗讀他的詩文時，他亦在場欣賞聆聽。

格雷善於頹廢主義風格，詩文內容充滿神秘主義，如以聖夕巴斯汀或其他帶同性戀色彩的基督教人物爲題，進行沈思冥想。王爾德將書中主角取名爲格雷，這是他對新門徒感情的表徵，但卻引起衆人不必要的聯想，將現實的格雷與書中虛構的角色混爲一談。

第十三章
人生如戲

此時的王爾德更加頻繁地從派丁頓前往牛津，參加戲劇社的聚會，或是與派特辯論較勁。不過他同性戀的身份亦讓他無法全心於工作中。身旁永遠圍繞著年輕的俊男，回想著過去自己在馬德蓮學院的林蔭人行道上，是如何努力地塑造自己美學的形象，並又再次信誓旦旦地說要在「蜂窩內飽餐一頓」。在一八九〇年二月時，他在校內人群中看上了里歐奈爾・強生（Lionel Johnson）。強生是個問題青年，長期酗酒導致其在三十五歲時英年早逝。他曾說他的「悔恨並非起源於作惡之自知，而是過去在其一生所殘留之不安陰影。」在他最知名的詩《暗黑天使》（The Dark Angel）中，寫到自己於「在罪惡狂喜火焰中燃燒的所有美麗事物」掙扎。

王爾德常對某人或某事高談闊論，強生聽了更是爲他神魂顛倒，在見面之後還回味不已。強生告訴他的朋友道格拉斯爵士：「我已經愛上他了。」道格拉斯爵士是昆斯貝利第九候爵的最小兒子，時年二十歲。他在溫徹斯特唸書時便出道同志圈內，他與強生便是在當時認識。他與王爾德就讀牛津同一個學院，所以認得王爾德的名字，但本身並不好學善文，所以對王爾德在文學界之名聲則一無所知。當《格雷的肖像》於一八九〇年在《李賓卡特月刊》（Lippincott,s）刊登出時，強生拿了一份給道格拉斯，堅持他必須讀上一讀，而他亦照辦，讀了「十四遍還欲罷不能」，將故事中這位自戀的美貌青年認爲是自己的寫照。

接下來的夏天，強生帶道格拉斯前往泰特街拜訪，此後，套奧登的說法，「被愛較多者遇上了愛人較多者」。在巴爾札克的作品中，沃特寧與路斯恩・德・魯本布雷相遇的那一幕，是王爾德最喜歡的文學情慾場景。在《格雷的肖像》中，巴澤爾第一次看到格雷，彷佛身中雷劈一般，瞭解「自己剛剛與人間至美面對面接觸」。而在道格拉斯身上，王爾德看到了一位面容蒼白的美少年，並聯想到太陽神阿波羅所愛的海辛托斯。此次的會面相當短暫，僅夠衆人喝茶寒喧，道格拉斯一方面逗女主人開心，另一方面則欣賞王爾德的妙語如珠。劇中的亨利爵士曾說：「笑聲是友誼好的開始，更是結束友誼的最佳方式。」他們談論了在馬德蓮的學校生活，道格拉斯的學業在被當的邊緣，而既然王爾德在課業上曾名列前茅，所以便自願擔任起他的家教，並贈他一本精裝本的《格雷的肖像》，上面還親筆簽名。

王爾德對自己人生未來過於擔心敏感，任何預兆或預感便風吹草動，所以認爲此次與道格拉斯相遇，便會像小說一般造成悲劇而裹足不前。如果他創造出格雷，這位有「唇形精緻的朱唇，誠摯的湛藍眼睛與亮黃色頭髮」的角色之前，他便看到道格拉斯，也是位金髮少年，蒼白的臉色與雪白的客廳融爲一體，或許他便會立即與道格拉斯發展感情。另外，若不是當時王爾德正著手爲喬治．亞歷山大寫新劇本，注意力並不在此，或許兩人的戀人關係會立即開始。不過，王爾德接著便到靠近溫德米爾湖的鄉下地區，羅斯不久便與他相聚。王爾德在此完成了他第一部社會喜劇，《溫夫人的扇子》。

就像王爾德其他散文體的作品，《格雷的肖像》一開始只是王爾德告訴朋友的故事，其中格雷與其不受時間而變舊的肖像，則是潛意識地仿效幼時所讀的《女魔法師》與《梅爾摩斯》等作品；另外，在溪谷屋所講的一位女演員因愛而無法表演的故事，則是西比兒的前身。但是若沒有史托達爾特一手促成，格雷與西比兒的故事便不會結合在一起，亦不會訴諸於白紙黑字。史托達爾特於一八八九年八月來到倫敦。身爲《李賓卡特月刊》的編輯，他邀請王爾德與亞瑟．柯南．道爾寫短篇小說，並請兩人共進晚餐以討論工作進度。道爾表示將以《四人簽名》（The Sign of Four）交稿，這是他第二部以福爾摩斯爲主角的冒險故事，而王爾德則不甘落於人後，保證以《格雷的肖像》這懸疑的謀殺故事來交稿。

王爾德原本同意在兩個月後便交出手稿，但一如往常，他又要求延期，原本在八月的截稿日延長至一八九〇的春季。除了有開場、中場以及結尾之外，《格雷的肖像》比較像是個人內心戲，而不是故事小說。就像于斯曼的「違反自然」，《格雷的肖像》看起來是件即席創作之作品，此點王爾德亦或多或少心知肚明。情節張力不足之處則以謀殺、自殺或意外死亡等事件來補強。當格雷拿刀割破自己肖像時，本質上便是一種自裁。故事最後，僅存亨利爵士，不過太太請求離婚而去。格雷除去一個接一個的妨礙者，只爲了掩飾他驚人恐怖的秘密，如此的行爲的確有所道理，然而在評論者的口誅筆伐下，王爾德決定以美學替代頹廢主義，成爲此小說的道德觀重點，他另外加入了六章的內容，加入前言，並且做了其它的修改。

賀爾德在劇中談論《格雷的肖像》時說：「每一份帶著感情畫出的肖像，都是畫家自己的肖像，並非模特兒的肖像。模特兒只是個意外，只是個偶然。」雖然王爾德曾說：「藝術家應該創造美麗之事物，但不可將自己的人生投射於其中」，但《格雷的肖像》可說是他人生的寫照。格雷俊美的面孔是張掩飾其邪惡靈魂的面具，而王爾德亦戴上各種面具，掩飾自己眞正的性傾向，兩者之間可說是異曲同工。

帶有多層的象徵主義意涵以及享樂主義，《格雷的肖像》一書在各大學永遠不退流行，一直是學生課堂之讀物。但一屆又一屆的學生都忽略了王爾德的警告：「所有的藝術都是表面與符號。試圖探討表面以下內容將有害於自己，解讀符號亦有害於自己。」對讀者而言，《格雷的肖像》精彩之處在於其引人入勝的故事情節，敘述著一位虛榮浮華、自我欺騙者的故事，以及主角轉變成藝術品之過程中所展現情慾掙扎。就另一個層面而言，《格雷的肖像》探討在三個男性的三角戀情中，主角對其同性情慾之驚慌苦痛。格雷哀嘆「每個人都有其人生，亦爲自己人生付出代價。唯一遺憾是人們必須常爲每一次犯錯付出代價。」在《溫夫人的扇子》中，艾琳娜夫人認爲人的報應永無止盡：「人為自己的罪惡付出代價，然後一次又一次，一輩子都是如此。」

格雷積極一手促成其自我毀滅的結果，所做的一切不名譽壞事最後都反映在自己的肖像上；在小說結局時，格雷看到自己肖像已慘不忍睹，瞭解自己毫無救贖的希望，良心發現便自我了斷。王爾德所要陳述的故事包含了多種人格層面，並巧妙地利用故事來展現本身多種的自我，讓與他敵對者能一言以蔽之地，在背後罵道「他就像多利恩・格雷這角色」。

王爾德曾說「我想成為像格雷那樣的人，或許與其他時代比較之下是如此。」；他承認，在追求墮落的同時，他已喪失唯美資格。王爾德顯然在格雷死亡那一幕中，將自己投射在其中：格雷死後，屍體脫水乾縮成木乃伊，就像他父親在埃及所發現的乾屍一般，救援的人還必須打破玻璃進入房間，彷彿強行進入一座墓陵；最後，靠著格雷的戒指才確定屍體的身份，讓人聯想到王爾德自己一直不離身的聖甲蟲戒指。大多數人認為劇中的亨利爵士是王爾德的化身，因為他是個文字的魔術師，出口成章令人目眩神迷，這位嘲弄一切的爵士讓格雷相信「除了感官之外，任何事物都無法治癒靈魂。」王爾德亦曾說巴澤爾・賀爾德是「我認為自己所像之人」，或許他是指當他脫下層層面具，在鏡中的所看到的自己：一個沒有吸引力且沒有人關愛的天才。

將書中主角取名為多利恩，王爾德此舉展現了此書與同性戀之關連。從過去古典文學的課程中，他瞭解多利恩族的歷史背景。希臘的三大族群分別為多利恩族、愛奧尼亞族與伊歐利斯族，據傳同性戀的起源便是在多利恩族的軍隊中：底比斯的「聖軍」便是由一對對同性伴侶所組成，並且在多利恩族的影響下，同性戀便開始流傳各地。王爾德最後加上自己學徒的姓氏，多利恩・格雷這個名字是個大膽的同性戀暗示。

當王爾德日後在中央刑事法庭內，接受敗壞風俗的訴訟審判時，檢方律師朗讀了李賓卡特月刊版的《格雷的肖像》片段內容，並堅稱這是本不道德的讀物。事實上，《格雷的肖像》有兩種版本，但這對法庭而言已無關緊要。《蘇格蘭觀察家》有一篇未署名的評論，抨擊刊登在這雜誌的故事「內容僅適合刑事調查局閱讀，或是在禁止旁聽的偵訊中提及。」這故事被認爲是「虛假的藝術，因爲其本質是醫藥與法律之問題」，顯示出當時普遍將性變態視爲疾病。

王爾德的辯護律師，愛德華・卡爾森則指出此書一八九一年版本已經過「淨化」，然後又解釋賀爾德對格雷講的話是僅針對格雷個人而已，出自於「對他瘋狂、誇張且荒謬的愛戀」。當王爾德在被告席上被質問他是否曾「瘋狂地愛戀某位青年」時，他回答：「不，至少不是瘋狂地。個人較喜歡稱之爲愛，這是更高層次……除了自己之外，我從未愛戀任何人。」在書的版本中，賀爾德的話從雜誌版的熱情直接，改成唯美浪漫：「在我心中，你是無形理想的有形化身，對我們藝術家，這種無形理想揮之不去，就像唯美的夢境。我崇拜你。」

王爾德所做的修改，模糊格雷的罪行，且加入格雷與貴族女士的對談，以及增加西比兒的背景介紹與家庭，淡化原本劇中全爲男性的特色。三個男性角色都各自代表王爾德個性不同層面，而王爾德試著減少三者關係的情慾曖昧，並刪除了巴澤爾與格雷身體接觸的部分。在一八九〇年的版本中，巴澤爾爲格雷的「美麗」所震驚，但在第二種版本時，他則爲格雷的「個性」所著迷。

王爾德擔心小說中同性戀的暗示，會讓自己眞實性傾向曝光，所以在小說中通常以另外的罪惡或罪行來當作掩飾。格雷是「任何心地純潔少女所不該認識之人」，他的友誼「對任何青年足以致命。」格雷之罪行到底如何背經叛道，並未明確列舉，但造成他自我毀滅的因素，並不是他同性戀的傾向，而是他對人性的漠視不屑與缺乏寬厚仁愛之心。王爾德在序言中寫到：「沒有所謂有道德或沒道德的書，只有寫的好與寫的不好的書，如此而已。」五年後當王爾德在法庭上爲《格雷的肖像》的道德觀辯解時，這段話便派上用場，不過也混淆了文學對人性影響的說法。當亨利爵士要引誘格雷成爲享樂主義者時，給了他一本「毒書」，應該就是《違反自然》，這部王爾德的頹廢主義聖經。最後在王爾德的塑造下，格雷成爲下一代享樂主義者的時代先驅。

書中的格雷在貧民窟中遊蕩尋找刺激，爲了營造更逼眞的氣氛，王爾德雖然未親自到貧民窟探考（他日後才這麼做），但從一八八一年出版的《平凡城市人之罪惡或瑪麗安妮之回憶錄》可獲得完整的相關資訊。這本書詳細描述維多利亞時代的地下同志世界。另外在一八八〇年理查・羅歐的《街頭紀實》中，所描述的鴉片館就跟格雷所光顧的鴉片館一樣，館內馬來人「蹲在煤炭爐旁，撥弄著算盤」，還有一個老頭，一直嚷嚷要撥掉衣袖上不存在的紅螞蟻。王爾德本身應該不反對抽鴉片；他與道格拉斯一八九五年至阿爾及利亞旅行時，便可能使用大麻，王爾德還告訴紀德：「我有責任以恐怖的方式來自娛」；但王爾德眞正喜歡的刺激應該是更有品味，符合他天才、美食家與演講家的形象，而抽鴉片後讓人昏昏欲睡，此點不會讓王爾德上癮。

王爾德藉由西比兒的角色，來探討愛情的本質。西比兒對格雷的愛抑制了她表演的能力，無法在台上演出沙翁作品。格雷還斥責她：「妳已手刃了我的愛。妳以前能激起我的想像，但現在我對妳則無動於衷。對妳一點感覺也沒有。我曾愛妳，因爲妳是如此神奇，因爲妳有天分與才智，因爲妳實現了偉大詩人的夢想，賦予無形藝術有形之型態。但妳將這一切棄之不顧。妳眞是膚淺愚蠢。」或許這段話是王爾德從自己失敗的婚姻所親身體驗，藉由無情的格雷傳達出來：「不再被愛的人們，他們的情緒反應總是有些愚蠢荒謬。」

然而，王爾德將重點轉至同志身上的作法，並未讓當時同志圈感到欣慰驕傲，反而造成相當大的恐懼。針對雜誌版的《格雷的肖像》，本身便是同性戀者的西蒙德斯評論到：「如果英國社會能容忍這個，他們便可容忍一切。」以及「對此類人在道德問題上如此不健康、美化與故作神秘的處理方法，個人感到無法忍受。」但他亦認同此故事是「相當奇特且大膽之作品，內容有害身心健康，但在藝術上與心理層面上，都相當有趣。」然而，他對故事中暗含同性戀的部分還是大加批判。

對於自己眞正的性傾向，王爾德在《W.H.先生的肖像》的暗示已受到足夠的諷刺，而在《格雷的肖像》內容更加大膽，更是讓他成爲口誅筆伐的對象。在此書出版後，康斯坦絲體認到大家以不一樣的眼光看待她，但對是否知道丈夫與許多青年眞正關係，她則不作任何表示。她信任且深愛自己丈夫，或許就如同自己婆婆對待公公一般，知道像丈夫這種天才需要多一些寬容。

《每日紀事》與《聖詹姆士公報》則全力批評《格雷的肖像》，如前者抨擊此故事「難登大雅之堂、虛華不實、虛僞之憤世嫉俗、低俗的神秘主義、輕浮的哲理，以及腐化人心的粗俗文化。」後者則更毫不留情，認爲政府應該禁止此作品之發行，並認爲此作品「冗長且無趣」。王爾德寫信給兩家報社，爲自己的現代道德故事作辯解，並反擊《聖詹姆士公報》禁書的提議，他於信中表示：「所有的過與不及都有其缺點」，認爲他書中的確有兩個缺點：「太多煽情露骨的場景，以及風格上運用太多矛盾手法。」王爾德擴充整個格局，加入幾個次要情節，改正了第一項缺點；但又強調其中矛盾之處，強化了整書的風格。

瑞其茲用純牛皮作書脊，以混羊皮作此書封面，但不按照尋常作法，將作者名字放置在書脊上方反而放在下方，日後還說這是「一本可怕的書……在可悲的早期只爲賺錢的作品。」在《讀書人》的一篇書評中，派特稱讚王爾德的「技巧」與「細緻」，強調此書的悲劇結局顯示了「罪惡與罪刑如何讓人變得粗劣與醜惡。」葉慈則認爲這「是本極妙之作」，但大多數人都給予負面的評價，如《文藝協會》認爲此書「陰柔做作令人作嘔，邪惡且冗長。」王爾德的母親則是給予兒子最肯定與鼓勵的評語：「這是當今小說最神奇的作品。」

根據照片顯示，約翰・格雷比羅斯更符合王爾德所追求的完美面孔，但是眞實的格雷是屬於病態美，而書中的格雷則是活力四射的健康美。當王爾德對格雷外表以及詩情留下深刻印象時，另一位詩人亦注意到格雷，形成了一種同性戀三角關係。這位詩人是馬克安德烈・拉法洛維其，其父母親是俄裔與猶太裔的移民，家境富裕。他於巴黎出生，就讀於牛津大學，但一年後便中斷學業，想打進當時的文士名人圈中。雖然舉辦了數場豪華晚宴，他還是被排除在外，因爲當時英國正值排外風潮，他本身長相並不出色，再加上猶太血統的外表——一頭黑色捲髮，一雙杏眼，更顯得格格不入。

漢特曾在信中形容他「相當醜陋」，不過她欣賞他那「推心置腹、率直天眞，且唯唯諾諾的態度」。據傳他母親將他送來倫敦，以免自己的兒子在巴黎家中的沙龍聚會上出糗，這個閒言閒語也是出自漢特之口。另外在想娶漢特爲妻之名單上，他也是榜上有名，據傳他向漢特求婚，保證她婚後衣食無虞，並且建議她在墓碑上用「不同凡響的女人」此墓碑銘。

對於拉法洛維其在一八八五年出版的第二本詩集《晚香玉與繡線菊》（Tuberose and Meadowsweet），王爾德給予相當正面的評價，稱讚其中「充滿馨室般濃烈的香氣」。據傳有次王爾德將對他的鄙視脫口而出，說他「來倫敦是想創立自己的文人聚會，但畫虎不成反類犬，成爲了普通的聚會。」王爾德鮮少取笑他人來彰顯自己的才智，此譏諷之言讓兩人開始交惡。

在《格雷的肖像》中，伊沙克斯是個「令人憎惡的猶太人老頭」，帶著「油膩顫抖的微笑」，「一雙手則是珠光寶氣」，可能就是在影射拉法洛維其。而相同地，在拉法洛維其的第一部小說《自願的放逐》（A Willing Exile），與《格雷的肖像》同一年出版，其中賽普勒斯・布隆姆這公子哥的角色亦在影射王爾德，此角色與其狐群狗黨只在意外表與時髦等事情。某天晚上，康斯坦絲語出驚人地告訴拉法洛維其：「奧斯卡說相當喜歡你，所以一起談論些不正經的事情。」她所指的不正經事情是指拉其爾德（Rachilde）同性戀小說《維納斯先生》（Monsieur Venus）。拉法洛維其則推說其實兩人沒有談論，都只有王爾德在發表高見，他發誓：「若沒有證人在旁，我不會再跟他說話了。」

在拉法洛維其的心中，再也沒有比拆散王爾德與格雷兩人更好的報復方式。在此書鬧的滿城風雨時，格雷一開始還享受所帶來的知名度，甚至在一月寫給王爾德的信中，還簽名「多利恩・格雷」。但這是在與王爾德一群友人之間的彼此嬉鬧，但若對外人的揶揄，則無法忍受，例如《星刊》曾指他就是格雷，他便寫信要求他們刊登道歉啓事。《每日電訊報》亦曾刊登類似的報導，王爾德亦提出抗議，他還違反事實，宣稱格雷是「最近才認識之朋友」。

在王爾德衆多學徒中，格雷或許命運最坎坷，但也是最有才華的，在一八九〇年代維多利亞文學時代上，以詩人之身分贏得一席之地，堪與湯馬士・哈地與郝斯曼相提並論。他當時二十五歲，但里歐奈爾・強生說他看起來只有十五歲。王爾德認同格雷寫詩的驚人才華，但發現這學徒實在難以加以掌控。格雷不願成爲受他人左右的詩人，且正值思想上的反抗期，甚至日後對自己的頹廢主義詩派大加批評。在一八八九年，他皈依天主教，但虔誠熱度很快地便冷卻。在升職爲外交部圖書館館員後，他便有更多閒暇可以寫作，住在法學協會附近老舊社區一間簡陋的房間內，生活相當節儉清苦。西蒙德斯、葉慈以及喬治・摩爾都曾住過此種陋室。

在一八九二年時，雖然忙於《溫夫人的扇子》的預演，以及開始與道格拉斯開始展開戀情，王爾德依然鼓勵格雷繼續寫詩，允諾將負責格雷第一本詩集的出版費用，並與波德利出版社於六月簽約，而所有費用則將由王爾德日後劇作的收入來支出。在同年年底時，格雷則陷入了精神上低潮，他對自己天主教信仰開始動搖，開始擔心書中同性角色所帶來的影射，但最讓他難以忍受的，就是王爾德對道格拉斯越來越著迷，而自己卻被打入冷宮。

此時便是拉法洛維其趁虛而入的好時機，他給予格雷經濟上的支助，以及付出無條件的關愛，不過他要求格雷必須公開與王爾德斷絕關係：「你不能同時是王爾德以及我的朋友。」最後，王爾德撤銷了出書的合約，但有了拉法洛維其這財力雄厚的靠山，格雷輕易地獲得百分之二十版稅的出版合約，並且自動刪除詩集中任何關於王爾德的部分。

格雷的詩集《銀點》（Silverpoints），於一八九三年出版，出自瑞其茲設計之手，包裝精美。這是一本頹廢主義的詩集，收錄了格雷最著名的作品《風暴》（The Barber）與《密西卡》（Mishka），以及幾首模仿魏崙與波多雷的作品。整個作品的版面設計搶走了內容的風采，此書尺寸細長（尺寸爲四吋乘八吋又四分之一）的靈感來自波斯的隨身書，可以放在夾克口袋，隨身攜帶方便閱讀。精裝版的《銀點》則是牛皮封面，刻著熊熊火焰般的葉子浮雕，襯著波浪狀且閃閃發亮的細格紋。此書被譽爲法國象形主義詩派，如魏崙等人的先驅，但日後格雷評自己作品爲「令人憎惡的銀點」。

除了前途光明的詩人身份之外，格雷亦是位譯者，與拉法洛維其共同創作劇本，兩人維持著柏拉圖式的理想關係。在未來四十二年共處的時間中，兩人闡揚了「高尚的性倒錯，崇高的同性愛情形式」，拉法洛維其自己形容這是精神層面上堅貞且高貴的關係。他相信同性戀是遺傳並非天生而成，且與道德責任無關，倡導此種心靈與智慧上的同性情誼，但若無天主教信仰力量之影響，這種理想關係似乎難以達成。

一八九一年可說是王爾德成功且充滿驚喜的一年。他在道格拉斯身上找到夢寐以求的男性美，出版了第一本小說，寫了一篇政治論文，以及《帕杜亞公爵夫人》一劇亦重現生機——美國的演員兼劇場經理勞倫斯·巴利特在一八八二年便曾表示願意上演此劇，最後雖由瑪麗·安德森所中選，但他於一八九一年再次表達其興趣。當巴利特要求改寫劇本部分時，王爾德於一八八九年七月前往克羅澤尼克親自拜訪他。（在旅途中，王爾德寫信給羅斯：「萊茵河是趟漫長無聊的旅程，沿途的葡萄園千篇一律且呆板，所以我推斷住在德國的人應該是美國人才是。」）

爲了避免《維拉》慘痛失敗之聯想，他們決定將劇名改爲《桂多·法蘭堤》（Guido Ferranti），並且不註明劇作家爲王爾德。此劇一八九一年一月二十六日於紐約的百老匯劇院開始上演，至二月十四日結束。既使如此，王爾德已欣喜若狂。他寫信給喬治·亞歷山大，寫到巴利特認爲此次演出「相當成功」，並計畫將此劇加入在本季的劇碼中。此種在短時間上演某劇，試探觀衆反應，然後再考慮是否加入劇碼，在當時是常見的作法，但最後巴利特改變心意，此劇便就此結束。然而，王爾德爲該劇劇作家的消息已不脛而走，威廉・溫特在《論壇》（Tribune）的評論中，稱讚王爾德爲「專業且優秀之劇作家。」

王爾德自信滿滿回到倫敦，推銷自己劇本，尋找可能之合作機會。亨利・歐文予以拒絕，而經營聖詹姆士劇院且主要演出英國本土劇作之喬治・亞歷山大則願意花時間以及金錢，嘗試讓王爾德創作出不同以往的作品。他提供王爾德五十英鎊，並請他以現代的主題來創作。當王爾德遇上瓶頸，願意退還五十英鎊而放棄時，亞歷山大鼓勵他繼續下去，王爾德解釋：「我對自己或是作品都不滿意，我還無法掌握全劇：無法讓角色具體成形。事實上，我寫作時根本心不在焉，必須先將一切拋諸腦後，然後重頭開始。我非常抱歉，但若是情緒靈感不對時，則無法從事藝術工作。有時花了一個月時間依然一事無成，有時卻只要兩週便能完成作品。」

最後，王爾德到溫德米爾湖區附近拜訪親戚，並突破了創作瓶頸。在十月時，聽著王爾德講著《好女人》（日後才改名爲《溫夫人的扇子》）的故事時，亞歷山大一切的耐心都有了代價。亞歷山大預期此劇將會大受歡迎，便當場表示願意以一千英鎊買下。然而，王爾德精打細算後，便拒絕其提議，要求改以抽成之方式，結果多賺數千英鎊之利益。

《溫夫人的扇子》一劇之風趣機智可說是自謝瑞頓（Sheridan）後喜劇創作之冠。王爾德用睿智的對白來展現主角特色以及彼此之間的衝突，與伊斯班常用的試探性對談手法不同。此劇亦參考幾齣名劇的慣用手法，如鄂莉安夫人這位有不堪回首過去的女人，原本躲在爵士房間的衣櫃中，爲了掩護躲在另一個衣櫃長久失散女兒的名譽，她便從所躲的衣櫃中現身，反而改變觀衆對她的認知。在此劇中，對白是一切，而劇情則是偶然。自「維拉」與《帕杜亞公爵夫人》的失敗嘗試，以及在《格雷的肖像》有突破性之成功，王爾德知道他能駕馭自己的文藝天賦。再也沒有任何事比發現新的自我讓王爾德心滿意足，已經三十七歲的他已青春不再，但找到自己的定位。在巴黎的他可說是如魚得水。

王爾德告訴妻子自己上次巴黎之行便已成果豐碩，不僅完成《帕杜亞公爵夫人》，還有《人面獅身》幾段，若能在巴黎多停留幾個月，便可以創造出驚世之作。而他此時所醞釀的作品讓日後象徵主義家眼睛爲之一亮，他引用聖經莎樂美的故事所寫的劇本。莎樂美爲了取得聖者約翰項上人頭而獻舞的故事，經過福婁拜所寫的《希羅底》（Herodias）已廣爲流傳。恰巧的是，馬拉梅（Stephane Mallarme）同時正著手寫一首名爲《希羅底德》（Herodiade）的詩，王爾德亦曾考慮以詩的方式來創作，但最後還是決定以法文劇本來詮釋這聖經故事，而此劇本名爲「莎樂美」。

一八九一年年初，當王爾德在巴黎時，便曾拿《格雷的肖像》讓馬拉梅，這位公認的象徵主義大師過目。兩人在馬拉梅每星期二晚上的沙龍聚會裡見面，地點是在馬拉梅在羅馬路樸素的四層樓公寓內，靠近聖拉薩爾火車站。馬拉梅以創新的句法以及符號運用而著名，作品常常是難以理解或是無法正確，影響日後的「馬迪斯派」（Mardistes）的數代著名文人，如其領導者皮耶爾・路易斯（Pierre Louys），就是由他將馬拉梅介紹給紀德，保羅・維拉利（Paul Valery）等年輕朋友。馬拉梅比王爾德年長十二歲，蓄鬍的他看起來比實際四十九歲的年紀老，追隨者認爲這是他費神創作之結果。在與他共處時，王爾德則是一反常態地安靜，像老師說話時在一旁噤聲的學生。

馬拉梅表示他的詩所描繪的並非事物本身，而是其所產生的效果。爲達到此目的，他創造出一套獨特的字詞，藉由質感、顏色、形狀、觸覺與氣味，將藝術和美與歡樂結合在一起。王爾德在蜜月期間，所讀的《違反自然》一書，其中的語言文字刺激了王爾德的靈感，找到了適合《莎樂美》一劇之完美的豐富詞藻。而就像《違反自然》的主角，德斯・艾森提斯一般，王爾德心目中的莎樂美是位令人魂牽夢縈的女神，是特洛伊城的海倫，任何人一見到她，便受她美貌所蠱惑。

王爾德十月底抵達巴黎，住在右岸的史克萊布路的亞瑟尼旅館。他首次參觀羅浮宮，便是要一睹名畫《渴望》（The Apparition），這是加斯塔夫・摩洛（Gustave Moreau）在一八七六年根據莎樂美聖經故事而作的水彩畫，于斯曼稱此畫爲「永恆情慾之代表化身」。王爾德想反駁德斯・艾森提斯在書中所說的，證明作家還是「可以成功地呈現出一位女性兇手之狂亂囈語，以及她崇高的細微之處。」王爾德自幼便對肖像等特別感興趣，在兩部作品中均以肖像爲情節重點，而對《莎樂美》的畫作也不例外，他追溯其歷史以及與歷代文學之關係。這位公主引發諸多文人與藝術家之靈感，如魯本斯、連納德、杜耶爾等人，均有相關之作品。然而，摩洛兩幅畫作的詮釋較接近王爾德心中的構思，將莎樂美與激情縱慾結合在一起。其中一幅描繪著莎樂美爲希律王獻舞，姿態誘人且軀體閃爍著銀色的微光；另一幅則是畫著約翰圍繞著光環的首級，呈獻到莎樂美之跟前。摩洛主題明顯的畫作深深映在王爾德的腦海中，甚至在日後因飲苦艾酒過度而產生幻覺時，亦浮現出相關的畫面。

在一八八三年的巴黎行，王爾德寫了《帕杜亞公爵夫人》，他希望能受到重視，但除了所出版的詩集之外，並沒有任何知名之文學代表作。而《格雷的肖像》已提升他的知名度，如《巴黎之聲》稱讚他為當季「文學沙龍之大事」。王爾德參加拉其爾德的沙龍聚會，原本打算與「維納斯先生」的作者見面，並當面加以恭維，結果驚訝地發現原作者卻是一位年輕女性。更重要的是他交上新朋友，皮耶爾．路易斯、馬賽爾．史考瓦伯與安德烈．紀德，這個性窘然不同的三人組。王爾德看到二十二歲的紀德，並察覺到他刻意壓抑自我的性傾向，決定來當他生命中的亨利爵士。據傳，王爾德盯著他的嘴巴並表示：「我不喜歡你的嘴唇，唇形過於筆直，就像不曾說謊者的嘴形。我要教你如何說謊，將你的嘴形塑造出優美的曲線，就像古代面具一般。」

在接下來的三個星期內，兩人如膠似漆，紀德的朋友都認為他與王爾德已陷入愛河，但他真實感受現今已無法得知，因為他將日記中相關的部分都已撕毀。與其說是王爾德挑逗勾引紀德，不如說是他以逗弄紀德為樂，試著顛覆紀德正直價值觀、宗教信仰以及傳統生活方式。紀德出身中產階級的清教徒，父親在他十歲便過世，而王爾德地位崇高有力，對紀德這種青澀且脆弱的青年更是深具影響。紀德曾向保羅．維拉利抱怨王爾德為他帶來的「只有傷害痛苦」，他寫到王爾德「熱中殘害我僅存的靈魂，因爲他說若要瞭解某件事的本質，便先要加以壓抑它。」

十年後，紀德回憶當時的王爾德正享有「薩克萊（Thackery）所稱之『偉人之主要天賦』：成功。他的姿態與面孔都不可一世。他的確是成功的，彷彿就像成功就在跟前，王爾德只要往前便可將成功到手。有些人將他比喻成亞洲酒神、有些人將他比喻成羅馬皇帝、甚至是太陽神，而事實上，他的確是光芒四射。」

雖然如此，有些人亦認爲王爾德相當冷淡以及高不可攀，特別是他擔心無法讓人留下極佳印象時。他曾說：「面容姣好者，我選擇與其爲友；個性良好者，我選擇與其泛泛之交；才智卓越者，我選擇與其爲敵。一個人在選擇敵人時應小心爲上。」但若就這套交友理論而言，王爾德本身便是徹底失敗，他的朋友喜歡他，但從不敬畏他，且從來不會將「我信任他」這種話用在王爾德身上。

皮耶爾．路易斯比王爾德年輕十六歲，是個一天抽六根煙的煙槍，他不是同性戀者，有著一股頹廢的迷人氣息，有惡作劇的壞習慣，認爲自己將如母親以及哥哥一般死於肺炎，所以過著有酒今朝醉的生活。他習慣用紫色墨水，在手製的紙上，寫著所謂的中古時代書寫體，此點吸引了王爾德的注意。紀德與路易斯在一八八八年，在體育館內認識而成爲朋友。另外，在咖啡館，常見到他們倆人與另一位朋友馬賽爾．史考瓦伯談天，他是研究十五世紀詩人維雍（Francois Villon）的權威，且與路易斯共同編輯象徵主義的評論刊物《法國水星刊》。

史考瓦伯出身於顯赫之猶太家庭，家譜可追溯至十字軍時代。談論到王爾德漸漸喜歡飲用「綠仙子」時，史考瓦伯則稱他是「恐怖的苦艾酒鬼，藉此激發靈感與慾望。」就像抽煙一樣，喝苦艾酒也有其固定儀式，讓喝酒不再像是喝酒，反而像在吸毒。當苦艾酒一被拿到桌上時，王爾德便將水倒上疊在有孔梯形茶匙的方糖上，水流到酒中不僅可以沖淡苦味，還可以稀釋其中百分之七十的酒精濃度。酒精引發的幻覺引發他寫作的靈感。王爾德曾經說：「在第一杯後，你可以看到的是所希望看到；第二杯後，你看到的不是眞實的；第三杯後，看到的則是其眞實的面目，這是世上最恐怖的事情。」

他們是難以捉摸的一群人。紀德蓄鬍且常穿著披風，假裝自己是左岸的知識份子，顯得甚爲怪異。路易斯鄙視同性戀，但在作品中讚揚女性之間的愛情，而史考瓦伯則喜好收集恐怖故事，其中角色包含有痲瘋病的國王、印度王侯、以及羅馬貴族等。雖然史考瓦伯想藉由作品提倡人之獨特、探討人之神性與人性，以及犯罪之本質等議題，但他則因爲翻譯丹尼爾・狄福(Daniel Defoe)的作品而爲後人所知。他亦將《自私的巨人》翻譯成法文，刊登在自己所任職的《巴黎之聲》上，並且在一八九二年將自己的短篇小說《藍色國度》（Le Pays bleu）題獻給王爾德，而王爾德在一八九四年出版《人面獅身像》則同樣以禮相待。

當王爾德渡海峽回倫敦時，他自己很滿意，因爲他完成了第一部用法文寫的作品，與普魯斯特討論魯斯金的事情，遇上了這位流放在外的美國詩人斯圖亞特・麥里爾（Stuart Merrill），他認爲王爾德「身材高大、鬍子刮的乾淨且臉色紅潤，就像是羅馬時代的月亮大祭司。」王爾德還結交了傑・墨利葉（Jean Moreas）這位名氣不大的詩人，他的代表作是一八八六年在《費加洛》刊登宣揚象徵主義的作品。王爾德與家人共渡耶誕佳節，並開美酒舉杯迎接一八九二年的到來。新年新氣象，劇本演出的成功爲他帶來名聲與財富，而且他已陷入熱戀中。

第十四章
歡笑之餘

在《溫夫人的扇子》首演落幕時，王爾德穿著黑色天鵝絨領外套，白色背心，搭配上面綴有海豹皮的黑色波紋圖案緞帶，扣孔上還別著一朵綠色康乃馨，緩緩從舞台左側入場，傲慢地靠在前台的拱架上。帶著雪白手套的手上，夾著一根煙霧裊裊的金頭香菸。從小時候於麥立恩廣場家中，對著賓客表演朗誦自己名字，或是在牛津大學賽爾多尼亞廳內朗誦得獎作品，到在美國巡迴演講時，站在上百個城市的講台上，王爾德一生所有的公開露面便屬此刻最爲風光得意。他滿意地在聖詹姆士劇院舞台上吞雲吐霧，對著觀眾說：「各位先生女士。個人我今晚非常愉快，非常非常愉快。演員的迷人演出，讓我們欣賞此齣有趣的戲劇，而各位觀眾的支持證明各位眼光卓越，在此個人敬賀各位觀眾在台下亦是演出成功，讓本人深信各位與本人一樣對此作品有極高評價。」台下觀眾揮舞著帽子，儘管不瞭解王爾德所講之內容，現場依然歡呼聲四起，掌聲如雷。

然而，觀眾與評論者事後細想王爾德所講之內容，察覺其中帶有嘲諷之語氣。王爾德認爲此劇是在反映而並非模仿眞實的世界，而觀衆則只是劇中的角色。他精確掌握社會批評主義之範疇，讓觀衆能享受劇中所描述的社會醜聞，但又不覺得反感。然而，與其說王爾德在讚美觀衆，不如說他爲《溫夫人的扇子》一劇覺得沾沾自喜。他在這一八九二年二月二十日的謝幕演說中，彷彿在對觀衆訓道一般，態度比起像亨利．歐文此等自我主義者是有過之而無不及。不過，王爾德的朋友則是誠心地給予肯定掌聲。一位在牛津的同事亞瑟．克里夫頓（Arthur Clifton）陪著康斯坦絲以及她親戚威蓮．納皮爾夫人（Mrs. William Napier）一同來觀賞此劇。王爾德事先警告克里夫頓「她將會相當緊張。」坐在王爾德舊愛羅比．羅斯旁邊是王爾德的新歡愛德華．雪利（Edward Shelley），在波德利出版社工作的小弟。與弟弟交惡的威利亦在席中，不過是以評論家的身份，帶著成見來觀看此劇。王爾德母親則深居簡出，對王爾德今日以及日後的首演均未前去觀賞，她寫信道：「你的成就如此傲人！我是如此欣慰！」

許多評論者認爲王爾德大搖大擺地出場，還在台上叼著一根煙，此等行爲在過於傲慢自大。但王爾德針對此點的說法最後出現不同的版本，例如：「或許在各位面前抽煙並非恰當之行爲，但在我抽煙時打擾亦非恰當之行爲」，他眞的這麼說？還是他刻意違反當時的社會禮儀？還是他上台前太緊張，忘記將常不離手的香菸丟掉？《笨拙》刊出一幅諷刺他的漫畫，畫中他靠在一個柱子上，頭頂上飄著三個煙圈，旁邊倒著一尊莎士比亞的雕像，他腳旁則是一盒打開的香菸，標題則寫著：「神氣神氣眞神氣！溫夫人的新劇作家肖像，殺死比亞．王爾德。」此處大多以氣音及吐氣之字詞來諷刺王爾德抽煙的吸吐聲。）王爾德則自認他的即興演說「令人愉悅且永垂不朽」。所有的批評都是爲了他拿著香菸而大驚小怪。

亨利・詹姆士則認爲這「無法形容的動物」所做謝幕的演說，僅是在扣孔別了綠色康乃馨與手夾著香菸而已。詹姆士試圖保持中立客觀之態度，但藏不住語氣中的憎恨與不屑，他告訴朋友：「當然，在角色安排與對話的做作牽強上，絕對沒有人能與奧斯卡相提並論。」那場「魯莽」的演說「只是王爾德常用的伎倆，我是指他常說些不尋常的話之類，只是要恭維自己與作品。這是他當時的目的，而有些人對他講的話還認眞地加以責難，這些人的命運，我實在無法想像。」

繼百合花與向日葵後，綠色康乃馨成爲王爾德美學時代的新象徵，雖然是眞花，但看起來相當人工。花朵是綠色，亦是苦艾酒的顏色，加上金色滾邊，象徵著頹廢主義，亞瑟・西蒙斯曾形容，這是一種美麗且有趣的新疾病。但也許綠色康乃馨就是簡單的綠色康乃馨。格雷姆・羅伯特生（Graham Robertson）曾問王爾德：「這花有什麼意義？」，王爾德回答：「沒有人會猜想到的意義。」

此劇的成功不僅開啓王爾德個人劇本創作新的一頁，也開始整個西區劇場界的變化。亨利・歐文與他所經營的黎西恩劇院不再獨霸於劇場界。在一八八八年，歐文《奧賽羅》一劇演出精彩，但在詮釋之方式上則引起諸多爭議。艾倫・泰利所飾演的馬克白夫人，顯得過於狡詐但又脆弱，對自己丈夫邪惡的一面毫無所知。歐文所飾演的考多武士則是個黑心腸的壞蛋以及叛徒，只有在危險時才會發揮勇氣。但將莎翁作品自我詮釋以增加表演效果，這一切符合歐文的一貫作法。

比起歐文，曾在黎西恩當學徒的喬治・亞歷山大則顯得較具冒險心。他希望在經典名劇、情節劇、以及著名喜劇之外，還可以選擇其他類型的劇本。在一八八九年離開歐文後，他在大道劇院當了一年的演員兼經理，然後在一八九一年租下了聖詹姆士劇院。他希望能成為屬於英國本土劇作家之劇院，曾請王爾德、道爾與約翰・高爾斯華西（John Galsworthy）寫劇本。亞歷山大希望他們能創作出喜劇劇本，但是帶有社會意涵之喜劇。當時除了亞歷山大之外，還有一位雄心壯志的演員兼經理，特伯特・比爾伯姆・特利（Herbert Beerbohm Tree），在乾草市場區的皇家劇院中創造出一片天地。

亞歷山大掌管聖詹姆士劇院共二十七年。他精明幹練，以精力充沛見稱。與歐文不同，他與演技優於自己的演員也能和樂相處，他習慣演花花公子的角色，也就是演出自己的本性。王爾德認為與其說亞歷山大是在演戲，不如說他是演自己。對熱愛此劇院者而言，這一千兩百席的劇院可說是蘭西斯劇團與修道院之結合。建於一八三五年，聖詹姆士劇院座落於畢卡第利的國王路，比當時大多劇院更位於西區，其原本是間旅社，歷史可追溯到查理二世之時代。

王爾德原本希望蘭特利飾演鄂莉安夫人，這角色不僅有著不為人知的過去，還有個長大成人的私生女。王爾德原本以為蘭特利會欣然接受，豈知道她覺得要飾演如此年紀的角色是種侮辱（蘭特利當時三十九歲），不僅是她虛榮心作祟，事實上，蘭特利剛好有位十一歲私生女，彼此以姨姪相稱，據傳其生父是巴頓堡的路易斯王子。王爾德當然不知道有這段私情，因爲精明幹練的蘭特利不可能向他透露這秘密。原本是老友的兩人開始惡言相向，開始幾年的冷戰。不過，王爾德將這一切寫成劇中的對話，透過鄂莉安夫人來發洩（此角色最後由泰利的妹妹瑪麗恩飾演）。劇中，鄂莉安夫人問溫德米爾公爵：「我怎麼可能是一個小孩的媽？我從來不承認我已經超過三十九歲，頂多三十而已。」

在排演時，王爾德則住在梅菲爾區的阿爾伯馬旅館，開始他長期住在旅館的生活。不過此時他無須編造住在外面的藉口，因爲危險的下水道廢氣，一家人先撤出泰特街的家中，康斯坦絲與兒子先搬至朋友家。這次是王爾德第一次親身接觸戲劇之製作。在之前《維拉》與《帕杜亞公爵夫人》，他只是透過書信往返於倫敦與紐約，而現在他有機會邊看預演邊修改劇本，他從來沒想過亞歷山大有自己的作法。雖然還沒有收到任何酬勞，但他每次預演都會打扮的光鮮亮麗，搭乘馬車準時到達，與同樣穿得一絲不苟的亞歷山大碰頭。由於亞歷山大飾演溫公爵，他大多時間都在台上，留王爾德獨自在台下，爲了其他演員表現不稱職而傷腦筋。

王爾德認爲，演員之目標「應該是將自己原有個性轉換成角色重要且眞實的個性」，且原有個性不應扭曲全劇。他曾說：「用傀儡演戲有許多優點，傀儡不會回嘴，對藝術一無所知，知道劇作家有主宰一切之智慧。」同樣地他也強調劇作家地位：「如果演員沒有才能亦沒有權力，這對戲劇一點影響也沒有。我也不認爲英國觀衆有任何些許之重要性」。不過，這一切論點完全違反他過去慘痛的經驗。

此劇之劇情主要是一名女性突然發現自己的母性熱情，然後立即棄之不顧。王爾德向亞歷山大解釋鄂莉安夫人之內心：「這種熱情太恐怖了，會毀了我的生活……我不想成爲母親。」因爲鄂莉安夫人掌握全劇的劇情，雖然說她反抗自己天生母性，但觀衆最後不會將她的話當眞，而此劇便從原本的通俗劇提升成爲喜劇。鄂莉安夫人二十年前隨愛人私奔，拋棄了自己的私生女，也就是日後的人，這個秘密只有觀衆知道。鄂莉安夫人返鄉後，利用這項秘密來逼迫溫公爵贊助她打入社交圈。

劇作家藉由控制揭露眞相之時間，以調整全劇之平衡協調。王爾德希望等到第四幕才讓眞相水落石出，觀衆若早知道鄂莉安夫人會爲女兒而犧牲，便會破壞全劇驚奇之處，因爲母親爲兒女犧牲是天經地義的道理。亞歷山大則不同意他的看法，認爲到最後才揭露眞相會激怒觀衆，將原本感人與懸疑的劇情，變成像一個冗長的謎團。兩人在首演之夜都還沒有結論，唯一主要的改變就是改掉「一個好女人」此標題。王爾德母親曾直言不諱地告訴兒子：「我不喜歡這標題，這太多愁善感。沒有人對好女人有興趣。改成『高貴的女人』應該更好。」

第二幕的結尾呈現了劇情的問題面。溫夫人誤以爲丈夫背叛她，與鄂莉安夫人有不可告人之關係。既使溫夫人抗議，鄂莉安夫人是大搖大擺地參加她生日宴會，還跟丈夫共舞，一肚子委屈的溫夫人最後決定投入達令敦爵士的懷抱。溫夫人留一封信給丈夫，向他告白自己的決定，剛好讓鄂莉安夫人看到信中內容。鄂莉安夫人赫然發現信中所用的詞句，與她當初離開溫夫人父親所留的信一模一樣，她便發誓要捍衛女兒的幸福。她到達令敦爵士之房間，溫夫人便在其內。她百般懇求溫夫人回到丈夫身旁，挽救自己的婚姻。正當鄂莉安夫人燒掉溫夫人的告白信時，一群男士剛好要進房間；溫夫人在躲到窗簾之前，扇子不小心掉到地上。鄂莉安夫人稍後則辯稱這扇子是她的，而溫夫人則趁機逃離，永遠不知道母親犧牲自己幫助她。事前為了這一切安排，鄂莉安夫人便向追求者奧古斯都爵士請求協助，要他盡量拖著溫公爵，不要讓他回家。

在每天預演後，王爾德堅持要舉行討論。他表示：「這可以避免很多麻煩，例如我便不用寫像內容這麼冗長的信，可以更容易地在對話討論中提出我的意見，此外我亦可以聽眾人多種之意見。」王爾德甚至裝病來表達他對舉行討論之堅持，亞歷山大最後不得不請他至劇院討論。最後在鄂莉安夫人與溫夫人母女關係曝光的安排上，兩人解決了歧見，決定先在第一幕先暗示點出，在第二幕時才正式揭露。只有觀眾知道鄂莉安夫人是溫夫人的母親，而溫公爵則還不知道自己差點失去了愛妻。王爾德正試著解決自己在婚姻與性傾向之間的情感衝突，但他更積極地以戲劇探討這放諸四海皆準的眞理，每個人都有他隱藏的秘密！

大家對此劇的評論，可說是好壞參半。繼威廉・阿契爾（William Archer）之後，倫敦最有影響力的評論家克里蒙特・史考特（Clement Scott）取笑王爾德的謝幕演說，模仿他的口氣說道：「這社會容許年輕小子在劇場走道，當著淑女的面呑雲吐霧，但不能容許作家在台上抽煙的原創性。」史考特對王爾德不佳的態度相當憤慨，認爲此劇過於偏激且難以瞭解。

詹姆士認爲此劇「過於孩子氣……在主題與形式上均是如此。」《休閒與戲劇之圖解新聞》（The Illustrated Sporting and Dramatic News）的一篇未署名的評論文中，則批評王爾德「無法將角色的台詞與行爲連貫起來。」有些人認爲溫夫人若眞有極高之道德感，爲了流言而離開丈夫，則顯得不合常理。至於此劇較嚴肅的主題：「男人只有對其他男人才會誠實，而女人亦是如此」，則完全沒有人注意；王爾德一直想證明異性間的關係是虛僞不實的。但劇評家將此劇視爲法國範本劇的翻版，因爲劇中用了扇子與信件這些一貫的道具安排來串連劇情。

不過，劇中機智的對白不僅獲得蕭邦的欣賞，也緊緊抓住觀衆的興趣。此劇對白中包含了王爾德最著名的警句或是雙關語。如當比講到女人喜歡壞男人，因爲她們認爲可以讓浪子回頭，他說：「我不認爲我們是壞男人。我想除了托皮之外，我們都是好男人。」達令敦爵士則說：「不，我們都是在躺在陰溝裡的貨色，不過，我們有些人是仰望著星辰。」當比：「我們都是躺在陰溝裡的貨色，而有些人是仰望著星辰？不是我說，你今晚可眞浪漫，達令敦。」賽索．格雷姆則接話：「太浪漫了！你一定戀愛了」（達令敦的確是戀愛了，他愛上溫夫人。）達令敦爵士的仰望星辰這番話，是引用了愛爾蘭的諺語，指人醉後倒在地上。

此劇的角色在情緒高漲時，便會脫口講些警句，就像音樂劇中在重要情節便要歌唱一般。蕭伯納稱王爾德爲「絕對的劇作家，因爲他將一切都把玩在手中，機智、哲學、戲劇、演員與觀衆，以及整個劇院。」蕭伯納與王爾德這兩位劇作家都需要稱職的演員，在演出上流社會風範時，還要抒發台詞中的情感，就像達令敦爵士稱讚溫夫人是個令人著迷的聖人那一景，溫夫人回答：「不需要加上那個形容詞」，達令敦爵士則回答：「我克制不住，除了誘惑之外，我任何事情都能抗拒。」在此處，「誘惑」一詞是指他與溫夫人之調情，然而，這句台詞恰好可以運用在王爾德自己身上——事實上，這對任何人而言，都是相當好的藉口。

一開始，婚姻限制了王爾德社交生活。他不再是炙手可熱的單身漢，每次宴會邀請都是夫妻兩人一起。但當康斯坦絲因懷孕必須長期躺在床上，以及日後要照顧兩個兒子，王爾德便又開始單獨出現在社交宴會上。隨著他知名度提高後，便有越多人爭相邀約，想讓他成爲座上嘉賓。雖然是已婚男子，王爾德卻過著單身漢的生活。在《格雷的肖像》中，亨利爵士認爲「婚姻會令人性格變得複雜，結婚的人保留其自我，又加入許多人的自我，被迫過著不屬於原有的生活。」對於丈夫喜歡笙歌達旦的外交生活，康斯坦絲默然接受，家庭對王爾德來說只是個義務。在《溫夫人的扇子》首演成功後，王爾德與朋友在「皇冠」酒館內慶祝，而理應一家人團聚的慶祝卻連計畫都沒有。在《每日電訊報》工作的威利，在報中寫了一篇未署名的評論文章，寫道：「奧斯卡．王爾德先生說話了。他在大衆前表示對自己有創意的新作相當滿意……他在劇中所安排的男女角色，都是他自己的寫照……這是個不好的作品，不過最後一定會成功。」王爾德已儼然成爲知名劇作家，但代價是家庭關係的破裂。

此時，威利亦正值生命中的一大轉變。他在一八八八年宣布破產，然後搬去與母親同住。三年後，他再次遇上雷斯利夫人，這位美國的富有遺孀曾經促成了王爾德美國巡迴演講之行。她當時已經五十六歲，一生充滿了傳奇，從據傳是私生女的卑微出身，到紐約報界封予「報界女王」之封號，她可以說是美國女性藉由婚姻而麻雀變鳳凰的代表：她先嫁給一位珠寶商，然後改嫁地質學家斯奎爾（E.G. Squier），隨著他到南美，在那遇見第三任丈夫：富有的出版商法蘭克·雷斯利。兩人在一八七四年結婚，然後在先生過世六年後，雷斯利夫人接管了他的出版王國。

王爾德夫人認爲應該是她愛爾蘭魔咒生效，才會讓雷斯利夫人對她兒子感興趣。威利比雷斯利夫人年輕十五歲，不過雷斯利主要是對他的新聞才能著迷。在尋找第四任丈夫的條件上，雷斯利夫人要的不僅是位情人，更希望他能成爲事業的伙伴。威利在追求一星期後便向她求婚。故作嬌羞的雷斯利夫人則要多點時間考慮，便搭船前往紐約。威利則搭第二班往紐約的哈維號隨後跟到。抵達港口後，翩翩風采的他，從舷梯上走下來，立即擄獲雷斯利夫人的芳心，且以過人機智以及鋼琴才華，打入她在紐約的朋友圈。在一八九一年，兩人在莫瑟街的異人教堂教堂內完婚。結婚當日，新娘穿著珍珠灰色的柔緞結婚禮服，戴著灰色天鵝絨軟帽，上面插著幾根珍珠雉雞羽飾。他們在戴爾摩尼科亞宴請賓客，然後在尼加拉瓜大瀑布度蜜月。威利在新婚之夜喝的爛醉如泥，之後也很少保持清醒。

婚後，威利並沒有坐在辦公桌前，協助雷斯利夫人的事業，倒常在酒吧裡晃蕩，講些王爾德的名句來逗朋友大夥開心，並且慷慨地請大家喝酒，一巡又過一巡，帳單則由妻子來負責。他從來沒想過在美國報界發展，且任由小報報導他浪蕩萎靡的行爲。雷斯利夫人對威利期望甚高，也因此特別失望，恨鐵不成鋼。兩人婚姻在一八九三年六月十日劃下句點。威利回到母親家中，而王爾德夫人從媳婦那裡來的一年一百英鎊的零用金也就此結束。

然而在公開場合中，王爾德夫人違反常理，反而樂見兒子離婚。她認爲威利是個名人，且認同他不願意工作的權利——他就是不想工作才娶有錢的女人。但大兒子的離婚讓她更加在意王爾德與康斯坦絲的婚姻問題，康斯坦絲每次來訪，總是會抱怨丈夫長期不在家等問題。王爾德夫人決定將拉攏兒子之間感情的事情暫擺一旁，要管教王爾德未做好丈夫與父親的角色。不過，一切已經太遲了。她曾預言將成爲「非凡人物」的兒子，已經愛上一位年輕貴族，註定悲劇的下場。

在維多利亞時期的文壇中，王爾德與道格拉斯爵士的戀情是當時最轟動的同性戀醜聞案，不是因爲兩人乾柴烈火式的短暫情愛，而是其中對友誼與柏拉圖式愛情的定義，王爾德也因此被文藝界放逐達一個世紀之久。這是場不顧一切的戀情，展露出王爾德執著固執的一面。然而，另一方面，道格拉斯對王爾德亦投入相當感情。他非常在意王爾德，只不過王爾德更在意他。在性格乖張的父親與佔有慾強母親的影響下，道格拉斯自幼在情感發展便受創傷，而且他亦太年輕，無法做出正確判斷。

因爲母親給他的乳名，朋友都叫道格拉斯「包西」（Bosie），他個性膚淺虛榮，一旦受到激怒，則會採取極端的報復——這可說是家庭所遺傳的特性。根據他自己的看法，他「以男孩而言，出乎尋常的俊美」，有著世紀末美學家的菱角形嘴唇。蕭伯納曾說：「你那如花般的俊容對你而言一定曾構成沈重的負擔。也許這是上天對你那像木頭的父親，所採取的彌補方法。」

站在王爾德身旁一起照相，包西看起來比較矮瘦，但他實際上是五呎九吋高，在當時平均身高之上。搭配上一百二十六磅的體重，身材相當壯碩。他照相時，喜歡擺出像小孩的姿勢，如手插在褲子口袋。他長相俊美與否，不能藉由現存的照片，以現代標準來衡量，因爲快門拍下的只是靜態的一刻。在王爾德眼中，道格拉斯的金髮與雪白的膚色，朦朧惺忪的雙眼，以及菱角型的嘴唇，都是希臘美學的化身，彷彿是被賦予生命的大理石雕像。

包西善於與人交際，贏得康斯坦絲的歡迎，就像對待之前的羅斯一般。如果有年輕人來家中拜訪，談論詩與藝術，這樣能讓丈夫開心的話，她則是樂於請他們於假日時來訪。康斯坦絲的一位遠房親戚蒙特坦波夫人在得文郡沿岸托爾奎的巴巴谷崖有一棟維多利亞古典風格的房屋，王爾德夫婦以相當便宜的租金，租下這間房屋，要在此停留幾個月。這是間相當大的房屋，維衛恩與西瑞爾稱客廳這塊突出的部分爲「仙境」（Wonderland），因爲其原來的佈置是參考《愛麗絲夢遊仙境》裡的場景所設計。王爾德以這裡做他的書房，當他要動筆寫作時，他就會說他要去拜訪「仙境」。

自從在牛津大學時，當王爾德看來沒有苦讀，卻常「不小心」名列前茅，他便爲自己塑造出懶散的形象。他在諷刺自戀的短篇故事《神奇的火箭》中寫到：「我自己對任何形式的勤奮都無法接受。的確，我一直認爲努力只是無所事事者所用的藉口。」在《誠摯的重要》中，艾爾格農抱怨：「恐怖的努力只會一事無成。然而，如果沒有明確的目標的話，我個人是不會在意。」王爾德想讓所有人認爲他是注重時尚的人，只有在沒有其他更好的娛樂時，才會動筆寫作。事實上，他一直都在寫作。

他在腦中寫作；他在講話時，便開始擬稿，然後寫在筆記本，其中還包含隨筆塗鴉，畫些年輕男子的肖像。在編輯校稿時，他亦不用一般常用顚倒的加字符號來代表插入的字句，而是畫個像大氣球的圈圈，然後在裡面寫新增的部分。如果用字令他覺得滿意，他會畫兩次底線；如果寫出佳句，他會在句子前畫個星星。他用墨水寫作，然後用鉛筆來編輯修改。王爾德修改之方式是挑出一連串可用的字詞，然後找出念起來聲韻效果最佳者，藉此將所要傳達的概念注入生命力。對王爾德而言，做這樣的修改相當本能，不需要嘔心瀝血的選字，然而這亦是天賦英才的他才能做到。在《理想丈夫》中，著名的佳句「愛自己是浪漫一生的開始」，其原句爲「一個人愛自己是浪漫的最高形式」。另外，像「眞正良好的扣孔是藝術與自然眞正的橋樑」，其一開始是「一個眞正精緻的扣孔是藝術與自然唯一眞正的橋樑」。

王爾德喜歡戲劇創作。他在興起時，便會努力寫劇本，收入比之前寫評論或雜誌社工作還要可觀。王爾德在寫小說時，便喜歡用劇中劇的手法，對他而言，日後成爲劇作家可說是自然而然的事。身為作者的他，此時可說是達到巔峰。他要求寫作時，要有舒適的環境，有傭人服侍，且不要受到干擾。他劇本寫作的過程與寫作的地點有密切的關聯。像他這樣成功的作者，若創作不順遂時，總有特權抱怨或責怪他人。而道格拉斯則首當其衝，成為妨礙他創作的罪人，這或許不甚公平，但他日後的確影響王爾德《莎樂美》的翻譯工作。

第十五章
詮釋狂喜

在王爾德的安排下，《莎樂美》中猶太人的衣服是黃色，希律王與他的子民是紫色，而聖者約翰則是白色。地板將是黑色，襯托出莎樂美雪白的雙足。莎樂美的服裝原本設計是黑色，後來改爲銀色，最後王爾德決定是「像一種奇特有毒蜥蜴的綠色」，背景是紫羅蘭色的天空。王爾德曾說：「是的，我從來沒這麼想過，當然就用紫羅蘭色的天空，然後在樂隊的地方，還要加上焚香的火爐。幻想一下——香氣氤氳繚繞，像層薄紗不時半掩著舞台，每個情緒都有不同的香氣。」而整個劇情則是情緒高漲起伏不斷。王爾德、瑞其茲與羅伯特生討論劇裝設計事項至深夜，忙著將《莎樂美》各角色披上最奢麗的布料。

在一八九二年的春天，王爾德參加一場在黎西恩劇院牛排房的晚餐。坐在他對面是莎拉．伯恩哈特，他稱她爲「尼羅河之蛇」。當天晚上她一身華麗的亮片與與羽飾，揮著一根長煙管，問王爾德：「爲什麼你都不爲我寫劇本？」王爾德則回答：「我已經幫你寫好了。」伯恩哈特對當時在倫敦檔期並不滿意，當她讀到《莎樂美》其中一幕的劇本，這改編自歷史故事，描述一位國王，最後被自己水性楊花的繼女兼妻子玩弄在手掌心，伯恩哈特立刻答應擔任女主角。

王爾德認為此劇的重點是月亮，因為月亮圓缺變化不定，所以備受世人讚嘆；而事實上象徵月亮的希律王，並不是那位跳舞的公主。然而，王爾德決定不告訴伯恩哈特他的原意，以免讓這位個性反覆不定的女演員覺得混淆不清。排練預計於六月中旬開始，不過伯恩哈特拒絕整個場景的配色，所以請亨利・歐文協助提供場景與服裝。王爾德曾在一次排練說：「聽到自己的作品以世界上最美麗的聲音吟詠著，這是人生難得之最佳藝術樂趣。」伯恩哈特如何以法文念台詞並無關緊要，蕭伯納認為：「服裝、劇名以及台詞的順序也許會不同，但這位女演員一直都一樣。她從來不融入角色中，她讓自己取而代之。」

在王爾德頹廢美學的理想中，此作品堪稱為最佳代表，藉由符號、風格與形體，相對於藝術、生命與景象，兩相對比下形成張力。語言成為特大的符號，如莎樂美對約翰說：「汝之嘴唇就像象牙塔上掛著一條緋紅色緞帶；就像以銀刀切過的石榴。」王爾德推崇他母親在《社會研究》所形容的女性，王爾德夫人寫到：「女性處於生命之基層，不論是好或是壞。從伊甸園到奧林匹亞，女性是歷史與宗教裡所寫下的第一個字，是每個男性生命的光明起源……不論是藉由美貌或愛情、純潔或罪惡，女性之力量凌駕於男性之上，這是福亦是禍、這是榮耀亦是地獄。」

比起在《格雷的肖像》中，王爾德更加以聲音、凝視、觸摸以及飢餓當作是慾望的暗喻。僅僅是四目交接就可以注定悲慘的結局。每個角色都沈淪在暗藏春色的凝視中。莎樂美指責約翰以目光奪走了她的童貞，透露出王爾德內心遐思的秘密。希律王目光跟隨著莎樂美，而莎樂美心上人是約翰，他躲藏在她看不到的水槽裡。莎樂美說：「最恐怖的就是他的雙眼，就像是以火炬在掛氈畫上燒出兩個黑洞。」《莎樂美》一劇是王爾德生命的轉捩點，此劇將愛情譽爲人性最強之力量，而作者當時剛好亦陷入危險的戀情中。莎樂美說：「愛情的秘密比死亡之秘密更爲偉大。」

所有新劇都需要宮內大臣室許可，而《莎樂美》一劇的命運就在一群拿藍色鉛筆的公務員手上，特別是愛德華．史密斯．皮考特（Edward F.Smith Pigott），他擔任了半世紀的審查員職務，蕭伯納形容他：「粗俗島國偏見的最佳模範」。王爾德早知道有禁止以聖經人物寫劇本的法令，不應憤慨地抱怨爲何畫家與雕刻家都能以聖經人物爲主題，而劇作家卻不行。王爾德揚言要離開英國到法國定居，他說：「我要撤銷自己英國的歸化國籍，我不承認自己是這國家的人民，這國家對藝術心胸狹隘。我不是英國人，我是愛爾蘭人，這是不同的國家。」《笨拙》則畫一幅王爾德穿著軍服，帶著步兵的裝備，諷刺他如果成爲法國人，他就必須盡服兵役之國民義務。

《莎樂美》之法文原稿於一八九三年二月，由獨立藝術圖書（Librairie de I,Art Independant）所出版。此書是題獻給「吾友皮耶爾．路易斯」，封面設計是「泰爾紫的紫紅色」（有人說是巴馬的紫羅蘭色），字體王爾德則形容爲「褪色」或「磨損」的銀色。王爾德像瑞其茲誇耀自己已成爲著名法國作家。法國版的《莎樂美》造成熱烈反應。艾德格．沙爾特斯（Edgar

Saltus）表示此劇讓他不寒而慄。王爾德回答：「會不寒而慄才重要。」威廉・阿契爾認為莎樂美是「東方的海達・蓋伯勒」，她能與「你生活中潛藏的生命對談……此潛藏的生命就是幻想的生命，值得走一遭的生命。」易卜生的《海達・蓋伯勒》一劇最近在倫敦上演，讓王爾德留下深刻印象，日後表示：「我感受到遺憾與恐怖，彷彿此劇是部希臘時代作品。」《時報》（The Times）認為《莎樂美》是「血腥與殘暴的結合，病態詭異、令人做嘔，且在與聖潔相反之場景，用了聖經的詞語，更是冒犯不敬。」有人指出《莎樂美》部分與福婁拜的「希羅底」相似，王爾德的回答是：「當然，我剽竊了他的作品。這是眼光獨到者才有的特權。我每次讀福婁拜的《聖安東尼的誘惑》）時，都會在後面簽名。已經有幾百本好書都這樣簽有我的名字。」

王爾德希望將《莎樂美》改寫成英語版，不過因為忙著下一部新劇，無暇自己動筆翻譯，而且他需要一位插畫家。若以資歷而言，當然非瑞其茲莫屬，不過王爾德在新出版的藝術雜誌《工作室》（The Studio）中，看到奧布雷・比爾茲利（Aubrey Beardsley）的作品，便決定重用這位新人。年僅二十一歲的比爾茲利，是位風格奇特的藝術家，實驗性的藝術手法源自於簡潔之日本木版畫風。最讓王爾德滿意的，是他根據劇中高潮所畫的作品：莎樂美親吻聖者約翰滴著鮮血的首級。王爾德表示：「除了我之外，只有這位藝術家能瞭解莎樂美七紗舞真正的意義，可以看到這無形之舞姿。」

王爾德於一八九一年夏天，在伯恩瓊斯的工作室內，與比爾茲利初次見面。當時比爾茲利帶著自己作品登門拜訪，伯恩瓊斯鼓勵這位後輩繼續創作，並帶他到花園裡，介紹他認識王爾德一家人。王爾德注意到比爾茲利有張「像銀斧頭的臉蛋。」自幼便被診斷出有肺病，比爾茲利可能在七年內便過世。他認爲自己天生不良，「多病的體質、面黃肌瘦、雙眼凹陷、紅色長髮、步伐蹣跚且彎腰駝背。」在王爾德的青睞下，他打入了常在皇家咖啡廳聚會的文人圈。他告訴王爾德他的法文閱讀與英文一樣流利，將巴爾札克《凡人喜劇》（La Comedie humanine）的角色視爲自己的家人，想要爲他翻譯《莎樂美》。出版商約翰・連恩（John Lane）則勸他打消這念頭，專心藝術創作，允諾讓他負責設計封面以及十張全頁的插圖。比爾茲利以大罐的黑墨水在空白的區域上畫出生動的圖案，比爾茲利的作品有些顚倒了文本與插圖之間傳統的關係。王爾德想讓道格拉斯加入這項工作，請他翻譯部分劇本。這項邀約讓道格拉斯受寵若驚，雖然法文能力不足，他依然答應此項工作。

就像王爾德在七〇年代中期一般，比爾茲利比較在意個人形象之塑造，過著強調外表與裝扮的生活。這兩位花花公子彼此相互較勁，戴著檸檬色的小羊皮手套，兩人在服裝上爭奇鬥豔，相當吸引旁人之側目。除了太過自以爲是之外，比爾茲利對生命中的限制，抱持相當大的憤怒，這在像他已病入膏肓的人身上，可說相當平常。他假裝與馬克斯・比爾博姆是朋友，一同挑戰王爾德之權勢。當他完成插畫時，比爾茲利請信差將畫送到維哥街的波德利出版社。一開始，連恩沒注意或忽略了畫中一些較爲情色的細節，不過連恩不久便將畫送回給比爾茲利，請他在重要部位加上無花果葉或是描黑。當比爾茲利在做這些修飾的工作時，他亦在畫中對王爾德略加諷刺，將《月亮中的女人》（the Woman in the Moon）的臉畫成像王爾德那張虛胖的臉孔，而「月亮中的女人」是「瘋狂的女酒鬼，到處追求愛人。」

但他的敵意加上曖昧不清的性傾向，反而引起王爾德莫大的興趣。像紀德一般，比爾茲利是個需要挫其銳氣的年輕人。他批評比爾茲利的藝術風格：「當我眼前擺著一幅你的作品，我就想喝苦艾酒，這酒就像玉在陽光下會改變顏色，會讓所有感官成爲其奴隸，然後我就可以幻想自己活在古代羅馬，在凱撒時代末期的羅馬。」他亦批評他的偏好習慣，如有次在皇家咖啡廳曾講：「不要坐在奧布雷的椅子上，這樣不合身份。」比爾茲利有個習慣，坐著時會將他那雙長腿盤起來，然後靠在椅子扶手上。不論在當時或是現在，比爾茲利是個謎樣的人物，一個永遠的少年，將自瀆的性幻想昇華至他陽具崇拜的藝術中。至於他是否爲同性戀，他曾告訴亞瑟・西蒙斯：「是的，我看起來像個雞姦者，不過，我不是！」

包西一整個夏天都在努力進行《莎樂美》的翻譯，辛苦地咬文嚼字與其說是要博取王爾德的印象，不如說是要展現他的熱心認眞。不論他的翻譯成果是如何，王爾德一定都會接受，至少道格拉斯是這麼想的。但是當王爾德看到成果時，認爲其中充滿了「學童才會犯的錯誤」，讓道格拉斯覺得大受侮辱。王爾德不應該如此過度反應，也不該期望過高，像王爾德母親以前一樣靠翻閱字典選字來翻譯，品質當然不高。王爾德告訴道格拉斯這譯本「配不上」原文。兩人在爭吵之後，便是對彼此生悶氣，然後便是恐怖的冷戰，最後還由羅斯代表道格拉斯出面調停，然後兩人才復合，接著這一切又重新上演。王爾德希望道格拉斯能大幅修改譯文，不過他拒絕，比爾茲利見勢便表示要接手，原本兩個人的爭吵則擴大成爲四個人：王爾德、比爾茲利、道格拉斯與連恩。最後，王爾德決定由自己修改道格拉斯的譯文。心有不甘的比爾茲利則展開報復，他先是把要交給連恩的版畫換成了不相關的作品；日後當他接受《黃皮書》（The Yellow Book）的藝術編輯職務時，所開出的條件便是不能接受王爾德的投稿。然而，當王爾德被放逐到第厄普時，兩人生命的道路又再次有所交集。

在王爾德的想像中，他的劇本應該是充滿紫金兩色的風格，就像是加斯塔夫．摩洛般的華麗風格。王爾德原本預期是拜占庭風格之插畫作，看到比爾茲利以黑白兩色畫的日本風作品時，可眞是大吃一驚，畫中人物身體比例怪異，大頭凸眼，有些則是人面馬身，身體部分隱藏在玫瑰叢的葉子裡，生殖器部分則暴露在外。比爾茲利並未配合文本來作畫，反而是賦予插畫獨立的生命，其中亦包含對作者的私人報復。王爾德認爲，這些畫是「下流的塗鴉，是個早熟的男孩在習字簿空白處亂畫的作品。」這些插畫雖然具有膚淺的趣味，但並沒有王爾德所期望的深度且奔放情感。這些插圖最後搶了劇本本身的光彩，並讓比爾茲利大大出名。

在王爾德的象徵主義劇作中，舞台氣氛就是一切，利用外來語言以及豐富的景象，創造出糾結不清的情慾罪惡。王爾德將藝術家的層面擴大，誇耀自己的成就，「讓戲劇，這最客觀藝術之形式，成爲與詩歌或十四行詩一般的個人表達方式。」自從牛津大學以來，王爾德的志向並未確定，他不僅想成爲著名之詩人、思想家或劇作家，他還想爲「全世界最崇高之概念，像是人性的救贖、耶穌自我犧牲被釘在十字架上等，以嶄新且灼熱的文字爲這些概念換上新衣。」這一切在日後在獄中寫《獄中書》時才得以實現。

赫伯特・比爾博姆（日後進戲劇界後才改名爲赫伯特・比爾博姆・特利）帶著他同父異母的兄弟馬克斯・比爾博姆，介紹他打入王爾德的圈子裡。對於這位人稱「無法比喻的馬克斯」，王爾德在八〇年代在牛津大學便聽過這號人物，當時馬克斯是個莫頓區的學生，常與最要好的朋友雷吉諾德・透納（Reginald Turner）親密的到處遊玩。馬克斯身材矮小，面孔有些嚴肅，是同性戀聚會中的常客。他個性一絲不苟、沈默寡言，甚爲其他自我主義者所欣賞。既使馬克斯在極開心的情況下，才會講：「喔！我眞開心」透露他的心情。他外冷內熱，平時喜歡觀察火焰飛舞的情形。

透納從不知道自己生母是誰，一直以爲自己是《每日電訊報》老闆愛德華・賴維勞生（Edward Levy-Lawson）的私生子，不過他眞正生父可能是其監護人賴維勞生的叔叔賴恩內爾・勞生（Lionel Lawson），他在一八七九年過世後留一筆遺產給透納。透納生性機智且善於模仿，以相貌醜陋著稱。他的頭部形狀像堅果、藍莓色的雙唇、鼻子大且塌，緊張時會一直眨眼。透納一直想獲得他人認同接受，所以出手相當闊綽。透納與馬克斯在大學時便孟不離焦，焦不離孟，日後亦維持了一輩子的友情，不過身爲同性戀者的透納對馬克斯則暗藏情愫。馬克斯對肉體激情無動於衷，甚至害怕這種生命中較粗糙的層面，所以對同性或異性從來不動情。他日後經雙方協議的婚姻可能是有名而無實。他向他的太太佛羅倫斯表示，他無法給予肉體的愛情。

然而，亦有些例外的情況。如馬克斯與道格拉斯在牛津交往甚密時，透納擔心道格拉斯的美貌將擄獲馬克斯的心。馬克斯便立即向透納表示毋須庸人自擾。包西「明顯的瘋了（我相信他全家人都是如此），雖然他很俊美、聰明與友善，我從不以美感、智能或道德角度來評判我的朋友：我僅是簡單地喜歡或不喜歡，就這樣而已。而你幸運地屬於第一個種類。」

就像愛麗斯夢遊仙境中那隻神秘的貓，馬克斯總是從遠方冷眼旁觀，看著芸芸眾生醜陋的一面，這種才能適合他日後諷刺漫畫之職業。威爾・羅森史坦說「沒有任何事能逃離馬克斯那雙清澈無情的灰眼。」他後悔曾經畫了一張王爾德臃腫、張著嘴，看起來非常頹廢的肖像，特別是日後當王爾德因妨礙風化被捕時，這幅畫最後被貼在逮捕他的巡官的辦公室內。

在文學與藝術界中，馬克斯・比爾博姆是個喜歡管人的道德主義者。比王爾德年輕十八歲的他，對王爾德貪杯的問題相當在意。他寫信給透納：「我很遺憾，奧斯卡喝酒實在喝太多了。在這麼久的從遠處崇拜與敬仰後，我第一次有幸看到他時，他已經陷入無可救藥的酒癮。他的容貌也備受摧殘：雙頰變成深紫色而且肨的離譜。」他亦在《英美時報》（Anglo-American Times）刊登的文章中，批評王爾德行爲不檢點。馬克斯認爲王爾德因爲不瞭解愛美本身是「天生俱來，並不能轉移」，因此造成「無法算計」的傷害。在他眼中，許多年輕人仿效王爾德當個美學家，但大多最後都徹底失敗。

王爾德讀了他的文章，告訴馬克斯其風格就像是「銀色的匕首」，而且因爲他這篇文章的勇氣更加愛他，畢竟極少人會冒這風險。兩人在威爾斯家中共進晚餐，談論牛津的教授。馬克斯抱怨當派特講課時都聽不清他在講些什麼。王爾德認爲只能偷聽到他講課。而馬克斯比王爾德更勝一籌，說：「對派特而言，講課是種自我溝通，因爲他總是喃喃自語。」難怪連王爾德都稱讚衆神賦予馬克斯「老年人的智慧。」而與王爾德一樣，馬克斯是神秘人物。王爾德曾問一位亦認識馬克斯的朋友：「告訴我，當你們倆單獨在一起時……他是否有脫下他的臉皮，露出他的面具？」這兩位文人雅士講著相同的語言。

在開始他第二部劇作《微不足道的女人》之前，王爾德與道格拉斯前往巴德・杭伯格（Bad Homburg）。讓康斯坦絲覺得欣慰的是，王爾德決定採用多休息之休養方式，節制飲食並禁煙。在一八九二年的夏天，他在菲爾布理格（Felbrigg）的一間農舍內專心寫作，農舍是在諾福克郡沿岸靠近克隆摩（Cromer）的村落內，而妻兒則在巴巴谷崖，已經計畫了幾次全家團聚的機會。在幾個禮拜的單獨寫作後，王爾德邀請道格拉斯同住。然而到了克隆摩不久後，道格拉斯感冒在床，打噴嚏流鼻水。王爾德寫信給康斯坦絲，表示他不能丟下道格拉斯而動身到托爾奎。宅心仁厚的康斯坦絲便提議過來幫忙照顧：「我聽到道格拉斯病了，感到非常難過，眞希望我現在就在克隆摩照顧他。如果你認爲我能有所幫助，就打電報給我，因爲我到你那裡很方便。」

在七月中，康斯坦絲寫信給朋友，表示再一個星期劇本便要完工。她寫到王爾德時，表示：

「他開始迷上高爾夫，每天要花二到三個小時，這對他相當有益。」在少數談話能增加其中樂趣的運動中，高爾夫球可說是最適合王爾德，對他這樣口若懸河的演說家，這個休閒活動很完美。可以想像他穿著蘇格蘭粗呢褲，大步地漫步在草地上，不停講著故事分散其他球友的注意力——這些故事大部分都失傳了。王爾德將球桿放在家中靠大廳的角落裡，他比較喜歡打高爾夫球的氣氛，而不是在精進球技上。

十月十四日，王爾德將《微不足道的女人》的劇本交給特利，開始適應與這位演員兼經理的新手搭配。如果與原來的搭檔亞歷山大，整個過程應該會更順利些。不過，聖詹姆士劇院已經被訂下，而特利在乾草場這裡剛好有空檔期。王爾德刻意擺高姿態，想先聲奪人，主宰此劇之製作過程。王爾德在每次預演後都會作筆記，並且在劇本空白處，註記特利應該講的台詞。

王爾德說《微不足道的女人》是部「女人的戲劇」。女主角阿爾布斯娜特夫人有段不堪回首的過去，加上她的私生子，以及想勾引她的貴族公子爺。這是場充滿機智的劇情戲，但大多是以對話爲主。王爾德驕傲地表示，在第一幕中，完全沒有動作情節，只有對話。他刻意且簡明地將劇本作品最常被批評之處：只有對話而沒有情節，轉變成一種優點。王爾德首創逐漸地賦予對話戲劇性，以易卜生常用的方式，讓角色揭露出其內心的自我。他替調情加上掩飾的密碼，並且展現出無言溝通的力量。

如果要以女性主義結合劇情戲來看此劇，或許有點難以詮釋，不過王爾德的觀點相當清楚：

男女之間的雙重標準相當不公平。王爾德說男人是有智慧而無情，而女人則是依情緒而活，他這麼說是在為自己的行為找解釋，也或許應說是找藉口。在此劇中，他試圖使劇情戲現代化。劇中阿爾布斯娜特夫人有句象徵女性勝利的結尾台詞，當時她與前任情人相談，然後用他的手套往他臉上甩了一巴掌。她的兒子進場，撿起手套，問剛才誰來拜訪。她則回答：「喔！沒有人！沒有什麼特別的人！只是個不重要的男人！」

特利說王爾德在此劇的製作上，不但沒有幫忙反而處處干擾。王爾德宣稱特利罵他「愚蠢」、「狡猾」且「善於欺騙」。王爾德不僅想保留原本的劇本台詞，而且若遭到反對時，便開始攻擊小事情，例如入場券的紙質。另外，王爾德希望傑拉爾德的角色由他最近認識的俊男西德尼·巴拉克羅夫（Sydney Barraclough）擔任，不過特利拒絕，因為他所有的角色都要由劇團自己的演員擔任。

《微不足道的女人》一八九三年四月十九日在乾草市場劇院首演。穿著白色背心、扣孔上別著小型的百合花，王爾德在舞台左側包廂內，居高臨下地看著全場。當掌聲如雷，請作者像《溫夫人的扇子》首演當晚一樣上台致詞時，他則讓大家失望。他站在包廂內，目光從樓座掃到劇院前座，確定觀眾認出他時，簡單扼要地宣佈：「各位先生女士，很抱歉地告訴各位，王爾德先生目前不在此。」之後，他更是吝於稱讚觀眾，他說：「大家喜歡看到壞貴族勾引純潔少女，他們也喜歡看到純潔少女被壞貴族勾引。我給了大家喜歡的，所以他們也許要學著欣賞我所要給他們的一切。」功成名就讓王爾德更加自負，但事實上他亦不曾謙虛過。

此劇有其缺陷之處，但就娛樂效果卻大受歡迎。葉慈則大失所望，評道：「雖然此劇有其品質，但並不能算是藝術之作，它缺乏重要的主題，以古代文學標準而言，根本不是戲劇作品。」克里蒙特・史考特曾批評《溫夫人的扇子》一劇爲「聰明但不成熟的作品」，又稱讚此劇「尖銳、富洞察力、諷刺與有趣」。他表示當王爾德「脫下他小丑的面具，便與主題一起提昇，進升到更高的層次。」史考特認爲劇中角色「強烈、富有潛力、豪氣且令人產生共鳴」。史考特還附帶一筆，認爲如果王爾德繼續保持這方式，將會讓劇院舞台成爲嚴肅的論壇。

這齣劇有著王爾德對男女關係的妙言佳句，如當愛隆比夫人抱怨：「我丈夫就像預付單一樣的規律，我看到他就心煩。」卡羅妮・龐特法蘭克特夫人則回答：「可是你每次都會跟他續訂，不是嗎？」王爾德作品慣用的模式便是先有秘密，然後揭露出來；先有罪，然後獲得原諒。「生命之書開始於在樂園中的一對男女，而在事情揭發後結束。」；「女性比男性更好，因爲他們被禁止的事情比較多。」以及「所有已婚男子過著單身男子的生活，而所有單身男子過著已婚男子的生活。」每個人都想像王爾德劇中角色一般，永遠妙語如珠，出口成章。蕭伯納曾說：「我可以確定的是，我是倫敦唯一不能坐下來就能隨筆寫出像王爾德劇本的人。事實上，他的劇本雖然獲利不少，但依然相當獨特，證明了我們在創作上難與他相比擬。」

在倫敦聲名大噪後，王爾德刻意斷絕與美國的關聯，因爲他是在美國以《維拉》開始劇作家生涯，但是並沒有成功。之前就認識王爾德伊利莎白・馬爾伯利，現在是爲歐洲作家代理在美國出版的著名代理人，事業相當成功，公司遍布全球。她懇求王爾德參加《溫夫人的扇子》的首演。此劇在美國首演是一八九三年一月時，先在波士頓，然後隔一個月再到紐約，由摩利斯・巴里摩（Maurice Barrymore）飾演達令敦爵士。

王爾德希望由查理斯・富羅曼（Charles Frohman）來擔任《微不足道的女人》在乾草市場劇院演出的製作人，希望此劇在美國的演出能有如自己親身監製一般。他告訴馬爾伯利：「以妳的經驗與藝術本能，不需要由我告訴妳戲劇在預演中會如何成長、會如何產生新想法。」富羅曼並沒有同意擔任製作，最後改由出生於英國的美國女演員羅斯・高格蘭（Rose Coghlan）接手。馬爾伯利再次請求王爾德出席首演之夜：「比起戲劇製作本身，你的對成功更有幫助。」

沒有任何事比光榮地返回紐約更讓王爾德心花怒放，他在紐約有相當多朋友，其中一位便是克萊德・費奇。然而，現在道格拉斯在牛津大學的學業岌岌可危，正需要王爾德的鼓勵，離開道格拉斯將威脅到兩人剛發展的親密感情。

第十六章
成名巔峰

王爾德常穿著連身外套，戴著高頂禮帽，拿著銀頭的手杖。他的扣孔每天別著在伯林敦商店街花店裡的鮮花。現在身爲成功的劇作家，王爾德白天都雇用了一台馬車，專門載他至劇院，然後在劇院外等到晚上事情結束載他回去，不然就載他到皇家咖啡廳，在一八九〇年代時，咖啡廳裡唯一不容許的事情便是講話太呆板無趣。坐在骨牌廳他最喜愛的大理石桌旁，叫喚著廳裡的男服務生。廳裡規定他們的圍裙長度要蓋到鞋子上。王爾德最喜歡點苦艾酒，而酒送上來後，他會將酒杯舉起對著燈光看著，欣賞那綠色的色澤，然後向四周的人宣布，這是波特萊爾的最愛。而當王爾德講話到一個段落，他會從桌上的銀煙盒拿起一根煙來抽。馬克斯・比爾博姆第一次看到骨牌廳時，看著其中金色與深紅色的搭配，四周的鏡子與女雕像的柱子，聽著大理石桌旁充滿機智與諷刺人生的談天對話，不禁讚嘆：「這就是人生！」

當主廚出現提供點菜建議時，王爾德則會與朋友討論一番，用法文詢問各式法國珍饈佳餚美味之處。名人的生活讓王爾德心寬體胖，彷彿命運讓他在自己體內建造一座紀念碑。他就像是一座精美的巨大洋娃娃。他曾說：「當我覺得有困難時，吃是唯一能安慰我的事情。的確，當我身陷極大困難時，任何瞭解我的人都知道，除了食物與酒之外，我什麼都不要。」

王爾德在說話的藝術上已臻完美，但是聽與看則是他最近才發展的嗜好。他近來常在晚上被人看到在劇院裡大聲地鼓掌著，菲爾德曾觀察他在一場《馬爾菲公爵夫人》(The Dutchess of Malfi)的表演中，「坐著欣賞全劇，彷彿開心地冒泡。」在《比爾德大師》(Master Builder)的演出時，她注意到王爾德坐在包廂裡的姿勢「剛好可以讓別人看得到他以及他手杖的銀質杖頭。」在看完戲後，接著便是補吃晚餐，通常是在大波蘭街上的帕加尼餐廳裡的藝術家廳內用餐，這裡是威爾斯王子與蘭特利最常約會的地點，餐廳的名菜是小牛腦以及雲雀肉與牛排製成的派餅。繼莎拉・伯恩哈特、浦契尼、理查・史特勞斯與柴可夫斯基，王爾德將自己的名字簽在餐廳的牆壁上。王爾德曾說，對道格拉斯而言，最完美的晚上行程是「先在薩伏伊飯店享用一頓有香檳的晚餐，接著在音樂廳的包廂看節目，然後到威利斯餐館再享用一頓有香檳的宵夜，彷彿是套餐中最後可口的甜點。」當王爾德在用晚餐時，上菜上到湯與布丁之間，常收到上面寫著「拜見　王爾德先生」的邀請函，他對這些打擾從來不介意。

王爾德全面參與了戲劇製作的工作，進而更深入戲劇界自伊利莎白時代便存在的同性戀社會。當時的同性戀風潮是屬於誇張華麗、以劇場爲主，對男芭蕾舞者或是音樂劇的男舞者特別崇拜著迷。除了反串秀的業餘表演者外，東區的男演員同志對自己的私生活都相當小心翼翼，因爲私人信件常有可能被偷拿，流入他人之手，甚至最後因此被勒索，王爾德雖然常在劇本以信件作爲連串劇情之發展，不久後便有親身之經驗。每個倫敦的地下同性戀者都知道爾尼斯特·布爾頓（Ernest Boulton）與佛雷德利克·帕克（Frederick Park）的故事，他們在一八七一年扮女裝從劇院出來而被捕，當時兩人還分別取「史黛拉」與「范妮」女性假名。之後在他們旅館搜出內容曖昧的信件，更成爲呈堂證供，差點帶來牢獄之災。然而值得注意的是，在王爾德受審的二十四年前，當時的法官認爲這些當作證物的信件「僅是私人愛慕與感情的浪漫表現而已。此種感覺與愛戀無疑地存在著，且可能不帶任何邪惡而存在。」當時的法庭決定對信中同性戀的部分視而不見。

若將一八八五年讓王爾德受到審判的法條稱爲「勒索者之特許狀」，如此的說法並不誇張。多利恩·格雷「曾聽過有錢人因爲僕人看了他們的私人信件，或是偷聽到秘密，而終生受到僕人的勒索。」王爾德與道格拉斯也是因爲信件問題才拉近關係。當初在幾次見面後，道格拉斯邀請王爾德到牛津大學來探訪，因爲他當時正受到勒索，需要他人的建議。王爾德在他的房間渡過周末，回到倫敦後，將事情交給律師喬治·路易斯（George Lewis）處理，路易斯最後以一百英鎊贖回信件。包西在自傳中宣稱王爾德持續地追求著他，不過王爾德當時依然與約翰·格雷交往，且太忙於「溫夫人的扇子」一劇的製作，不太可能展開猛烈的追求。

在一八九二年五月，王爾德向羅絲以「一朵水仙——如此潔白又金黃」，「在沙發上舒展筋骨時，又像一朵風信子」形容包西。這樣充滿裸體象徵的描述，無疑地讓羅斯打翻醋罈子，開始擔心自己在王爾德社交圈的中心地位。隔了一個月，王爾德將新版的《詩集》題獻給「身穿金盔甲的男孩」。王爾德對愛人肉體美之欣賞，更增加兩人親密的情感。

根據包西的回憶，他們倆是在相識九個月後才正式成爲愛侶。他說：「我倆如此熟悉是相當罕見的事，但突然之間一切就發生了。」他倆的戀情結束是在「發生最後慘劇之前，且在他出獄後並沒有舊情復燃。」無可避免地，兩人在生理需求無法配合，他們所崇拜的都是俊美的年輕胴體。在三一大學時，王爾德身材還算結實健壯，但很快身材便走樣。包西則喜歡四處遊蕩，且常當裸體模特兒，是個相當自在「身穿金盔甲的男孩」。在他身旁，王爾德則覺得自慚形穢。

王爾德認爲希臘式心靈之愛是愛情的最高形式；他所求的並不是享樂、或是生理的滿足，而是心靈上的滿足。他曾說：「我責怪我自己，讓不理智的友情來控制我的人生，這種友情的主要目的並不是創造或思考美麗的事物。」性需求引起兩人的爭吵。王爾德說包西在吵架時，可以變得「令人作噁」、「惹人厭」、「咄咄逼人」與「暴力傾向」。最後，他們同意維持柏拉圖式的關係，藉由其他管道各自發洩性需求。道格拉斯日後回憶帶王爾德召男妓時說道：「其實並不是他引我誤入歧途，而是我將他推向萬丈深淵。」

這些男妓年紀通常都小於法定年齡的十六歲，常在街角、公廁、酒吧拉客，不然就是在帝國、提維里與帕維黎恩等公共音樂廳附近徘徊遊蕩。相對於女性同業被稱爲「快樂淑女」，有些男妓則自稱「快樂小子」(gay)。王爾德與包西是同性戀的紳士，而在這國家裡，性是能快速跨越階級分野的少數方法之一。長久以來，上流社會的同志藉召地位低下的男妓，藉此來蔑視自己的階級地位。王爾德與包西遵循這種傳統，開始了王爾德所謂的「男色之宴」。王爾德開始亂性縱慾的生活，心中五味雜陳：在柏拉圖的時代，並未對男色有所禁止，所以所謂同性戀的問題並不存在，而在現代社會將同性戀視爲禁忌，限制自由地表達性向，反而產生了亂象。王爾德曾說同志對婚姻制度的嫉妒，是種「與財產觀念緊密相連的」情感，是「現代社會中，不可等閒視之的罪惡來源」。或許，當他看到包西與年輕的俊男離開宴會時，他或多或少感到悵然若失。

王爾德不會在東區這樣髒亂簡陋的地方挑選對象。通常都是經由包西的朋友艾佛烈·泰勒(Alfred Taylor)安排，帶人到餐廳或是皇家咖啡廳。在氣氛輕鬆的晚餐，以及彼此聊天認識後，王爾德則會帶男妓到聖詹姆士屋十或十一號房、薩伏伊、阿爾伯馬，甚至是無人的家中。王爾德與包西兩人在薩伏伊的房間是相連的。通常晚上一開始是享受香檳與美食，然後挑選中意的對象，再喝更多香檳與佳餚，然後聊天、一直聊天，主題則圍繞在性上。王爾德在《獄中書》認爲包西「你的缺點並非在於你對人生瞭解過少，而是瞭解的過多。在陰溝暗處的生活令你著迷……這相當引人入勝，然而你說話只環繞在一個主題上，從頭到尾一成不變，最後變得讓我覺得單調。」他們當時縱慾狂歡達數月之久，之後便是激烈的爭吵，只能靠笑聲來化解一切。

艾佛烈·泰勒是個可可亞商人的兒子，曾經是馬爾波羅公立學校的學生，王爾德在受審時，相當自傲地講出泰勒的出身，以表示他受自己影響而晉登名流。泰勒住在小大學街十三號。他曾舉辦反串的舞台表演，以及與愛人查理斯・麥森（Charles Mason）的假婚禮。在泰勒曾介紹給王爾德的男妓中，西德尼・馬佛爾（Sidney Mavor）與王爾德持續了一年半的關係，日後還成爲英國教會的牧師；亞特金斯（Atkins），十七歲，曾經以信件勒索主人；帕可（Parker）兩兄弟，查理斯（Charles）與威廉（William），曾經做過僕人，但最後失業，以及十七歲的阿爾法德・伍德（Alfred Wood），這是包西已厭倦而轉給王爾德的男妓。

既然這些男孩都已經是職業的男妓，實在沒必要費心思追求或誘引，不過王爾德對待他們，就像追求心儀的少女。先是與他們共進香檳美食，然後瞭解他們的生活——兩個罪犯彼此之間的對談；他會送些禮物，通常是龐德街上松希爾店的銀煙盒。並不是每次見面到最後一定會上床，但有沒有其實也已無差別，因爲王爾德的行爲已經引起他人的閒言閒語。爲了伸張自己違反既有規範的權利，他說：「我不是爲了規則而存在，我是爲了例外而存在。我從來就不是尋常人等，老天！」

在王爾德受審的前兩年，是同性戀者最樂觀活躍的時期，當時開始以同性戀爲主題作公開的辯論。這一切導火線是道格拉斯在兩部期刊的投稿作品：一個是《心靈明燈》（Spirit Lamp），他亦在此期刊中擔任編輯，這是一八九二年到一八九三年間牛津大學學生所發行之刊物；另外一個是《變色龍》（Chameleon），在一八九四年發行了創刊號之後便銷聲匿跡。王爾德從筆記本內挑選出佳句投稿，標題爲「給青年的名句與哲理」，例如其中一句：「生命第一項任務便是盡可能的虛假，而第二項任務爲何則還沒有人知道。」

在同一本刊物中，有一篇作者不掛名的故事《牧師與侍僧》（The Priest and the Acolyte），是由編輯約翰・法蘭西斯・布羅克山姆（John Francis Bloxam）所寫，內容露骨描述了教堂內的同志情慾。另一份性質相似的刊物則是《藝術家與家庭文化之期刊》（Artist and Journal of Home Culture），編輯是道格拉斯的友人查理斯・坎斯・傑克生（Charles Kains Jackson）。在一八九三年，由李歐納德・史米瑟斯（Leonard Smithers）出版的《泰勒尼：獎牌的另一面》（Teleny: or the Reverse of the Medal），也是內容露骨的同志小說，據傳此小說有相當多位作者，王爾德便是其中可能的人選，不過從書中的風格或內容來判斷，則不太可能。

包西是個性自由的提倡者，在當時一同爲同志權力的奮鬥者已經寥寥無幾。第一位是專攻文藝復興的偉大老學者西蒙德斯，因爲喜歡男童而丟掉牛津大學之職務，亦曾爲同性戀而展開奮戰，最後在一八九三年過世。另一位同志是喬治・艾維斯（George Ives），他是貴族的私生子，劍橋大學畢業的詩人。艾維斯每天都掙扎於「罪源」（the Cause）的念頭，而他同志的心路歷程都記載在日記中，長達三百萬字。他寫道：「如果包西眞能讓牛津接受同性戀，那他所爲可是榮耀之善事。」《變色龍》這名字便是艾維斯所提議，其中暗藏同志的意義，就像《誠摯的重要》中的邦伯瑞此角色名字一般。

在艾維斯的理想中，同性戀可以深入生活的各層面，不論是工作或是公開同性戀身份，都不會受歧視。二十七歲的他，個性嚴肅且獨善其身，住在阿爾巴尼公寓的E4房，這棟單身漢公寓因爲《誠摯的重要》一劇而聲名大噪。他並不屬於王爾德的社交圈，因爲他認爲他們行徑過於招搖。他寫道：「在與那一群人相處後，將很難再融入一般社會，因爲他們有一種罕見且奇妙的魅力。我希望他們能不要如此誇張，更實在一些。」艾維斯認爲王爾德缺乏明確目標，在日記中寫道：「嗯，我需要時間好好觀察他，沒有人能永遠隱藏其眞正的本質。」當艾維斯在作品中大力讚揚希臘精神愛情時，王爾德就警告他：「等你色心大發或是不舉時，你要確定你講的是對的。」

在刺激王爾德寫作靈感上，包西到底扮演何等重要的角色？根據王爾德在牢獄裡的痛苦回憶，他認爲包西毀了他作者的生涯。然而事實顯示，在兩人交往期間，王爾德共寫出五部劇本，可說是寫作的巔峰。包西刺激了王爾德寫詩的靈感，但光是看他發揮天才，並不能滿足包西。生性貪婪自私的道格拉斯鼓勵王爾德寫出大受歡迎的作品，以賺取足夠之金錢，可以供兩人揮霍享樂。王爾德在《獄中書》中宣稱當兩人在一起時，他無法寫出任何東西，他的生活是「貧瘠且無創造力」，這樣的說法並不正確。當男演員約翰．吉爾查德（John Gielgud）日後遇上道格拉斯，問他《誠摯的重要》創作之始末，包西只能回答在王爾德寫作時，自己一直靠著他的肩膀（當然這是誇張之辭），這樣的答覆相當令吉爾查德失望。道格拉斯是位能激發靈感的美少年，在房間內不僅能增色，更有其他的「用途」。

當王爾德在聖詹姆士館的房間內工作時，他表示包西通常在中午時抵達，「一直抽煙聊天到一點半」，然後王爾德便帶他去皇家咖啡廳或是貝克力共進午餐，「順便小酌片刻，到三點半」。當包西到俱樂部後，王爾德有一個小時自己的時間。包西只會在下午茶的時間重新出現在他的眼前，一直到在薩伏伊或泰特街的家中用晚餐。王爾德回憶：「我們有個規則，在午夜之後便不分開，所以在威爾斯用完宵夜後，美妙的一天便宣告結束。」

如果沒有看到包西，王爾德會想念他，就像當初在巴巴谷崖的仙境書房內修改《微不足道的女人》時。他在三月的信中寫到：「若沒有黃金的光芒，一切事物的色彩都不對。你在工作嗎？我希望是如此。只能塡鴨式的工作。我不能寫作，眞是令我相當不快。我不知道爲什麼。事情都不對勁。」包西是王爾德一生的摯愛，這是像羅斯等第三者所無法瞭解的事實。王爾德喜歡他的形象，而不是他本身。在牢獄之災後，王爾德承認「他毀了我一生這事實讓我更愛他。」

因爲重要的考試迫在眉睫，包西請了坎貝爾・道奇生（Campbell Dodgeson）到他母親在沙利斯拜利街的家中來當家教。然後寂寞的王爾德寫信來改變了他原有的計畫，他們倆一起動身至托爾奎，在路程中途便發電報，告訴家人他們已經到了。康斯坦絲當時到義大利拜訪親戚，兩個兒子則是由父親來照顧。王爾德寫信給蒙特坦波夫人，寫到西瑞爾正在托兒所內學法文，不過一如往常，他忘記提另一個兒子維衛恩。王爾德假裝自己是位校長，定下了校規：第一、校長有絕對的權力玩躲迷藏；第二、晚餐一定要有香檳；第三、上床一定要唸書（「如果有小孩不遵守這規定，會馬上被叫醒。」）

道奇生未能對包西的學業有太大的幫助，他回憶當時日子過得「慵懶與愜意」，而且在道德原則上「相當鬆散」。他說：「我們花數小時爭辯柏拉圖式戀情的優點。」關於包西，他認爲「俊美與迷人，不過相當邪惡。」波特萊爾的格言說，天才能隨意再次成爲孩童，王爾德將整個家裡的氣氛弄得非常有赤子之情。包西與王爾德「施展了魔法，將生活的普通變得更奇妙與迷人。」道格拉斯告訴他母親，王爾德「就像孩童般單純與無邪。」

無拘無束的笑聲響遍整個巴巴谷崖。不過，某天一場強烈的暴風雨來襲，包西可能因爲某件事而大發雷霆，匆忙地收拾衣物後便揚長離去。面對道格拉斯的情緒反應，王爾德則發誓要與他一刀兩斷。他日後告訴包西「令我心痛至死，破壞生命的美好。我無法忍受聽到從你雙唇而出的可怕言語。」等到包西所搭的火車駛進了布里斯托時，他便已平靜下來，並打電報表示他的歉意，懇求王爾德能原諒他。這樣的循環持續不斷，包西想藉此證明自己被愛的價值。

在婚姻上，王爾德避免與康斯坦絲談到她不幸的童年，不過這套對包西則行不通，他堅持要王爾德聆聽自己慘澹的童年。在一八八七年，包西的母親以丈夫外遇爲由離婚，並將一切心血投注在照顧三個兒子上，特別是包西。昆斯貝利夫人對王爾德有所聽聞，希望這位作家能以長者身份協助兒子在牛津的課業。她邀請王爾德與康斯坦絲到她在薩里郡布雷克奈爾的家中。

包西的母親不像《誠摯的重要》的布雷克奈爾人一樣咄咄逼人，不過在教養孩子上，可說是不分軒輊。王爾德聽她談論兒子虛榮與誇大的問題。在一旁的康斯坦絲，聽著他倆人談論如何調教這常佔據丈夫時間的叛逆大學生，心中的感想可想而知。在批評之餘，王爾德對包西也有正面的看法，稱讚過他的詩作。

某日下午，在皇家咖啡廳內，王爾德巧遇包西的父親約翰・蕭爾托・道格拉斯（John Sholto Douglas），其傳奇性的蘇格蘭出身可追溯到布雷克・道格拉斯（Black Douglas）的時代。這位侯爵是位口頭上的無神論者，也是業餘的羽量級拳擊手，他所設立的「昆斯貝利規則」爲拳擊開啓講究公平與榮譽的新時代。五呎八吋的他身材相當粗壯結實，加上旁邊身材壯碩的保鏢，他看起來像是一隻潛行的的獅子，比起與維多莉亞時代舉止有禮的貴族打交道，在攝政時期那種喧擾的生活，對他還比較如魚得水。看到別人有他覺得缺乏男子氣概的行爲，都會令他暴跳如雷。當時王爾德與包西已經點了午餐，聽到他在附近的桌子的咆哮聲，這才注意到他。他們邀請他同桌，而因爲對釣魚有共同的興趣，道格拉斯與王爾德相談甚歡，體會到他爲何以其機智談吐而聞名，的確是名符其實。然而，這是他最後一次對王爾德有正面評價，他隨即開始拯救自己小兒子的計畫。

王爾德痛恨與包西爭吵，不過喜歡與他復合。就像許多情侶床頭吵床尾合，他們感情越吵就越甜蜜。王爾德告訴包西，他有自信永遠都會被原諒，「也許是因爲我過去一直深愛著你的某些特質，也許是最值得喜愛的特質。」在相互允諾愛的誓約後，包西期待能有所獎勵，最好是兩人能去薩伏伊享樂。當王爾德提議從側門進入，以免在大廳太引人注目，道格拉斯回答：「我希望每個人看到會說：『奧斯卡・王爾德與他的小子來了！』」薩伏伊建於一八八九年，是倫敦第一級的豪華旅館，在此可以眺望泰晤士河與河上的橋。包西喜歡如此舒適豪華的享受，特別是可以在任何時間點冰涼的香檳。

一八九三年的四月，王爾德住在阿爾伯馬旅館期間，皮耶爾·路易斯從巴黎前來拜訪，他隔一年出版了《貝理斯香頌》（Les Chansons de Bilitis），這是繼沙孚（Sappho）以來最強烈支持女性戀的作品。他當時年僅二十二歲，與王爾德一行人相處愉快，不過對他們招搖的行徑並不認同。某天晚上，康斯坦絲敲旅館房間的門，一方面是送信過來，另一方面則是懇求丈夫能多回家看兒子。看到王爾德如此糟蹋自己的妻子，路易斯覺得相當震驚。出於年輕人的正義感，他要求與王爾德交友的前提，便是要他放棄道格拉斯。王爾德覺得這條件太荒謬。他寫信給羅斯表示：「他（指路易斯）立即選擇了較卑劣的本質以及低下的想法。」王爾德可以同時愛著包西與康斯坦絲，不過他不能將情感一分為二，平均在兩人身上。

因為包西考試缺考，所以他必須從馬德蓮學院退學並且離開牛津，但他並不覺得遺憾後悔。在英國頭銜比文憑更為重要，如在《微不足道的女人》中，伊林渥斯爵士對傑拉爾德說的：「考試沒有任何價值。如果一個人是貴族，他僅有的知識便已足夠；如果他不是貴族，他所有的知識會害了他。包西在倫敦附近田園風景的村落，泰晤士河沿岸的喬寧（Goring）看中一間幽雅的茅屋，王爾德便租下這間小屋。王爾德抵達車站時，穿著全新的白西裝，帶著管家亞瑟、副管家華爾特·葛蘭格（Walter Grainger），他曾是包西在牛津住所的男僕。小屋四周環境寧靜恬美，泰晤士河從屋後緩緩流過；甚至連天氣都相當宜人。他的心思「一分爲二，一半在划獨木舟上，另一半則是構思喜劇作品。」

包西經常往返於倫敦與喬寧之間；他回來時，都帶著一群酒肉朋友，當他們在草地上玩槌球時，喧雜吵鬧破壞了原有的寧靜。王爾德批評他們「是在破壞彼此的生活」，而包西更是「徹底毀滅」了他的生活。既然再也不能爲彼此帶來快樂，他們應該要分手，王爾德這麼打算，但是從來沒做到。包西會握著他的手「像個聽話且悔過的小孩」，而他們之間的愛，如王爾德所說：「穿越疏離與哀傷的陰暗夜晚，一如往昔地帶著玫瑰花冠。」

王爾德在十一月返回泰特街的途中，秘密地寫信給昆斯貝利夫人，談到她小兒子身體健康不佳，建議若送他到氣候不同的國家或許有所幫助。他提議讓包西到埃及停留四到五個月。王爾德認爲「如果他繼續留在倫敦，他將不學無術，甚至將毀了他年輕的生命，一切將無法挽回。」至於包西因爲喜歡與男童交往而惹出的禍端，王爾德在信中則刻意隻字未提。包西因爲與一位陸軍上校十六歲的兒子交往，而導致他與羅斯等人彼此起了不快。昆斯貝利夫人聽從建議，安排由當時開羅的英國領事克羅米爾爵士（Lord Cromer）代爲照顧包西。開羅可算是當時英國人時髦的冬季度假聖地。包西則堅持除非再見王爾德一面，否則他不會動身。最後，兩人的確見了最後一面，不過之後王爾德並沒有寫信到埃及。

開羅是街頭男妓的天堂。包西並沒有脫離他之前的生活方式，甚至在此還更有異國的風味情趣。在他遇上任何顯赫名人前，他先遇上了雷吉諾德・透納。他是法蘭克・勞生（Frank Lawson）的同母異父的兄弟，租了一條船屋，取名爲「黃金船」，冬季時便停泊在尼羅河上。包西則與他一起前往勒克羅（Luxor），抵達後他們住在勒克羅旅館內。晚餐時，在旅館的長桌上，他們的對面坐著彭生（Benson），他是諷刺小說《渡渡》（Dodo）的作者與坎特伯里大主教（Archbishop of Canterbury）之子，以及羅伯特・希勤茲（Robert Hichens），一位音樂雜誌工作者，夢想要打入文藝界，到三十歲時才如其所願。

他們結伴同遊勒克羅的廟宇，探索國王之谷，一邊在車內喝著冷飲，一邊悠閒地看著漂流在尼羅河上仿古代樣式的帆船。包西不止一次提到王爾德的名字。他們就在這異鄉的國度裡，就像是在被禁演的《莎樂美》中的世界一般。一行人以王爾德爲題，你來我往激烈地討論著。透納有時會作些模仿王爾德的可笑動作。希勤茲覺得能跟這群有趣的人物同遊是他三生有幸。當他回倫敦時，他告訴馬克斯・比爾博姆要依據尼羅河之旅發生的一切，來寫篇諷刺王爾德的文章，而馬克斯則表示願意幫忙。

王爾德這陣子冷淡沈默激怒了包西，嚴重到包西的母親都出面來調停；她寫信告訴王爾德包西在雅典的地址，這是包西與彭生到土耳其途中的歇腳處。包西希望王爾德能與他在巴黎重逢，將目標轉向康斯坦絲，想藉由她達成目的。王爾德則寫電報給他：「時間能治癒一切傷口，不過在未來的數個月，我絕不會寫信給你或與你見面。」一個星期後，在密集的電報攻勢下，王爾德與包西最後在巴黎的維爾生餐廳內，一起享受昂貴的佳餚。

兩人剛回到倫敦不久，流連在皇家咖啡廳共進午餐時，被王爾德戲稱為「緋紅侯爵」的昆斯貝利侯爵撞個正著。這次王爾德的魅力已經失效。昆斯貝利侯爵表示如果包西繼續與王爾德交往，便要與他斷絕父子關係。讓父親非常憤怒，並且取消了他的零用金。王爾德與包西這對情侶則啓程到佛羅倫斯，遠離這一切。

當王爾德回泰特街時，昆斯貝利侯爵不請自來展開第二波攻勢。王爾德告訴包西當時狀況，他父親揮舞著「他的小手，就像是癲癇發作一樣，尖聲叫喊著恐怖的威脅，發誓日後將以狡詐手腕一一實現。」結果包西聽後揚言要開槍殺死自己父親，使原本緊張的關係火上加油。包西寫信給父親：「如果你死了，沒有太多人會想念你。」王爾德看著父子之間彼此折磨，就像幼獅與雄師彼此吼叫互咬。王爾德回憶說：「引起一場你確定自己會全身而退的戰爭，似乎讓你很開心。我從未見你興致如此高昂。」

在前往開羅前，道格拉斯將一套舊西裝送給目前失業的阿爾法德．伍德，他倆是在牛津時結識。當伍德從西裝口袋發現幾封信，他知道自己財運從天而降。在所有的信中，有一封是王爾德在巴巴谷崖寫給包西，內容特別引人遐思：「我的男孩，你的十四行詩實在迷人，你那玫瑰花瓣般的嘴唇眞是神奇，不僅能瘋狂的親吻，亦能吟唱樂聲般的詩詞。你那光彩奪人的修長身影，在熱情與詩歌之間來回遊走。我知道海辛托斯，那位阿波羅瘋狂摯愛的少年，就是你在希臘時代的化身。」

在《格雷的肖像》中，格雷亦收到類似的信，字詞間對他充滿偶像崇拜：「因爲你是用象牙與黃金所打造，整個世界爲你而改變。你雙唇的曲線重寫了歷史。」之後到處流傳的這封信被命名爲「海辛托斯之信」（the Hyacinth letter）。

伍德穿著包西的舊西裝，在一八九三年的春天與王爾德在皇家咖啡廳中見面。他們先小酌片刻，之後在佛羅倫斯的私人房裡一同用晚餐，佛羅倫斯是當時大受歡迎的低價餐廳，二先令便有五道菜的晚餐。王爾德點了香檳晚餐，最後給了這位客人五英鎊的鈔票。幾天之內，王爾德知道了特利也收到了一份「海辛托斯之信」。特利擔心王爾德名聲受損，建議他買回那封信。王爾德不願意接受這樣的勒索，所以他給了伍德三十五英鎊，明顯地表示希望幫助他移民到美國。伍德將所有的信交給了王爾德，他信任地將信塞入口袋，之後才發現「海辛托斯之信」並不在其中。

之後一位伍德的同謀威廉．艾倫（William Allen）到泰特街拜訪王爾德。王爾德問到：「我猜想你找到了我寫給道格拉斯爵士那封唯美的信件。如果你們沒有這麼愚蠢，將那封信的複本寄給了特利先生，我會很樂意以一筆可觀的費用買回那封信，因爲我認爲它是件藝術作品。」艾倫則說：「那封信可能會引起非常曖昧的誤解。」王爾德則反擊：「藝術對一般人而言可不容易理解。」艾倫繼續：「有人向我開價六十鎊買這封信。」，王爾德無動於衷：「如果你能接受我的建議，你不妨去找那個人，拿我的信換那六十英鎊。就這樣長度的散文作品，我個人從來沒收過這麼高的報酬；不過，知道英國有人認爲我的信價值六十鎊，我覺得非常高興。」。

最後艾倫承認他缺錢，王爾德給了他半個金幣。在艾倫離開幾分鐘之內，另一位同夥羅伯特・克里波恩（Robert Clibborn）便出現在門口，並把信的原稿交到王爾德手中。王爾德仔細檢查，發現信有遭到污損，一邊給錢，一邊抱怨：「對我的原稿如此不小心，我覺得眞是不可原諒。恐怕你們過的是相當邪惡的生活。」克里波恩回答：「我們每個人的心裡同時有善良與邪惡。」王爾德把信放在安全的地方，不過日後出現了複本，而且還在法院大聲被朗誦出來。

當希勤茲在努力寫著諷刺王爾德的文章時，文藝界正籌備著一本日後將成名的刊物。在一八九〇年代，維多莉亞女皇即將慶祝她的即位鑽石週年慶，英國已經不再是她才剛登基的時代，此時的人需要建構一個新的世界來取代過去。一八九〇年代這十年的階段有各式的名稱，其中王爾德與「黃色的九〇年代」關係淵源最爲密切。《格雷的肖像》中，亨利爵士沈重地說：「黃色能安慰人一生的不幸。」喜歡黃色的藝術家還有羅賽堤、莫利斯與伯恩瓊斯。惠斯勒在他的日本畫裡也用大量的黃色。比爾茲利將工作室漆成黃色，加上黑色的嵌線作點綴。不過，比起這些藝術家對黃色的偏好，「黃色的九〇年代」這名稱最主要的起因則是《黃皮書》（The Yellow Book）的出版與停刊。

此刊物的創刊緣起於奧布雷・比爾茲利、亨利・哈蘭德（Henry Harland）與約翰・連恩，三人在合作時決定將王爾德排除在外，因爲他們對當時與他在「莎樂美」合作上的不快無法釋懷，擔心一切又會重演。這本新的刊物於一八九四年四月首次發行，裝訂得像一本書，帶有強烈的使命感與毅力，讓英國大眾留下深刻印象。《時報》評論此刊物：「這結合了英國的粗野與法國的好色。」王爾德告訴包西：「它很無聊且令人作嘔：一項大失敗，我真是感到欣慰。」因爲這刊物是屬於比爾茲利頹廢主義的風格，令人聯想到《莎樂美》的插圖，所以他們才會進而把《黃皮書》與王爾德聯想在一起。

在《黃皮書》出版二個月後，王爾德最特別的作品《人面獅身像》，也隨之出版，這部他從牛津大學便著手創作的詩集。在插圖品質上，這次瑞其茲以這本小羊皮的精美詩集中超越了自己之代表作，讓插圖與文本之間的互動就像是中古世紀中的手稿一般。他自認這十幅全頁的插圖作品，畫著波紋線條的精細圖案，是他一生最佳的傑作。然而，王爾德對這些插畫依然有所微詞，激怒了瑞其茲。不知該何處發洩怒氣的瑞其茲，便以破壞王爾的手稿爲發洩：將怒氣藉由他奇特的簽名一吐爲快，他簽名時最後一撇非常重，劃破簽名的那一頁，然後將手稿還給王爾德。不過，比爾茲利爲《莎樂美》所繪爭議性內容的名聲卻被《人面獅身像》蓋過了，並且就像《石榴之屋》（The House of Pomegranates）一樣廉價出售。《人面獅身像》銷路情況不佳，所印製的二百本首版，內容的每個字母都是大寫，其中大部分都滯銷，存放在巴蘭泰印刷公司（Ballantyne Press）內，在一八九九年的一場火災中全部燒毀。

第十七章 掌心斷紋

王爾德相信想像力可以任意地改變現實，對於他常能透過寫作來反映自己人生，或是照著作品來過生活，這樣不可思議的能力讓他生活過得相當不自在，驗證了他人生哲理：與其說藝術模仿人生，不如說人生模仿藝術。他相信算命師的預言，進而加深他對宿命論的信仰。然而比起用塔羅牌算命，王爾德更喜歡看手相，這項自古流傳的玄學是由亞拿薩哥拉（Anaxagoras）所創立，由亞理斯多德所發揚光大。當時倫敦最著名的手相師是路易斯・漢蒙伯爵，亦是人稱的雀羅，史上第一本手相學教科書便是出自他之筆。在《微不足道的女人》首演當晚的宴會中，曾安排賓客躲在布簾後，伸出手來讓他算命，王爾德就是其中一位。漢蒙伯爵等到為王爾德所預見的未來都已經實現後，回憶寫道：「當他那雙甚為肥胖的手，從布簾的洞伸出來時，我並沒有想到這雙手的主人是倫敦當時最常被討論的主角。」王爾德的左手（人的左手記錄著先天條件）反映出從雙親遺傳到的高貴與智能；右手則顯示出人在後天的狀況，他的右手則可以看出「才華與順利成功。」雀羅說，這是雙國王的手，不過這國王最後會自我放逐「在你四十一與四十二歲之間。」

王爾德記下他的預言，離開後又回來請他私下看相。當雀羅請他簽署訪客留言簿時，王爾德寫到：「世界的秘密並非無形，而是有形可見的。」在《格雷的肖像》中亦有同樣的想法，亨利爵士告訴格雷：「只有膚淺的人才不會靠表面來判斷。」王爾德下一次到半月街找雀羅算命時，王爾德問：「斷紋的部分還在嗎」，的確還在，雀羅回答：「不過，當然你的命運不會被改變中斷。」王爾德接口：「我親愛的朋友，你非常瞭解命運是不會讓修路工人擋在她的道路上。」

在一八九四年七月，王爾德請教了另外一位算命大師羅賓森夫人(Mrs. Robinson)。她告訴王爾德他在今年初有趟旅程，不過警告他「我看到你耀眼生命的將到最高點，然後我看到一道牆，牆之外我沒有看到任何東西。」王爾德認爲她所預見的是自己母親的死亡。王爾德夫人身體健康每況愈下，常臥病在床，康斯坦絲每天都會來探望，照顧她生活起居雜事。王爾德在探訪病弱的母親後，告訴包西：「愛與死似乎伴隨我兩側走過一生。它們佔據我所有念頭，它們翅膀的陰影籠罩著我。」

在一八九四年的一月十一日，威利第二次結婚，與新娘蘇菲亞・莉莉・李斯（Sophia Lilly Lees）搬到奧克利街。新娘是位三十六歲的都柏林人，爲四十三歲的威利帶來了二千鎊的嫁妝。王爾德沒有參加哥哥再婚婚禮，讓王爾德夫人再次寫信勸導：「看到你與威利彼此敵視，我相當難過。這樣的情況會持續到我過世嗎？我的未來一片慘淡，兩個兒子相互仇視，在我臨終前也不願一同出現在我面前。我認爲，就算是討我開心，我要求你寫幾個字：『我拋棄敵意，讓我們成爲朋友。奧斯卡　親筆』就這幾個字！你是否能聽母親的話？你們之間不需要關係親密，但至少要彼此以禮相待。」王爾德在《誠摯的重要》中，藉由葛溫德靈對西西莉（Cecily）的台詞回應母親的請求：「現在我回想起來，我從來沒有聽過有人提到他兄弟。似乎大部分人都相當厭惡這主題。」王爾德從來不提威利，不過威利常談論王爾德作爲消遣。

王爾德寫劇本是希望引起觀衆的笑聲與驚喜，而不是眼淚。王爾德一方面掩飾自己生活眞實的性傾向，另一方面又展現眞實情感，讓他的戲劇作品更有深度，並且擴展了觀衆的層面。在字裡行間透露出情感，王爾德讓所抒發的情感顯得更爲強烈。就某些方面而言，王爾德筆下角色大多都是花花公子。在王爾德的舞台上，花花公子是在中性裝扮下風流好色的異性戀者，其舉止態度與道德感都在社會的邊緣遊走著。在陽剛與陰柔界定曖昧不清的模糊，是王爾德最如魚得水的領域。在爲《誠摯的重要》鋪路的前三部社會喜劇中，女性被當作貨品買賣，當女性受苦時，男性卻逍遙快活。王爾德比較特別的女性角色：柴佛利夫人、鄂莉安夫人與布雷克奈爾夫人，她們常暢談時尚流行等議題，就像是女性版的花花公子。另外，王爾德常寫到棄嬰、孤兒或是私生子的問題（如角色傑克・渥辛有私生子的唯一證據，是在維多莉亞車站找到的一隻手提袋），這不僅反映出他複雜家庭背景，如他有三個同父異母的兄姐，也反映當時常用的劇情發展手法。

在一八九四年期間，他開始寫一部更爲成熟的無韻詩體劇本《佛羅倫斯悲劇》（A Florence

Tragedy），構思《一個女人的悲劇》（A Woman's Tragedy），這也是一部關於「好女人」的劇本，以及寫《康斯坦絲》（Constance）的草稿大綱。他重新整理一部在美國巡迴演講中所構思的中古背景劇本《亞維農主教》（The Cardinal of Avignon），完成後便將劇本寄給亞歷山大。「男人是否天性本善？女性是否能跳脫其身份限制？」這個問題在王爾德寫《理想丈夫》時，佔據他整個念頭，其中有句宿命論的台詞講到：「一般而言，每個人最後都變成其他人。」

因爲王爾德認爲亞歷山大並不適合演他劇中花花公子的角色，最後則是離開聖詹姆士劇院。雖然有人批評亞歷山大只會演自己，但亞歷山大將每個角色當作是一項挑戰，而且在演出王爾德的角色上，遠比特利表現的更爲稱職。但是王爾德覺得亞歷山大的誠意不夠，而決定改找出價更高者。王爾德先是找了蓋瑞克劇院的約翰・海爾（John Hare），因爲海爾不喜歡劇本的最後一幕而拒絕這劇本。接著他又找特利，特利當時正在美國巡迴演出，將乾草市場劇院租給了路易斯・渥勒（Lewis Waller）與摩勒爾（H.H. Morell）。他們接受了《理想丈夫》這劇本（原名爲《柴佛利夫人》），在十二月便開始預演。

《理想丈夫》是個成人的童話，具有魔術般的魅力，也有快樂的結局，手牽手一起去共進晚餐。劇情荒謬有趣、具有嚴肅的道德觀、相當感人肺腑而且高潮迭起，這是一部以政治、腐敗與愛情爲主題的喜劇。此劇探索英國社會虛假之一面：每個成功外表下有著不爲人知的秘密。王爾德終於有機會闡述所謂理想的丈夫，就像文藝復興時代的鐵匠，也有可能是罪犯。在這此劇中，換成男人有不爲人知的過去，而女人則是冒險家，而生活嚴謹的賢妻居然比狡詐的勒索者還來的危險。柴佛利夫人看著奇爾頓夫人的筆跡，評論：「每一筆一劃都透露出十誡。」

王爾德寫「理想丈夫」一劇時，正逢他因爲「海辛托斯之信」受勒索時，也是他入獄前六個月左右。這是一部好作品，在滿足觀眾的同時，卻又讓觀眾絲毫未察覺這其實是非常顚覆社會的作品。此劇比《格雷的肖像》更掌握了作者矛盾的本質，格靈爵士這角色更是集合了王爾德所有花花公子角色的大成。有位評論家講到這角色時，認爲：「這位老大不小的公子哥角色，相當有娛樂效果，讓人猜想他到底是頭腦聰明的笨蛋，還是刻意裝作大智若愚。」這樣的評論也可以應用在王爾德身上。

奇爾頓夫人的丈夫羅伯特爵士，在年少時曾一時輕狂，做了些不名譽的事，雖然帶來大筆財富，但現在已威脅到婚姻。當妻子得知丈夫曾販賣國家機密，她冷酷地說到：「一個人的過去也是他的現在。」王爾德並沒有賦予奇爾頓夫人這角色一顆像康斯坦絲寬容的心，在身處逆境時還深愛著自己丈夫。羅伯特爵士藉由年少時所犯的錯，反而在社會上事業成功，王爾德藉劇中這樣的安排，從哲學的角度來爲罪孽作辯解。然而，羅伯特爵士拒絕被定型，他認爲自己接受賄賂是種「力量與勇氣」的象徵。王爾德也沒有讓他在最後接受傳統的處罰下場：喝毒藥、開槍自盡或是只能在花園拈花惹草過一生。反而讓他最後擔任內閣的職務：他年少的叛國行爲最後反而有好下場，當然這是藉由隱瞞以及威脅利誘等才換來的結果。《波爾馬爾》的一位評論家新秀威爾斯（H. G.

Wells），便一針見血地指出王爾德是「在爲自己開罪。」

在一月三日的首演夜，當觀衆猜想王爾德是否會像上次《溫夫人的扇子》一樣，拿著煙做謝幕演講。出乎意料地，王爾德這次不冒任何風險，選擇了四平八穩的謝幕致詞方式。他先向觀衆一鞠躬，然後說：「感謝各位對本人劇作如此全神貫注地欣賞，感謝聰明的演員以輕快怡人的詮釋方式演出，以及這一群如往常一般包容與和善的觀衆。」不過，兩天後出現了一位不那麼和善的觀衆，他就是亨利．詹姆士，他原本應該在聖詹姆士劇院參加他新劇《蓋．唐維爾》（Guy Domville）的首演夜，現在卻沮喪地坐在乾草市場劇院的座位上。爲了平息自己技不如人的焦慮緊張，他批評《理想的丈夫》是「如此無助、粗糙、不良、拙劣、軟弱與粗俗。」

當詹姆士戲稱王爾德爲「郝思卡」時，每個嘶聲的子音都透露對他的輕蔑不屑。自從王爾德在一八八二年於美國巡迴演講時，在華盛頓見過一次後，他對王爾德的厭惡可說是絲毫未減。當時詹姆士得意地講到自己《一個淑女的肖像》（The Portrait of a Lady）以及《華盛頓廣場》（Washington Square）的成功時，他談到對倫敦的思念。結果王爾德回答：「眞的？你還會在意地方？整個世界是我的家。」詹姆士認爲這樣的回答是項挑釁，也許王爾德還會威脅到自己所隱藏的性向。在提到王爾德的名字時，詹姆士便會滔滔不絕地批評他「是個愚蠢的笨蛋、十流的無賴」、「骯髒的野獸」與「不可言喻的動物」。

詹姆士唯一不擅長的文學創作便是戲劇。他認爲戲劇是搬上舞台的小說。缺乏「成功的劇作家」這名號，詹姆士覺得有所缺憾。儘管他對王爾德十分厭惡，卻在自己劇作首演之夜，自虐地看完王爾德劇本的演出，然後在觀衆如雷的掌聲中離開劇院，他認爲觀衆熱切的反應給了此劇「徹底成功」的假象，讓他「憂心不已」。孤單的詹姆士走過聖詹姆士廣場，在途中停下腳步自問：「我的作品如何讓大衆覺得這是成功之作呢？」他抵達聖詹姆士劇院爲《蓋・唐維爾》作謝幕演講。劇院內觀衆喊著「作者！作者！」亞歷山大原本爲了最好的效果，陪伴著詹姆士一起登台，結果卻面臨觀衆的噓聲、譏笑與喝倒采。數年之後，詹姆士還會夢到在漆黑的劇院走廊上一張張不友善的臉孔，對著他尖聲吼叫。他自此僅從事小說創作，再也不嘗試劇本寫作。他說：「我痛恨跟劇院有關的所有事。」

對於王爾德的成功，詹姆士永遠無法擺脫自怨自艾的憤怒情緒。他在王爾德審判期間，試圖表現得無動於衷，卻掩飾不住內心的快樂，興致勃勃地注意訴訟的所有進展，稱整個事情發展「可怕醜惡、煽動人心的戲劇化，且非常有趣。」詹姆士告訴艾德蒙・高斯，他認爲王爾德「從接近二十幾年光鮮亮麗的巔峰，掉到骯髒的牢獄中，在牢房與猥褻的深淵中，殘忍的大衆還在一旁落井下石，這眞是反諷以及令人同情心痛！他不再讓我感到有絲毫的興趣，不過這整個醜陋的人類歷史卻引起我對他的興趣。」

在一八九四年的七月，亞歷山大給王爾德一百五十英鎊，想要買下當初他所拒絕的滑稽喜劇。王爾德便開始在窩辛（Worthing）寫作，這是在薩西克斯郡海邊的一處觀光勝地。在僅僅二十一天內，王爾德便完成英國文學史上最詼諧有趣的喜劇。窩辛是中產階級便能負擔的度假地點，一家人可以悠閒地坐在木椅上，或是漫步在散步道上。他在此快樂地度過七月與八月。

王爾德的寫作從來沒有如此快速與順利。當他完成每一幕的時候，便謄寫到一本練習簿中，再將練習簿寄到打字公司。王爾德將剛完成的片段視為會吞食靈感的怪物，便只要一完成便迫不及待地投入郵筒內。為了避免精彩曲折的劇情會事先曝光（劇本是由不同打字員負責），王爾德還先取了個假劇名，並且都保留重要的結尾台詞。草稿打完字後還需要刪減修改。沒有人比王爾德更善於在文字上去蕪存菁。他懂得掌握對話的時機，所以所寫的對白在舞台上總是能抓住觀眾的心。

這個夏天是王爾德一家最後共度的夏天。王爾德進門後，看到已經照顧兩個兒子一年的「醜陋的瑞士女家教」，覺得嚇了一大跳，這也凸顯出他長期不在泰特街的家中。此時，他還不忘時常與包西聯絡：「我在這裡無所事事，只有泡泡澡或寫劇本。我的劇本眞的很有趣：我覺得很滿意。不過它還沒有成形，還是房間裡四散的草稿。有一次亞瑟想幫忙整理，把一切順序搞亂了，結果沒想到這樣的戲劇效果相當好。第一幕獨創、第二幕美麗，而第三幕則是聰明地過份。」有時候，人必須停止假扮別人，而發現眞實的自己，這就是新劇《誠摯的重要》所要傳達的意義。

有一天在海灘上，當王爾德要放船下水時，一位名為阿爾馮梭・康威（Alphonso Conway）的年輕人幫了他一把。這位十八歲的青年陪伴王爾德六個星期，常見兩人與王爾德的兒子漫步在海灘上。王爾德為表示感謝之意，答應要帶他去旅行，並送給他藍色斜紋布的西裝以及硬草帽，兩人便前往布萊頓旅遊。王爾德喜歡接近社會階層比他低的年輕人，因爲「與這些年輕、聰明、快樂、無憂與自由的人相處帶來歡樂。我不喜歡多愁善感，我也不喜歡年紀大的人。」

維衛恩當時已十一歲，回想起在窩辛度假期間是段快樂的時光。他崇拜父親在游泳所展現的力道，「在不平的海面上，就像鯊魚一樣破浪而行。」他與哥哥比較喜歡父親心情愉快時的樣子，以及與他們共築沙堡的時候。維衛恩形容父親所建的沙堡爲「長而蜿蜒的城堡，有護城河、隧道、瞭望塔與城垛。當城堡完成時，父親還會從口袋拿幾個鉛製的小士兵，放在城堡的城牆上當警衛。」

王爾德在窩辛的書桌上看到一本《綠色康乃馨》，使他相當驚奇。這本匿名的小說作者便是希勤茲，他在與包西、透納同行的尼羅河旅程上，聽了許多關於王爾德的故事，便寫成了此本小說。王爾德欣賞此作品的諷刺幽默，結果傳出他是此小說的作者。王爾德澄清謠言，順便自抬身價，否認自己是作者。他寫信給《波爾馬爾》：「我的確是這種花的創始人。然而這種強以我所創之美麗花名爲標題的中產階級平庸作品，實在與本人毫無關聯，此點我無須多言。這花朵是件藝術品，而這本書則不是。」而包西的父親讀這本小說時更是覺得作嘔。

希勤茲在小說中以艾斯馬・亞瑪尼斯（王爾德的化身）與雷吉・哈斯丁爵士（融合了透納的內在以及道格拉斯的外表）之間的關係，相當露骨地影射王爾德的同性戀生活。亞瑪尼斯講話就像王爾德一樣出口成章，而雷吉爵士則以扣孔插上綠色康乃馨的翩翩風采，迷住了一位合唱團的男孩。此本小說模仿《格雷的肖像》風格，大膽且危險，幾乎是以毀謗中傷的方式來描述當時的人物。

對王爾德而言，《綠色康乃馨》一書是個有趣的插曲，可以讓他寫信給報章雜誌的編輯，這是他最喜歡的娛樂活動。在回到《誠摯的重要》的編輯上，王爾德便加入了幾處對同性戀的隱喻。大多觀眾都不知道，「誠摯」（earnest）一詞是維多莉亞時代指「同性戀」的俚語，常可以聽到「他是誠摯的嗎？」的問題，便是問他是否爲同志。此俚語接著被當作雙關語用，在一八九二年引入英國的次文化中，出現在約翰・坎布里爾・尼克拉生（John Gambril Nicholson）這位年輕校長的十四行詩詩集的標題上：「誠摯的愛」（Love in Earnest）。西西莉（Cecily）此字也可以指男妓之意；而邦伯瑞主義（Bunburyism）一字則暗藏了一個猥褻的雙關語，意味著爲了追求禁忌的歡愉，而過著雙重的生活。而「羞恥」（shame）一詞則有相當大詮釋空間。包西的詩《讚揚羞恥》（In Praise of Shame）其中寫道：「在所有甜美的熱情中，羞恥是最可愛的一個。」

包西隨後來到窩辛，對周遭的環境嗤之以鼻，表示這一切都不符合他的標準。康斯坦絲與兩個兒子回到倫敦，而王爾德便帶包西到葛蘭旅館。十月寒冷的天氣使流行性感冒肆虐，先是包西病倒在床而悶悶不樂。王爾德則在旁悉心照顧，等到他病好些後，兩人搬到較便宜的旅館。接著當王爾德病倒時，包西則是棄之不顧，覺得他的噴嚏鼻水很噁心。當王爾德覺得不舒服不能出城時，包西更是抱怨有加，最後隔天早上整個怒氣爆發出來。包西尖聲叫：「當你不再高高在上時，你就變得不有趣了。」，然後便前往葛蘭大旅館。王爾德則回答：「下次你生病時，我會立即離開！」這就是王爾德四十歲的生日。

王爾德在三天後回到倫敦，決定斷絕這段關係。他拿起報紙，看到了包西的哥哥德拉蘭靈格（Drumlanrig）因槍枝走火死亡的消息。據傳他是因爲擔心與羅斯貝利爵士（Lord Rosebery）的同志戀情會曝光，最後開槍自盡。羅斯貝利爵士是當時的外交部部長，不久便成爲總理，而德拉蘭靈格是他的私人秘書。王爾德寫信給伊凡（Ive），表示這場悲劇是包西生命中「第一次高貴的哀傷」，而他必須「分享他的痛苦」。他急奔回包西的身邊，原諒他所有過份的行爲。而這事件讓昆斯貝利侯爵下定決心，不要讓小兒子也受到醜聞的流言騷擾。

在此同時，王爾德生活壓力越來越大，債也越欠越多。他已經欠了幾家餐廳旅館驚人的債務，買香菸與送人的銀煙盒也累積了數百英鎊的債務。十月時，王爾德將《誠摯的重要》修改好的草稿寄給亞歷山大，請他先給預付款項。當亞歷山大發現主角並不適合他，便拒絕了這四幕的版本。伊利莎白．馬爾伯利剛在美國將某部作品的第一版的版權，以三百英鎊賣給了查理斯．富羅曼，她對王爾德新作有相當精準的評價，她告訴王爾德：「我覺得你不該將作品的所有權利一次賣斷，因爲我眞的認爲這作品將會爲你帶來一筆財富。」

在演出三十一場的《蓋．唐維爾》後，亞歷山大改變了對《誠摯的重要》的看法，不過希望能做一些修改。傑克．渥辛變成了一個生性浪漫的角色，更平易近人而較不憤世嫉俗，更適合亞歷山大來演出。然而，排演工作並不順利，有太多部分需要修改調整。亞歷山大刻意誇張地請王爾德出去走走，懇求道：「我會寄給你首演的票，等演完之後再與你見面。」

王爾德選擇到開羅，而包西則要求去阿爾及利亞。亨利爵士與格雷在劇中也曾爲了嘗試阿拉伯俊美少年而到此地。王爾德冷冷地告訴艾達・李佛森：「我明天要與包西到阿爾及利亞。我懇求他讓我留下看排演，不過他是如此唯美，他立刻予以拒絕。」在一八九五年時，阿爾及利亞已經成爲與埃及相等的熱門冬季度假聖地。雖然沒有壯觀的名勝古蹟，它有以綠洲爲主的度假據點，如比斯卡拉，紀德與一位朋友便在此度過上個冬季。在阿拉伯區內，到處都可以看到回教徒市集，香料、汗水與糞便的味道融合成一股若有似無的異國風味，這是個等待男性旅客來探險尋歡的異國世界。卡拜爾族的男孩還會抓著男旅客的褲管來主動拉客。

王爾德與包西在布利達的東方大旅館。紀德比他們早幾天就抵達。自上次在巴黎紀德與王爾德兩人促膝長談後，時間已經過了兩年。紀德發現王爾德已經改變，他回憶道：「可以感覺他眼神不那麼柔和；笑聲有些刺耳而有時候甚爲輕狂。他似乎更善於取悅他人，卻更不願如此做；他變得更大膽、更強壯、體型更大。」自從在巴黎見面後，紀德已經認清自己雙性戀的身份，但在實際進行同性戀的行爲上，則比王爾德更加的小心翼翼。有天兩人沿著城牆散步，王爾德便向紀德傾吐他與包西父親的衝突。紀德建議他要謹慎處理。他們走進了當地居民區，王爾德刻意在此四處遊蕩，直到他找到合適的嚮導，要求他找些「像銅像一般俊美」的阿拉伯少年。他告訴紀德：「我希望能敗壞這城市的道德。」

羅斯收到王爾德的來信，信中不斷讚揚大麻煙的優點：「眞是美妙：抽三口，然後愛與和平便降臨人間。」至於阿拉伯男孩，「這裡的男童乞丐所擁有的俊美面容，可以輕易地解決貧窮問題。」包西所講的話讓紀德大吃一驚：「我希望你喜歡我……我只喜歡男的。」當天晚上紀德與包西便在咖啡廳裡吵了一架，紀德隔天早上便動身至阿爾及爾，他還寫信給自己母親說：「實在無法衡量這位年輕爵士本身的價値。王爾德似乎讓他腐敗到骨子裡。」不過，包西夢幻般的舉手投足，讓人難以將他與荒淫無度聯想在一起。

因爲包西要留在布利達陪一位美男子，王爾德便隻身一人到阿爾及爾與紀德會合。王爾德安排與他到一間摩爾人餐廳共度下午，這間餐廳以其音樂以及迷人的男侍聞名。在王爾德與紀德的席上，便有一位男侍加入他們，並且開始吹奏笛子娛客。悠悠笛聲與男侍的動人身影讓紀德神昏顚倒，雙眼緊盯男侍而忘記交談，直到王爾德示意要離開才回神。王爾德問他是否中意這位男侍，他則一時語塞，只能回答：「是！」王爾德認爲自己爲紀德安排了他的「第一次」。日後在他的自傳中，紀德寫到：「荒淫好色者的最大樂趣就是讓其他人變得一樣荒淫好色。」在毫無解釋下，王爾德帶紀德到綠洲旅館內的歐洲風格酒吧內喝酒，等到約定的時間便離開酒吧與嚮導在一間小旅館碰頭。紀德進到房間，看到了嚮導與吹笛的男侍一起出現。紀德日後吹噓他做了五次，可是那位男侍表現得相當無動於衷，讓他覺得頗爲失望。

隔天早上，王爾德便隻身一人返回倫敦。在返鄉的旅程中，雖然有不少豔遇誘惑，不過王爾德整個心思都在《誠摯的重要》的首演上，對於獵豔尋樂的興趣沒有像包西那麼強烈。包西決定要留下來陪一位善於花言巧語的咖啡館服務生阿里（Ali），。當王爾德離開時，天空正飄著雪，沒有人來送行，也沒有人祝他戲劇首演順利。所搭的跨地中海渡輪航程延遲了二十個小時，他有時間思考自己曾說的：「沒有所謂改變生活之事情，每個人都只是在自己性格的圈子中，不斷地四處遊蕩。」

過去的兩年來，當王爾德住在旅館或外面房間時，他鮮少回到泰特街的家中。他想念兩個兒子，不過卻厭倦了要不斷地對太太說謊。康斯坦絲對她婚姻如此相信執著，這不能以傳統妻子對丈夫的愛來解釋。她的犧牲奉獻已經超越一般對婚姻的忠貞。在他們訂婚時，她便發誓要奉獻一切來愛自己的丈夫，相信只要自己能帶給他愛與慰藉，他便不會棄她而去，或是愛上他人。她還是持續地盡到所有的可能的努力；在她心中，愛一個罪人比他人有何罪行來要來的重要。

西瑞爾與維衛恩兩人都已經上學，不再需要康斯坦絲費心照顧。她便固定探訪婆婆，這位七十三歲的老婦人正爲一切年老病痛所苦。另外，康斯坦絲藉由參加了「雀兒喜女性自由協會」來幫助此窮苦的工人階級，特別是有幼兒的婦人。她已經辭去「合理服裝社」編輯的工作，不過與位於畢卡第利街的海恰德書店經理依然保持聯繫。這位著名書店的經理亞瑟·李·韓福瑞斯（Arthur Lee Humphreys）比康斯坦絲小六歲，而且是有婦之夫。

在一八九四年夏天，因爲王爾德要出版新書，兩人再度重逢。當時王爾德在讀完《綠色康乃馨》之後，決定反擊這種拙劣模仿他講話的小說，捍衛自己名言的版權。王爾德便請康斯坦絲將他的警句格言整理成一冊，然後同意讓韓福瑞斯以五十英鎊的代價，來使用這本正版語錄的內容。同年在《週六評論期刊》亦刊登了他的《給受高教育者之金玉良言》（A Few Maxims for the Instructions of the Overeducated），在《變色龍》則有《給青年的名句與哲理》。

王爾德在窩辛時，注意力都擺在《誠摯的重要》以及包西身上，所以等到書已經列印好之前，他都沒有看康斯斯絲選了哪些句子。他寫信告訴韓福瑞斯，表示非常不滿意這本語錄。王爾德的第一部語錄《奧斯卡語錄》（Oscariana）出版，在五月又出版另一版，他日後還出版了許多語錄的作品。最後王爾德應該相當滿意這一切，因爲他送給韓福瑞斯一張《誠摯的重要》首演的戲票；而康斯坦絲則是愛上了韓福瑞斯。

他兩人的情感只能從康斯坦絲寫給他的幾封信中略見端倪。康斯坦絲在信中剖析自我進而瞭解自己。身爲著名書店的經理，韓福瑞斯應該聽聞過王爾德與青年鬼混的流言，而他也不難明白，當康斯坦絲講到雙親的問題時，她也在講她自己婚姻的問題。她寫信給韓福瑞斯，表示自己「也許已經跨越了合宜之界線，我希望能成爲你的朋友，也希望你成爲吾友。我向你坦白自己一切，我坦承我不希望你重複我說過的童年往事。」談論韓福瑞斯的婚姻，其實是反映出她對自己婚姻的失望。康斯坦絲告訴他，認爲他是「理想丈夫」，還在信中強調他不僅是理想的丈夫，還是「幾近理想的人！」

康斯坦絲希望能崇拜自己的丈夫，王爾德卻躲避她，而韓福瑞斯則沒有。康斯坦絲寫信給他：「我是世上最誠實的人，也以直覺爲主。這是絕對眞實的，自我昨天與你分別後，我就清楚知道你對我是如此高高在上，而你的婚姻是基於善德而結合，這是你爲人的結果，你的婚姻是如此理想！」他們時常在倫敦圖書館見面。這段婚外情持續不久，不僅是因爲康斯坦絲不久背部便受了傷，而且王爾德的醜聞訴訟爆發後，她的心思重點都擺在丈夫上。不過，想到他兩人坐在公園板凳上辯論，然後彼此擁抱，分別後各自離去，這也是相當甜美的回憶。奧斯卡・王爾德的太太也有了她自己的秘密。

第十八章
最後首夜

在二月十四日，《誠摯的重要》首演夜，倫敦遭逢突如其來的暴風雪襲擊。這不尋常的氣候，就跟王爾德的新戲一樣，成爲衆人討論的話題。在早上，飄飄雪花便覆蓋整個倫敦，下午時便轉爲狂風暴雪，拉車的馬匹都受到驚嚇，不過前去看戲的車流依然絡繹不絕地擠在國王街聖詹姆士劇院的門口。有年輕的男觀衆在扣孔別上百合花；當王爾德挽著康斯坦絲的手抵達劇院前，熱情的群衆則熱烈的歡呼。當問到認爲此劇是否會成功時，王爾德說：「此劇已經是項成功。唯一的問題是今晚的觀衆是否也是如此？」

在九點時，觀衆在脫下潮濕的外套與披肩後，迫不及待地等著布幕拉起，結果布幕拉起的時間比預期晚了十五分鐘。看到奧布雷·比爾茲利與妹妹坐在包廂裡，王爾德說：「瑪貝爾（Mabel）是朵雛菊，而奧布雷則是朵最畸形的蘭花。」在場的觀衆個個事前有做功課，看戲認眞——總而言之，就是一群「誠摯」的觀衆，而所看的這場戲將「誠摯」的實質僅視爲瑣碎末節，而強調「爾尼斯特」這名字，如西西莉與葛溫德靈只肯嫁給姓爾尼斯特的男人。約翰・吉爾查德，曾多次飾演傑克・渥辛一角，認爲此劇像是一場室內音樂會。當初沒送給打字公司的精彩台詞部分，成功地引起了觀衆哄堂大笑。如布雷克奈爾夫人指責傑克「顯現出玩世不恭的態度」，而傑克則回答：「剛好相反，在我的一生中，我現在首次瞭解了『誠摯的重要』。」（王爾德在一八九九年，劇本首度出版時，在「重要」之前還多了「致命」這形容詞。）

王爾德與亞歷山大一起上台謝幕，不過卻沒有做任何演講。在《溫夫人的扇子》，他的演講讓觀衆目瞪口呆，在《微不足道的女人》後，他則是謹言慎行，而在《理想丈夫》後，他更是謙恭有禮。威爾斯與蕭伯納都覺得此劇相當有趣，不過蕭伯納認爲此劇不登大雅之堂。威廉・阿契爾則認爲此劇除了闡揚作者的性格之外，並沒有任何道德上的警世功能。

然而極少人知道當時在舞台後發生的內幕事件。據傳當時昆斯貝利侯爵計畫向觀衆揭露兒子與王爾德的關係，所以亞歷山大事先請了警察，並取消了昆斯貝利侯爵的入場。據說昆斯貝利侯爵帶著一束蕪菁與胡蘿蔔，當警察與警衛阻止他進入大廳時，他就將帶去的蔬菜丟在後台門口。王爾德寫信給包西，描述他父親「留給我一束奇怪的蔬菜花束！我這裡有二十個警察在看守整個劇院。他僵持了三個小時，然後氣憤地離開，像個怪物猿猴一樣咆哮叫罵。」包西火速趕回家與父親算帳，這點讓王爾德相當感動，然而包西如此著急並不是關心王爾德的名譽，而是急於報復父親。

王爾德曾在五月與律師討論昆斯貝利侯爵，接著在一八九四年七月則討論該採取什麼措施來阻止他的騷擾。關於對方曾不請自來到自己的家中「講些從他骯髒的心中所能想到的骯髒話語」，以及他在《誠摯的重要》首演時的公開行爲，王爾德認爲這些都已構成控告他的理由。不過，這還需要有證人，必須由亞歷山大與在場的員工提供證詞。在此同時，昆斯貝利侯爵則帶著王爾德寫給兒子的信，找自己的律師商量是否可以採取任何行動，結果律師並沒有給予任何意見。

昆斯貝利侯爵下一步行動就是埋伏在王爾德常去的餐廳等他。昆斯貝利侯爵整個情緒處相當不穩定。自從兒子自殺以來，他對同性戀的關係可說是深惡痛絕，而現在小兒子也傳出同志的醜聞；再加上他最近與第二任妻子因爲自己性無能而很快地離婚，更是讓他備受打擊。他痛恨前任太太的父親阿爾福萊德・蒙哥馬利（Alfred Montgomery），因爲這位丈人舉止陰柔，毫無男子氣概，並且認爲兩個兒子之所以有斷袖之癖，便是前妻家族的遺傳。

在亞文德爾旅館的王爾德對整個現實的認知，也不比昆斯貝利侯爵好到哪去。包西突發奇想，想要帶一位年輕男子到旅館同樂，王爾德加以拒絕，包西便氣急敗壞地離開，留下一百四十英鎊的債務給他。王爾德打算偷溜至巴黎，不過旅館以防萬一地扣留了他的行李。在二月二十八日時，王爾德到多佛街的阿爾巴馬拿信，大廳的服務生便交給他昆斯貝利侯爵在十天前留下的一封信與一張名片，服務生在上面還註明了日期與時間。王爾德不斷檢查著名片兩面，計算著日期，然後看了服務生一眼，因爲服務生明顯地看到了名片上寫的訊息。上面的筆跡相當難以辨別，到底是寫：「給奧斯卡・王爾德，以機姦者自居（posing somdomite，應爲昆斯貝利侯爵筆誤），還是

「給奧斯卡・王爾德，機姦者。」這是侯爵刻意拼錯、寫字太快而筆誤，或是不知道正確拼法？這不得而知，不過王爾德認爲他找到控告侯爵毀謗的證據。

在與包西討論之前，王爾德寫信給羅斯：「罪行被揭發，我的一生似乎毀在這個人手上。象牙塔遭到邪惡攻擊。我的人生碎在沙地上。」羅斯與其它人建議他不要理會那張名片，將它撕爛，然後到巴黎去。王爾德並沒有被說服；他想要找回過去的生活，而訴諸法律途徑似乎是唯一方式。他曾說自己「一旦起動了社會的力量，社會也許會反問我：『你不是盡你一生違反了我的法律，而你現在卻訴諸法律之保護？你應該要徹底實施這些法律。你應該遵守你所用之法律。』」

整個事件的進展相當快速。王爾德打電報給西瑞爾的校長，取消要帶兒子回家的計畫。然後與康斯坦絲見面，告訴她自己並不是假裝的「機姦者」，昆斯貝利侯爵的毀謗完全沒有根據，至少在王爾德心中他如此認爲，因爲他並非假裝自己是同性戀，因爲他的確是同性戀者。他的妻子從來沒懷疑他，儘管他現在身體不適，還想要幫助他。當王爾德在布萊頓與包西共渡夏日時光時，康斯坦絲在家裡從樓梯上摔下來，背部因此受傷。蒙特坦波夫人邀請她到巴巴谷崖養病，不過她因爲銀行已經透支，沒有旅行的經費。她得請羅斯找出王爾德的下落，好向他要些錢。而現在因爲王爾德決定提出告訴，夫妻兩人又再度團結一致。

王爾德三月一日前往馬爾波羅警察法庭對昆斯貝利侯爵提出毀謗告訴並要求發布逮捕令。包西認爲自己父親很快就會因毀謗而受刑，所以信誓旦旦地表示王爾德的訴訟費用將由他母親與哥哥負責。之前為他處理包西信件的律師喬治・路易斯已經讓侯爵捷足先登，王爾德改找韓佛瑞斯（C. O. Humphreys）。王爾德日後回憶他坐在律師辦公室，向「這位禿頭的律師講些嚴重的謊言」。當韓佛瑞斯問到他的指控是否真有其事，王爾德則一律否認。

韓佛瑞斯說服了辯才無礙的愛德華・克拉克（Sir Edward Clarke）擔任王爾德的辯護律師。他從沒想過最後法庭上會出現男妓來作證指控自己的客戶。在對方的陣營裡，路易斯因為與王爾德的交情，退出這個案子，接著由查理斯・羅賽爾（Charles Russell）接手，辯護律師為愛德華・卡爾森，他是王爾德三一大學同校同學，看到了關於王爾德交往關係狀況的資料檔案，便決定接受此案件。王爾德則評到：「當然他在做這項工作時，會加入對老朋友的惡毒。」

在此一觸即發的時刻，包西說服王爾德帶他到蒙地卡羅，但到了之後便棄王爾德不顧，自己忙著將錢浪費在賭桌上。王爾德思考過自己的處境之後依然不放棄之前的決定。兩人回到倫敦時，飯店認出他們的身份，請他們離開，假期提前結束。即將開審的訴訟案吸引了全歐洲媒體的注意。

在五月二十五日，王爾德向法蘭克・哈利斯請教意見，並安排隔天與他在皇家咖啡廳見面。在約定的當天，哈利斯正在咖啡廳內與蕭伯納邊用午餐邊談事情。蕭伯納與王爾德並不熟識，與包西更是從未謀面，剛好在一旁目睹了王爾德人生轉折的其中一幕。

王爾德請哈利斯以文評專家出庭作證，表示《格雷的肖像》有其藝術價值，哈利斯完全不理會他的請求，反而勸誡他撤銷告訴逃到法國去。包西則爭論自己雖是不請自來，但擔心其它人反對的意見會對自己不利。王爾德試著說服哈利斯，如果包西能在法庭上爲他父親粗野的性格作證，一切都會沒有問題。哈利斯則一針見血地指出，包西對他父親的看法與整個毀謗案並無任何關聯。在旁一頭霧水的蕭伯納則是點頭表示同意。氣憤的王爾德批評哈利斯不支持他。他罵道：「你一點都不夠朋友，法蘭克。眞不夠朋友」，然後轉身離開皇家咖啡廳。

王爾德一生都想做到是非分明。在此次事件中他拒絕假裝，而且堅持不逃走，眞的很有勇氣。他不想一直「被瘋子尾隨其後」，希望藉此來捍衛藝術家的生活權利。步波特萊爾與左拉的後塵，他希望由法律來主持正義，卻以爲整個事情重點會集中於自己的性格，而不是私人的性生活。

昆斯貝利侯爵提出了抗辯，包含了對王爾德「妨害風化」的十三項指控，另外兩項則是針對《格雷的肖像》，以及刊登在《變色龍》的格言，這兩者的猥褻曖昧內容。

毀謗的訴訟案於一八九五年四月三日開庭，地點在「老貝利」中央刑法法庭，整個案子持續三天，狹窄的旁觀席位上擠滿了群衆。雖然王爾德是原告，卻明顯地反成爲受審判的對象。一開始由克拉克做開場白，爲王爾德的名譽辯護。他預測對方會以「海辛托斯之信」做文章，所以先從此處著手，將此信描述成一首散文體的十四行詩，並且強調不該被詮釋成昆斯貝利侯爵所質疑之罪狀。包西沒有以證人身份出庭。整個案子的證人除了收到名片的俱樂部服務生外，便是王爾德自己。王爾德在證人席上無意識地虛榮心發作，謊報自己爲三十九歲。以這場所謂「世紀審判」而成名的卡爾森以銳利的目光看著同學。卡爾森知道王爾德已經四十歲，然後用這事實來凸顯王爾德說謊，進而降低他身為證人的可信度。

卡爾森聰明地以交叉質詢的語調，提出了第一個問題，問道：「你剛才說你三十九歲。然而，我據我所知，你已經四十歲了。你是一八五四年八月十六日出生的。」接著，卡爾森拿出王爾德出生證明的副本，繼續追問：「出生於一八五四年便是指你四十歲了。」王爾德只嘆口氣：「啊！好吧！」，讓卡爾森自己滿足的做著數學演算。

接著卡爾森強調王爾德與包西的年紀差異，又講了其它與王爾德有關係的年輕人名字。最後王爾德被描述成專門勾引青年的色鬼，雖然案件中提及的青年都超過法定的十六歲，但他請街頭男妓吃香檳晚餐又送他們煙盒，無恥地破壞階級的界線，對英國大眾而言，這是最不能接受的事情。

卡爾森接著分析《格雷的肖像》，探討其中暗藏同性戀內容，想證明王爾德是個敗德的作者，王爾德的回答雖然機智精彩，但他忘記整個質詢主題應該是在討論文學與美學。卡爾森大聲朗讀王爾德作品的片段，然後問王爾德是否為作者。王爾德考慮了一下問題，然後回答：「喔，不，卡爾森先生，這是莎士比亞寫的。」王爾德精彩的回答將了同校同學一軍，但他忘記自己是在證人席上而不是在表演。卡爾森念了另一段文章，又問說：「我想這也是莎士比亞寫的吧，王爾德先生？」王爾德回答：「若以你的方式來看，不是，卡爾森先生」，回答後便轉身背對了法庭內因他回答而造成的吵鬧，雙手交叉在胸口，眼睛盯著天花板。法官要求大家保持肅靜，甚至威脅要清場。

整個攻防戰繼續進行著。卡爾森不願意再受到羞辱。他開始抨擊王爾德矛盾的交友菁英主義，質問他與一些毫無謀生能力的流浪孩童的關係。曾被誤拿接著以三十五鎊贖回的「海辛托斯之信」，卡爾森便以這點緊咬著王爾德。否認有任何不當行爲的王爾德，認爲藝術家有自由選擇與聲名狼籍的青年一起同樂，寫給他們如詩般的信件。」在第二天的審判中，卡爾森繼續交叉質詢，開頭便問到艾佛烈・泰勒，據傳便是他撮合王爾德與幾位青年，到他在小大學街的房間裡交易。王爾德說他不知道有這樣的關聯，並認爲泰勒是位「品味傑出與有智慧的人，受過良好英國學校的教育。」卡爾森質問王爾德關於所有在審判前便錄口供的青年，其中包含：帕可兄弟、亞特金斯、爾尼斯特・史卡夫（Ernest Scarfe）與西德尼・馬佛爾等人。卡爾森接著提及華爾特・葛蘭格，他曾是道格拉斯的僕人，王爾德曾聘僱他爲在窩辛的副管家。王爾德承認與他認識，但從未與他像其它青年一樣共度晚餐。

卡爾森問到：「你是否曾親吻他？」王爾德一時沒心理準備，回答：「喔，天呀，沒有。他是個相當平凡的男孩。他不幸面容十分醜陋，我替他感到難過。」

卡爾森：這是你沒有親吻他的原因？

王爾德：喔，卡爾森先生，你眞是追根究底地無禮。

卡爾森：你剛才所說的否爲你沒親吻他的原因？

王爾德：沒有。這眞是個幼稚的問題。

卡爾森：你是否解釋了你從未親吻他的原因。

王爾德：完全沒有。

卡爾森：那你爲何提到這位青年十分醜陋？

王爾德：就是這原因。如果有人問我爲何不親一塊門墊，我會說因爲我不喜歡親門墊。

卡爾森緊盯這問題不放：「你爲何提及他的醜陋？」他猛烈的攻擊讓王爾德思緒開始混淆，句子都不能講得完整。最後，他帶著受傷孩童的語調，對以前的同學說：「你刺激我，傷害我，想要讓我神經崩潰，有時候說話應該要比較嚴肅認眞，但有些人反而會比較輕浮，這點我承認。」

卡爾森問到：「那你是說話比較輕浮了？」

王爾德回答：「喔，是的，這是個輕浮的回答。」

「如果這男孩吸引力夠，王爾德便會親吻他」，這樣的暗示決定了王爾德控告昆斯貝利侯爵一案的勝負。王爾德爆發的回答證實了他美學與性慾的關聯，既使他自己假裝兩者之間毫無相干。

克拉克唯一的反擊便是昆斯貝利侯爵在信中寫的侮辱內容，其中有一段還暗示包西是私生子。然而採用這些信件是項錯誤，因爲此舉雖然揭露出侯爵內心缺乏理性，但卻不能避免地提到羅斯貝利爵士與格萊德史東的名字，不僅列入法庭的紀錄，更刊登在報紙的標題上。王爾德變成了羅斯貝利爵士謠言的代罪羔羊。王爾德的最後一絲勝算也宣告終結。

另外，因爲引用了這些信件，克拉克讓卡爾森有機會再次對王爾德交叉質詢。當王爾德問卡爾森是否會問到他與一個青年在深夜被趕出阿爾巴馬旅館的事情時，克拉克則警覺到自己的客戶對他隱瞞了眞相。在此時，克拉克將火力集中昆斯貝利侯爵在「皇冠」內滋事的事件上。卡爾森爲昆斯貝利侯爵辯護，認爲他只是想讓兒子脫離王爾德敗德的影響。然後卡爾森突然出奇招，宣布他要請在昆斯貝利侯爵抗辯所列舉之青年進場作證，他們將證實與王爾德之間有過不正當行爲。

克拉克建議王爾德撤回告訴，承認對方的控訴；另外，他希望王爾德在被逮捕之前，能趕快離開英國。王爾德不願像罪犯一般選擇潛逃。但四月五日早上，他並沒有出席最後一場審判。隨著卡爾森唸出會出庭作證青年之姓名，克拉克開始抓著他律師的黑袍，戴著假髮的頭則抬不起來。整個案件已經結束。卡爾森堅持整個告訴，王爾德則接受昆斯貝利侯爵爲了「大眾利益」有權稱呼他爲雞姦者。在法官的指示下，陪審團決議昆斯貝利侯爵無罪。而另一方面，雖然在法庭上沒有用到這些男妓的證詞，昆斯貝利侯爵則確定這些證詞最後到達了檢察官手上。他還寫信給王爾德：「如果這國家爲了整個國家之利益讓你離開，而你帶著我兒子同行，我會跟蹤你到天涯海角，然後開槍殺死你！」

王爾德在羅斯與包西的陪同下，離開法庭到雀兒喜的卡多干旅館內。他知道自己會被逮捕，然後想想又覺得不會。他無精打采地坐在椅子上，彷彿失了魂一般，啜飲葡萄酒與礦泉水，床上的行李箱則打包到一半。羅斯見到了康斯坦絲，她在訴訟案之前都還不知道丈夫生活的另一面。羅斯告訴她整個情況，她則說：「我希望奧斯卡會逃離到國外去。」

但是王爾德天性相當頑固。當別人在爲他的未來爭論不休時，他則是喝著一杯又一杯的飲料，堅持自己要留下，且服完法律所判的刑責。弓街治安法庭於下午三點半申請逮捕令，然而一直等到五點才核准下來，這是到法國的末班船啓航時間。這樣的延緩可能是刻意讓王爾德有時間悄然離開，不然就是官方作業上的問題。在六點過後不久，倫敦警察廳的警員便敲著旅館的門，王爾德穿上外套、戴上手套，還拿了一本黃皮的法國小說，等著被警方逮捕。報紙標題寫著他被捕時「手臂還夾著一本黃皮書」，誤將黃皮的小說以爲是《黃皮書》。王爾德從未在《黃皮書》寫過隻字片語，但是此事件卻讓《黃皮書》變得惡名昭彰。

是否還需要另一場審判？據傳昆斯貝利侯爵威脅要將羅斯貝利爵士拖下水，說服政府當局起訴王爾德，此舉引起衆人爭議。其實即使沒有這項舉動，檢方在法律的規定下，依然會就未呈堂的證供，繼續調查王爾德的案子。王爾德總是說一個人要愼選自己的敵人。王爾德多年來一直保持高不可親的姿態，樹立了不少嫉妒他的敵人。然而出人意料之外，有位名爲查理斯・布克菲爾德（Charles Brookfield）的小演員，亦乘機挾怨報復，因爲王爾德曾批評他將手套留在一次茶會中，以及他平時穿錯西裝樣式等，便對王爾德懷恨在心。他與格勞佛（J.M. Glover）合作，以《溫夫人的扇子》爲嘲笑模仿的對象，創作出《詩人與傀儡》（The Poet and Puppet）這部音樂劇，王爾德對此則是不以爲意，樂於受到如此的注意，即使是帶有敵意的眼光也無所謂。

當毀謗訴訟案開始時，布克菲爾德自願收集不利於王爾德的資料，並且在他演出王爾德的劇本後，舉辦一場宴會慶祝昆斯貝利侯爵被宣判無罪。（更爲諷刺的是，布克菲爾德於一九一二年被任命爲劇本的審查員。）

王爾德於四月二十六日開始坐牢，起訴罪名是私下與同性進行猥褻等不正當行爲。在一八八五年勞伯契爾修正法案（Labouchere Amendment）規定下，此等罪行至少要判兩年的有期徒刑。一反過去從宗教來看同性戀的性行爲，此修正案將原本法律的重點由雞姦行爲，轉爲將一切性侵害的行爲都包含在內。所以就法律技術層面而言，王爾德受到審判的原因並非是因爲他雞姦青年，而是他對同性有性侵害行爲。他的審判不僅測試出男性之間不正當行爲的標準何在，並且也界定了私人性生活受到法律所規範的範圍。在修正案前的法律，王爾德是以雞姦者的身份上了法庭，而在修正案的最新定義下，他則是以同性戀者的身份而被判刑。

王爾德不得交保，在哈勒維監獄內待了兩個星期，在他的刑事庭開審之前，便不斷地在監獄與保街的法庭來回出席公聽會。在《誠摯的重要》中，傑克抱怨被關在位於郊區的哈勒維監獄中。葛利比斯比則再三向他保證，雖然這監獄屬於中產階級，不過「現代感十足且通風良好」。根據報紙的報導，王爾德所待的監獄則是「骯髒、昏暗、潮濕且有害健康……連貓都不適合住在這裡。」

在開審之前，包西每天都來探望王爾德，克拉克則建議包西到法國去，避免日後在法庭上受到交叉質詢。據傳包西原本也會被逮捕，不過有關當局宣稱沒有任何不利於他的證劇，顯然他父親已經打理好一切。王爾德懷念包西的來訪，他寫信告訴艾達．李佛森：「修長的身影，那像個天使般的金髮，他永遠在我身旁。他的出現庇護著我。」

在第二場審判中，卡爾森由查理斯．吉爾（Charles Gill）所替代，他也曾就讀三一大學，但與王爾德並無交情。克拉克自願爲王爾德擔任辯護律師，且不收任何費用。在上一次審判中泰勒因爲替王爾德撮合男妓進行交易，也成爲檢方追查的重點。檢方提出條件，若他能做出不利王爾德的證詞，便不會受到起訴，但他拒絕了這項提議。就像王爾德在法庭上所說的，他雖然出身於馬爾波羅，但依然是一個有傑出品味的人。所以，對王爾德更雪上加霜的是，兩人最後以同一罪名一起接受審判，還加上另一條罪名：共謀犯下不正當行爲，其中暗示有雞姦之行爲。

當時英國大衆對王爾德的事件可說是義憤塡膺地給予道德譴責，沒有人同情他。看著別人的醜聞而幸災樂禍，王爾德的大起大落更添加了戲劇性。從報章雜誌、王爾德平常所嘲笑的中產階級、所諷刺的貴族，大家都缺乏應有的風度。法蘭克．哈利斯回憶道：「每個人都在與鄰居比賽著，看誰比較痛恨王爾德。」葉慈則中肯地指出英國大衆對王爾德的憤怒，其實是對藝術與藝術家的憤怒，這種憤怒一直蟄伏在心中，直到王爾德跨越了應有的界線才爆發出來。

在王爾德睡在牢房的床上時，他的收入正達到高峰。在西區的劇院裡，他有兩部劇作正在上演。他被譽爲本世紀最傑出的喜劇作家。在他於四月五日被逮捕之後，《誠摯的重要》一劇的製作繼續進行著，不過作者的名字則是從告示牌的廣告與節目單上去除。爲了延長檔期以及幫助王爾德還清債務，亞歷山大在演出了八十三場的《誠摯的重要》後，才讓此劇下檔。《誠摯的重要》於四月二十二日在紐約首演，不過受到醜聞、負面的劇評與票房不佳等因素影響，不到一個星期便下檔。在王爾德被逮捕當天，《理想丈夫》一劇則從乾草市場劇院下檔，改至克萊特立恩劇院上演，兩個星期後便草草下檔。大多的書商以及書店也都一起抵制王爾德的作品。

康斯坦絲將兩個兒子從學校帶走，遠離衆人的注意。日後再由法國的女管家帶他們到瑞士，而康斯坦絲則留在倫敦陪著王爾德。她盡量應付先生所留的驚人債務，還去找「摩爾迪蒙街的西比兒」，這位算命大師預測幾個月後便有一大筆錢進帳。康斯坦絲問道：「我先生背叛欺騙我，毀了我親愛兒子的未來，他會變成怎樣？妳能指點我嗎？妳告訴我在這場恐怖的震撼後，我的人生會變的較爲順遂，但是生活會快樂還是一片死寂？我已經一無所有。我的人生已經支離破碎，就像是我掌中複雜的掌紋一樣。」算命大師沈默不語。劇中的溫夫人解釋的最恰當：「如果是天作孽，這還可以忍受，它們是由外部而來，是意外。不過若是自作孽而受苦，呀，這可就是人生之痛了。」

然而屋漏偏逢連夜雨。在四月二十四日，司法官來到泰特街的家中，拍賣「美麗之屋」內的一切物品。整個拍賣會是在家中的客廳內舉行，如王爾德的全身畫像便是由艾達・李佛森以十四英鎊購得。從小孩子的玩具到王爾德不常使用的湯姆士・卡萊爾之寫字桌，所有的東西都被拿出來拍賣，現場瀰漫著像馬戲團的熱絡氣氛。好奇者則是絡繹不絕，在樓上樓下到處查看，參觀王爾德的臥房，不放棄任何地方地翻箱倒櫃。王爾德私人的信件被打開來看，有些手稿也不翼而飛。出價購買的狀況並不踴躍。彷彿是受到了主人醜聞案的影響，他的一切動產——從他最珍愛的青瓷，到杉儂與瑞其茲的畫像，全部都失去原有價值。

王爾德抵達老貝利時，穿著一件絲絨領深色外套，戴著絲質的帽子，深色領結，但沒有扣孔。自從他進入哈勒維監獄後，他顯得較為消瘦。《警方報》(The Illustrated Police News) 形容王爾德的長相為「幾乎毫無血色，而他的雙眼厚重且看起來疲憊。」他走上被告席，在法庭內高起的隔間，每一面都有玻璃板隔著，底部凸出一塊狹窄的橡木板充當座椅用。在王爾德身旁是泰勒，而在此審判中，又提到了上次曾提到的名字，不過這次名字所代表的證人有出庭作證。

第一位證人是查理斯．帕可，他表示自己二十一歲，職業是貴族紳士的侍者。他坦承自己從事性交易，描述當時如何與王爾德在索菲尼諾餐廳相遇，然後與他到薩伏伊的房間，然後在自己的同意下，王爾德「雞姦了我。」之後，他表示收到了兩英鎊的報酬。他的哥哥威廉，職業是位男僕，更仔細地描述了當時整個晚餐的情況，他記得王爾德用自己的嘴巴餵他弟弟醃製櫻桃。租屋給泰勒與查理斯．帕可的房東太太也在庭上遭到詢問。唯一提到道格拉斯的證人，便是曾勒索王爾德的阿爾法德．伍德。吉爾則是避開與道格拉斯的關聯，讓伍德承認道格拉斯是以電報而不是本人將他介紹給王爾德。

另一位證人是亞特金斯，現年二十一歲，曾從事撞球製造業，目前是出版業的伙計，他作證王爾德帶他到巴黎，在卡布西尼大道的蘭大旅館內待了一個星期。有一天晚上，當他有事外出返回旅館時，發現王爾德與莫利斯・史卡瓦伯（Maurice Schwabe）躺在床上，史卡瓦伯是首席檢察官之妻的姪子，卡爾森在之前的審判中刻意不讓他的名字曝光。在克拉克的交叉質詢，則是集中攻擊亞特金斯曾經以勒索來賺錢，而其它男童則是男妓，可信度值得懷疑。這樣的說法唯一不能概括在內的就是愛德華・雪利，他是波德利出版社的職員，在法庭上指出王爾德的侵犯讓他覺得「受到侮辱」，雖然自己是「努力地抗拒」這些行爲，還有因爲同志譏笑他爲「王爾德太太」或是「奧斯卡小姐」，因此離開原有的職務。有足夠的證據顯示雪利並不可靠。

在第四天時，由辯方提出總結，克拉克請王爾德坐上證人席。他首先也爲王爾德作品做一番辯解，然後要求王爾德發誓他在昆斯貝利侯爵審判案所提出的證據都是眞實不虛，而在此審判案一切對他的指控都是莫須有的罪名。吉爾則以《綠色康乃馨》反擊，特別是道格拉斯所寫的兩首曖昧的詩。當吉爾請王爾德解釋「兩種愛」的最後一行「不敢表明其名之愛」的意義爲何時，王爾德有最好的時機來捍衛藝術家的自由權，其中包含性自由，然而此時他若要保護自己，他必須假裝自己並不注重感官慾望，但這又違反了他的享樂主義的美學理想。王爾德先是讚美希臘式的愛情，以及長久受到誤解的關係「此種關係不時存在於長者與青年之間，其中長者有智慧，而年輕者擁有一切的歡樂、希望與生命的光芒等待著他。」旁聽席上有人鼓掌叫好，有人則是噓聲不斷。

在旁聽席的座位上，馬克斯・比爾博姆認爲王爾德這段話「實在太棒了。」他認爲王爾德當時「十分沈著自若，以他的表現與音樂般的聲音，主宰了整個法庭場面。我很確定，他從來沒有如此成功，整個席位上爆起一片掌聲。」喬治・艾維斯在日記上寫著王爾德「雖然犯下錯事，但並沒有任何犧牲或悲傷」，將王爾德提昇成一位同性戀殉道者，至於康斯坦絲與兩個孩童所受的苦難，似乎就無人在意。

隨著審判的進行，接著有數位年輕人提出不利的證詞，薩伏伊的女僕表示從據傳是王爾德房間的床單上，發現了可疑的污跡。（王爾德日後告訴哈利斯那些是包西的床單。）克拉克則是質疑這些證人的可信度。當時檢方已經撤銷了王爾德與泰勒兩人「共謀」的控訴，然而事後回想，這是相當矛盾的舉動，因爲此舉否定了兩人結夥在其它男性尋求性歡愉的可能，然而在整個審判中，又詳實描述了兩人之間的關聯。王爾德是否有不正當之行爲，這已經不是問題的重點。在經過三小時的考慮討論後，其中一位陪審團員堅持認爲王爾德無罪，最後並沒有達成一致判決，因此還要進行另一次審判。在史都華・海德蘭牧師（Reverend Steward Headlam）與波西・道格拉斯（Percy Douglas）各出一千二百五十英鎊的保證金後，王爾德最後終於獲得假釋。

在五月七日，王爾德開始了最後三個星期的自由時光。他與波西到聖潘卡拉斯附近一間偏僻的旅館內，但才剛登記住宿不久，便被請出旅館外。昆斯貝利侯爵與他同夥用盡一切辦法，就是要沒有一家旅館敢讓王爾德住宿。家是最後的歸宿。王爾德夫人現在已高齡七十六歲，身體狀況並沒有任何改善，她依然住在奧克利街，與威利和第二任媳婦莉莉住在一起。兩個兄弟將近有兩年沒有跟對方說話。威利說形容弟弟當天「來的時候用鼻子一直去碰撞窗戶玻璃，然後倒在我的門檻上就像一隻受傷的公鹿。」當時大家討論著王爾德是否該逃離至國外。王爾德夫人則是高貴地告訴兒子：「如果你留下而入獄，你將永遠是我兒子，如果你離開，我則永遠不會再跟你講話。」葉慈日後說王爾德「做出正確的決定」，而且「日後的洗心革面有一半要歸功於這項決定。」

威利看到弟弟的下場則是幸災樂禍。王爾德晚上睡覺時市在火爐附近的角落裡鋪個便床，窩著睡覺就像是一條流浪狗。喝得爛醉的威利看到了，喃喃地說著：「至少我做的壞事並沒有犯法。」羅伯特・哈伯爾・謝拉德曾來拜訪，發現王爾德情緒激動外，還因爲發燒而臉色泛紅。王爾德出門次數不多，有一次是跟李佛森一家共用晚餐。王爾德稱艾達・李佛森爲「人面獅身像」，這是他比較中意的綽號。艾達嫁給一位鑽石商人的兒子，可說是不錯的歸宿，她是位聰明有活力的女性，她亦是一位幽默家，曾在《笨拙》投稿，不過在當時社會並不鼓勵刊登出女性之幽默作品。她外貌神似莎拉・伯恩哈特，特別是她將一頭捲曲的頭髮盤在頭頂上時，吸引著王爾德的目光。李佛森一家看了王爾德一眼，便邀請他留下來共住。

王爾德暫住在他們兒子的房間，並堅持所有的玩具都留下來。在審判之前的私人理髮師現在每天都來此爲他燙髮與刮鬍。王爾德三餐在自己房間內用餐，然後穿著正式服裝，與李佛森一家聚會聊天，講到狄更斯時，他說：「一個人必須要鐵石心腸，這樣讀到小奈爾（little Nell）過世時，才不會忍不住笑出來」，逗得大家捧腹大笑。除了他自己的問題外幾乎無所不談，他回憶起有次在巴黎連續三夜都喝苦艾酒，還吹噓自己能保持清醒，直到他看著侍者用水澆鋸屑時，他醉眼惺忪地看到從鋸屑中長出鬱金香、百合花與玫瑰，把整個咖啡廳變成一座花園。

王爾德在這暫時的房間內接見賓客，如康斯坦絲曾到此探望他。在兩個小時的探訪時間內，她懇求王爾德離開英國。王爾德的友人鮮少會考慮到康斯坦絲的感受，發覺丈夫原來對青年情有獨鍾，然後自己的朋友對自己避之不及，鮮少人想到這對她造成多大的傷害。她獨自面對自己與兒子的人生抉擇。然而，她依然到這裡找王爾德，站在玩具木馬與一堆積木中，握著他的手，告訴他身為其妻子的自己所能提供的唯一建議：救你自己！

當王爾德的審判於五月二十日開始時，克拉克以王爾德與泰勒共謀的控訴已經撤銷為由，成功地爭取到兩人分開審判的機會，他知道泰勒最後一定會被定罪，所以希望泰勒能最後受審判，但最後並沒有如願。在經過一天半的偵訊後，陪審團討論了四十五分鐘後，最後判決泰勒有罪。

王爾德於五月二十二日第二次站上被告席接受審判。檢方律師由原本的吉爾改成首席檢察官法蘭克．拉克伍德（Sir Frank Lockwood），顯示出皇家法院有心要定王爾德的罪。同樣的證人再次出庭作證，亦就同一封信件加以討論。在第三天時，克拉克請王爾德到證人席上，王爾德顯得一臉疲憊，眼睛出現黑眼圈，衣服也凌亂不堪。他面容憔悴，聲音空洞，就像是戰敗一般。然而當克拉克問到對他的任何指控是否眞實時，他則是以堅定的聲音回答：「完全沒有。」克拉克的策略讓王爾德成爲衆矢之的，指責他虛僞不實。克拉克在法庭上說：「這次審判似乎是給予倫敦所有勒索者免罪的特赦。」，這段話並無太大效果，他又繼續講著，認爲告人者應該受到控告才對。陪審團討論考慮了兩個小時，然後判定王爾德有罪。

在審判進行的同時，昆斯貝利侯爵則是出現在席上明顯之處，讓王爾德倍覺羞辱。王爾德怨懟地向包西形容他父親如何地惹人注目，「服裝與步伐都像個馬夫一樣，一雙O型腿，手不停地抽動著，往下垂的下唇，露出兇惡又得意的獰笑。」

在維多利亞時期大家對同性戀的恐懼下，犧牲王爾德一人可以平息衛道者的不安：此案件之後，再也沒有同性戀者遭受逮捕。貴族亦犧牲了王爾德，因爲他踰越了應有的階級界線；司法體系之所以處罰他，因爲他想隱藏自己同性戀的身份而利用法律。他原本爲了想討好包西，便決定給昆斯貝利侯爵一個教訓，沒想到最後受害的是自己。他在法庭上進行了一場不尋常的表演，並且完全相信自己會像《理想丈夫》中的羅伯特．奇爾頓爵士一般，能戰勝過去，開始新的生活。

在宣判判決之時，法官阿爾法德．威爾斯（Sir Alfred Wills）講的一席話透露出數世紀以來社會對同性戀的偏見：「任何從事相同行爲者都應該羞愧而死，任何人都不能期望對他們有任何影響。這是我所審判過最糟的案子。你，泰勒，經營了一間男妓妓院，此點是無庸置疑。而你，王爾德，則是以你爲中心，一群人對青年進行最邪惡的敗壞污染，此點亦是一樣地無庸置疑。」

王爾德則問到：「那我呢？我是否能說些話，庭上？」此言一出，讓威爾斯覺得受到冒犯，便示意讓警衛將王爾德帶走。

第十九章
感人的哀傷

王爾德的罪行與刑罰之間有著很大的落差。他對於牢獄判刑很理想化。在他美國巡迴演講中，曾參觀內布拉斯加州林肯市的一座監獄，他覺得牢犯個個「長相邪惡」，覺得非常有趣。他寫信給奈莉・西克特：「我可不願意看到有面貌高貴的罪犯」，並向她形容「刷的粉白的牢房，整齊的恐怖，不過裡面還有書。」當他看到一本但丁的譯本，他便開始懷疑現代的犯人，如何從這位被流放的佛羅倫斯作者作品譯本中找到慰藉。

在《社會主義下的人類靈魂》中，王爾德想像「既使在牢獄中，人類還是可以相當自由。他的靈魂可以自由，人格可以不受干擾，可以獲得內心的祥和……他或許做出不容社會之行為，然而藉由罪惡達到眞正的完美。」在《獄中書》中，王爾德試著證明自己的人格亦經過相同的改變，不過事實上，牢獄的生活並沒有為他帶來心靈上的平靜或完美。

被定罪後，王爾德被帶到潘屯維爾監獄的單人牢房，通過了簡單粗糙的健康檢查，被判定可以從事勞動的工作。他穿著一般的灰茶色囚犯制服，每次看到其它牢犯，便會將帽子壓低蓋住自己的臉。他分發到一條毯子以及一個硬枕頭，頭一個月，他必須睡在木板床上，他認爲木板床的唯一目的就是要讓牢犯無法入眠。王爾德寫到：「睡眠，就像是其它養生之道一樣，都是一種習慣。」

牢房中除了一張吃飯以及小桌子，其它東西都不准擺設，不可以張貼圖畫，不可以說，也沒有馬桶（因爲排水管可能會被利用來對外聯絡）。牢房內的便盆每天才清三次，若要上監獄的公廁，則要利用每天一個小時的活動時間。當王爾德在獄中有長期腹瀉問題時，像他這樣高要求的性格，腹痛時必須在昏暗的牢房中蹲在便盆上，這簡直是一大酷刑。他體重減輕了三十二磅，擺脫了以前在皇家咖啡廳大啖美食所換來的脂肪，他的臉又恢復之前有稜有角的線條。來探望他的友人都提到他看起來清瘦許多。

王爾德身體強健，有助於度過牢獄中的艱難生活。否則他應該會熬不過去而喪命因爲牢獄的生活對犯人來說是一種侵蝕，牢犯在漸漸瞭解自己被遺忘，在身心上，漸漸耗弱殆盡。王爾德則是退化成像孩童一般無助與受到虐待。他爲附近牢房內的孩童所寫的幾封信更是令人爲之動容，他寫信給《每日紀事》，形容在對面牢房的一位男童，認爲：「孩童在牢獄中所感受的恐懼是永無止盡的。這男孩的臉就像是恐懼所化身的一根白色楔子，眼中透露出受傷動物的恐懼。隔天早上在早餐時，我聽到他在大聲哭嚎，叫著要放他出去。他叫著找父母親。」

王爾德過了數月才能適應監獄的伙食：稀糊的粥、青豆與湯，每個星期則加上冷肉來加菜。

幾乎每個牢犯都有腹瀉問題，整個監獄臭氣沖天，早上來開牢房的警衛都被薰得噁心不舒服。王爾德的第一位訪客是哈爾登（R.B. Haldane），他是一位自由黨派的政治家，幫王爾德安排可以看監獄圖書館以外的書，王爾德形容監獄圖書館所收藏的都是「三流、寫得很糟的一些所謂宗教書籍，很明顯地是寫給兒童閱讀，但是完全不適合任何人閱讀。」

對王爾德而言，讓自己無所事事相當困難。監獄內的生活是賴活著，什麼事都不做，有時間回憶過去，回憶就像是在《誠摯的重要》中西西莉所講的「我們隨身帶著的日記。」王爾德盲目地探索著，最後恍然大悟自己在獄中的這段時間內，必須學著以與過去迥然不同的方式，來與內心的自我進行交談溝通。

王爾德在入獄之前的獨處時間內，不論是在泡澡或是躺在沙發想著警句時，他都準備著與別人談話。家庭、友情、藝術與工作，這一切他都原本視為理所當然，但在牢中則成為過往雲煙，每天只有失望與痛苦這兩種感覺。與內心自我的獨白透露出對道格拉斯的怨懟，但是王爾德依然遵守著自己的原則，他寫信給羅斯：「要改變我的生活，就先要承認同性戀情不是高貴的。然而，我認為這是高貴的情感，比其它形式的情感更高貴。」只有當王爾德瞭解了自己的失敗落魄，他才能接受過去所逃避的缺陷。褪盡過去的光輝，他如今已變成凡人，疾病與醜陋已經不再讓他覺得反感。

在六月二十一日時，一位代表昆斯貝利侯爵的律師來到監獄中，給他一張破產通知書。昆斯貝利侯爵希望由王爾德支付自己六百七十七英鎊的訴訟費用，包西曾拍胸脯保證要由母親與哥哥來支付這筆費用。之後，王爾德在獄中每天又多了一種感覺——怨恨！在七月四日，也許是在哈爾登的說情下，王爾德被轉至渥滋華斯監獄，但是王爾德更討厭這裡，此處伙食更糟糕，王爾德說：「連聞起來味道都很糟，狗都不會吃。」除此之外，他每天還得踩踏車磨麵粉六個小時。

在醫院修養的期間，由於可以跟其他病人聊天交談，王爾德這段日子過得相當開心。出院之後，他便不用踩踏車工作，而是在自己的牢房做分派的工作——每天剝解舊的繩索，從中抽取約四磅的麻絮，然後用這些麻絮混合瀝青來塡補船身的接縫處。王爾德修長的指甲因爲工作而傷痕累累，不過至少他有書可看。哈爾登帶給他一些書，都是他所喜歡的作者，如派特、紐曼、以及聖・奧古斯丁等人。至於他原本要求的《包法利夫人》則是被認爲內容不當而禁止帶入。

王爾德在渥滋華斯監獄服刑了三個月後，便可以寄出與收到各一封信，也可以見一位訪客。此時，他將對家人的考量擺在包西之前，並且接受小舅子在信中的建議，他暗示如果王爾德能表現痛改前非，康斯坦絲便願意原諒他。王爾德寫了一封溫柔且表示懺悔的信給康斯坦絲，深深感動了她，便申請一次額外的探監，因爲第一次探訪已經被謝拉德用去。在此依循著過去的習慣，牢犯一年只容許有家人或朋友來探訪四次，每次只有二十分鐘，讓牢犯在探訪後更加的絕望失落。

因爲王爾德破產案的訴訟關係，他必須數度離開監獄到凱瑞街的破產法庭出庭偵訊，出庭時他必須戴著手銬，然後走過等待的群衆面前。有一天因爲他在禮拜時轉過頭，所以刻意將他在法院座椅的座墊拆開，以作爲對他的處罰。另外有一天早上，他身體虛弱到無法自己著衣，還摔倒在牢房的地板上，撞到自己的右耳。王爾德說：「牢房生活的悲劇之一，便是將人的心變成石頭。人天生的情感，就像其它的感覺，都是需要後天不斷地灌溉的。」王爾德習慣了生活在眞眞假假的世界，如今在牢獄中學到了「所有事物都是眞實的，且將永遠也不會變。」

一八九五年十一月二十日，也是在哈爾登的關說之下，王爾德從渥滋華斯監獄轉到了瑞丁監獄。其實王爾德在之前的兩間監獄中，並沒有受到任何優惠的待遇，不過他能較輕鬆地抽麻絮，並違反禁言規定，或多或少引起了其他人的不平。在瑞丁監獄中，他則負責圖書館與花園的工作。當初轉到這裡時，他是穿著牢犯的制服搭乘火車，途中必須在加爾芳（Calpham）站的月台上等上半小時，因此被人認了出來還被嘲笑一番，這是他永遠不會忘記的羞辱。

瑞丁監獄的禮拜堂有著不透明的含鉛玻璃窗以及天主教式的天花板，座椅經過安排，所以做禮拜時，囚犯們眼光都只集中在牧師身上。在這裡，王爾德學會遵守規定，然後批評整個體系。他一頭波浪狀的長髮被剪短到規定的長度。一位警衛回憶起他當時剪髮的狀況：「他說著：『一定要剪嗎？你不明白這頭髮對我的意義。』然後眼淚便沿著臉頰流下。」

他牢房的號碼是C.3.3.，這代表他住在C棟第三層的第三個牢房。接下來的八個月，在他被轉走之前，獄監亨利・伊薩克森中校（Lieutenant-Colonel Henry Issacson）每天刻意刁難王爾德。王爾德形容他的長相：「他有一雙鼬鼠般的眼睛、猿猴般的身體，以及老鼠般的靈魂。」據傳牛津大學生當時在搭火車往返於倫敦時，若看到瑞丁監獄的角樓時，都會從火車窗口大喊著：

「嗨，奧斯卡！」

剛進來的六個月，由於王爾德還沒學會不動嘴唇就能講話的功夫，一直都被認爲是剛到的菜鳥，直到有一天的活動時間，有一位站在他背後囚犯對他說：「奧斯卡．王爾德，我眞同情你，因爲你一定比我們受到更多苦。」王爾德則是耳語著回答：「不，我親愛的朋友，我們都一樣地受苦。」王爾德日後告訴紀德，從那一刻起，他不再有自殺的念頭。在他學會如何在牢中講話後，他開始跟牢犯交上朋友。過去他雖然對罪犯有興趣，但那也是保持了一段距離，如今他以一名罪犯的身份，親身瞭解到其它罪犯的生活點滴，甚至安排等牢友出獄後，還要送些錢給他們。

因爲失去了講話與聽衆反應的機會，王爾德講故事的才能漸漸地荒廢生疏。他時常講著：「我喜歡聽我自言自語，這是我一向最大的樂趣。」有一天因爲喉嚨發炎，王爾德抱怨沒有了聲音，連他的聽覺也受到影響。有一天獄方發現王爾德開口與人講話，所以便罰他一個人禁閉兩個星期。伊薩克森以王爾德犯一些小錯爲由，將他的書都搬走。王爾德開始把牢犯所受的苦跟耶穌基督所受的苦難相提並論。

《莎樂美》一劇在一八九六年二月十一日，於巴黎的歐福瓦劇院演出，英國報章雜誌都給予好評。王爾德說在此之後，伊薩克森對他尊重多了，不過他還是認爲伊薩克森是那種不處罰囚犯就吃不下早餐的獄監。王爾德希望除了規定能寫的信之外，他還能寫其它的東西，不過伊薩克森對他的請求不爲所動。魏崙因爲射殺他的同性愛人韓波在比利時的監獄服刑兩年，服刑期間的勞動工作是磨咖啡豆，比起抽繩子的麻絮，這顯然輕鬆許多，他則以磨碎的咖啡豆在碎紙片上寫詩。沙特出入監獄多年，在監獄的牢房中完成最棒的作品，不過他有無限量紙筆供應，讓他可以寫出劇本與小說。

王爾德知道康斯坦絲在瑞士與德國試圖重建她自己的生活。在康斯坦絲收到丈夫的信後，心中與丈夫和好的打算更加強烈。她寫信給艾蜜莉．瑟斯菲爾德（Emily Thursfield），說到因爲他「非常後悔」，她很願意降低身段，她說：「選擇現在支持他，我也許可以拯救他免於更糟的情況，而且我相信除了我與孩子之外，他現在誰也不在乎。」她還講到：「如果以後我覺得沒有辦法與他共處，我還可以離開他。」

康斯坦絲相信愛情有治癒一切的力量。她告訴艾蜜莉：「我想我們女人是生來慰藉別人的，我相信現在沒有人可以眞正取代我的地位，或者像我一樣的幫他。」然而，她的健康問題一直沒改善。西瑞爾與維衛恩在讀過了數間歐洲住宿學校之後，現在就讀不同的中學。西瑞爾在親戚的家中讀到父親的報導，知道父親正在牢中服刑，他也許還知道王爾德入獄的原因，不過他從未與弟弟談論這件事。在《奧斯卡．王爾德之子》中，維衛恩回憶著當時一家人雖然流落歐洲，但亦是一段美好時光，他與哥哥學會了德文與義大利文，而他們的父親在牢中也自修這兩種語言。比起住在英國，他們在這裡更可以盡情地探索一切，調皮玩耍。

王爾德有預感長年臥病在床的母親可能不能活到他出獄。他的大嫂莉莉來獄中拜訪他時，帶來家中的最新消息，王爾德相當感謝她的到來，因爲他知道自己的哥哥不會想來看他。當他的姪女桃樂西・伊爾恩・王爾德（Dorothy Ierne Wilde）在一八九五年七月十一日出生時，王爾德還替大嫂支付分娩的費用。王爾德夫人請求獄方是否能讓王爾德見她一面，但遭到拒絕。莉莉寫信告訴康斯坦絲，王爾德夫人已於一八九六年二月三日過世，但是王爾德還不知情。康斯坦絲希望由她來告訴丈夫這個噩耗。她花了十天與獄方協調，安排一次額外的會客。

獄方體認到此時情況特殊，便安排夫妻兩人在一間房間內見面。康斯坦絲先開口談話，不過被王爾德打斷：「我已經知道了。」他說在母親過世當晚，他聽到傳說中噩耗女妖精的叫聲，然後還看到母親穿好衣服外出。母親的過世讓王爾德悵然若失。這是康斯坦絲最後一次與丈夫談話。王爾德夫人在逝世前，還是無法撮合兩個兒子和好。威利從來沒寫信給他或是到監獄裡探望。

被昆斯貝利侯爵的律師追著索取訴訟費用，王爾德唯一能動用的籌碼是康斯坦絲嫁妝每年分給他的利息。根據當初的協定，他每年可以從太太嫁妝分到三分之一的終生利息，金額是一百五十英鎊，其餘的則是待她過世之後，轉給兩個兒子，不過有個附帶條件，若是他回到包西或是任何令人爭議的朋友身邊，他便喪失了這項權利。康斯坦絲相信如果能將包西與奧斯卡分開，丈夫在出獄後便會回到她懷抱。在這過渡時期，康斯坦絲把一家人的姓改成何蘭德（Holland），取自她的曾曾外祖父何蘭德・瓦特森，另外去掉衛維恩的中間名——「奧斯卡」。隨著時間流逝，康斯坦絲與丈夫的和好可能性越來越低，但也不可能離婚，因爲康斯坦絲需要提出對丈夫不貞的新證據。所以康斯坦絲決定採取與他分居的法律途徑。

自從王爾德刑事審判開始後，包西則是在巴黎過著如過去一樣縱慾享樂的生活。他聽人建議離開英國至少兩年以上，雖然自己免於訴訟之災，但有一股倖存者的罪惡感，於是更加地虛榮奢華地生活。他希望自己在案中的部分能公諸於世。當《法國水星刊》請他寫一篇文章時，他決定引用三封王爾德在審判時寫給他的信。因爲王爾德從此音信全無，他認爲王爾德不再愛他，其實王爾德是要保護包西免於捲入醜聞。

如果這些信件暴露出兩人關係的細部內容，那將證明了王爾德在法庭上說謊。焦急的王爾德告訴羅斯要阻止「如此令人反感且詭異」的愚蠢行爲。王爾德決定與包西劃清界線，表示未來要「與包西毫無瓜葛。」當羅斯奉王爾德之請託，向包西要回禮物與信件，道格拉斯則拒絕，回答：「如果奧斯卡要我自殺，我一定照辦，然後等我死後，他就可以拿回他的信。」包西不願意受到忽視，在《純白雜誌》（La Revue blanche）刊登了一篇文章，標題是「本人詩集之簡介，以及對奧斯卡・王爾德案件之我見。」在卡布里過著快意的生活，他請艾迪傳話給王爾德：「告訴他我知道我毀了他一生，一切都是我的錯，如果他這樣覺得滿意的話。我不在乎。他難道沒想過我的人生就跟他的一樣也毀了嗎，而且比他還要早了許多？」包西瞭解羅斯利用他不在的時間，重回王爾德密友的地位。

在刑期過了一半時，王爾德已在絕望的谷底，所以放棄了之前的原則，接受了現代理論，認為同性戀是種病理問題，就像是康斯坦絲所講的是，同性戀是種「精神錯亂」。王爾德知道這樣的解釋並不正確；他天生就是同性戀。但是藉由承認自己在性取向上有錯亂問題，接受治療來矯正，他的行為便不是需要處罰的罪行，王爾德爭辯著坐牢服刑反而會讓他更惡化。然而，獄方的醫師並不認同他的論點，所以拒絕了他的請求。

在一八九六年的七月，新的獄監上任，他是奧斯蒙・奈爾森少校（Major Osmond Nelson），王爾德說他「改變了這裡的每個人」，特別是王爾德自己。他可以在牢房裡點燈，時間多久都可以，警衛也變得更和藹可親，特別是湯馬士・馬爾丁（Thomas Martin）。在他服刑期滿的四個月之前，他被允許充分使用書寫工具。另外，新任獄監在牢獄的規定上做了通融，同意王爾德能以醫療為理由，寫一封比較長的信。在一八九七年的一月到三月間，他在那「藍色小帳棚」下，以藍色的監牢用紙上寫下了《獄中書》——所謂「藍色小帳棚」是他在《牢獄之歌》中對他牢房窗戶的暱稱。每當他完成一頁就會被拿走，到最後他才能閱讀整個作品，然後再加以修改。蕭伯納說「其它愛爾蘭人從未寫出如此的喜劇傑作。」

王爾德想寫的是一本使徒書，傳布自己一生的教義，不僅是對自己亦是對大眾做一番辯解，解釋他與道格拉斯的關係、一生鉅變的原因，以及他在藝術與人生上的過去、現在與未來。在《獄中書》裡，包西被塑造成一位惡徒，而王爾德則是善意的智者，掉進這位年輕貴族的圈套中，只是為了處罰他瘋狂的父親——「這是小人凌駕君子的勝利。」以作品本身而言，這是個相當有趣的回憶錄。在描述他與包西的關係上，字裡行間被憤怒所蒙蔽，並不能加以採信。若說此作品證明王爾德經歷苦難與痛苦而重生，這也是自欺欺人。

《獄中書》充其量是對藝術與回憶形而上層面的一種沈思。在監獄中，王爾德被剝奪了對現實世界有希臘式崇拜的機會，而不論其是否合乎道德，王爾德已經失去了他強而有力的口才，並變得多愁善感；被剝奪了享樂的機會，他則選擇擁抱痛苦。在劇中，格雷認爲：「自責是一種奢侈。當我們責怪自己時，會覺得沒有人有權力指責我們。告解本身，而不是告解的對象，讓我們找到解答。」王爾德告訴羅斯，寫書整個過程淨化了他內心「許多危險的東西」。

在王爾德出獄前三天，瑞其茲到瑞丁監獄來會客。王爾德的朋友開始籌措基金，好幫助王爾德出獄後到法國重新開始。瑞其茲在他能力的範圍內，就捐獻了一百英鎊。王爾德提到進修道院的計畫，而瑞其茲則建議到威尼斯，可以兼顧工作與隱私。王爾德則叫到：「不！隱私！工作！我親愛的瑞其茲。我希望能正視生命，而不是成爲讓觀光客欣賞的紀念碑……法國以藝術家的本身，而不是過去的行爲，來判斷藝術家的價値。」

但是之前在巴黎歡迎王爾德的文藝圈，當初並沒有動員起來幫助他，發起爲他辯護的請願簽名人數並沒達到標準。不過，也有不少法國文人在報章雜誌刊登文章，抗議對王爾德的判決，如男同志小說《維納斯先生》的作者拉其爾德，便曾在《純白雜誌》投稿，抗議王爾德的入獄，批評英國虛僞的道德觀，並支持同性戀者示愛的權力，不過亦是採用了柏拉圖式同性愛情的修辭來加以遮掩，不敢太過直接。

王爾德在出獄之前，還有一位訪客來訪，就是他的律師亞瑟．韓瑟爾（Arthur Hansell）帶著一些文件來讓他簽名，將兩個兒子的監護權轉移給康斯坦絲以及她的親戚。王爾德看著文件，然後動筆簽名，絲毫沒察覺康斯坦絲就在隔壁房間。她請警衛讓她「看丈夫最後一眼」，警衛則移動位置，露出門上的玻璃窗。康斯坦絲短暫地看了王爾德最後一眼，然後泣然淚下。

當王爾德在一八九七年五月十八日下午離開瑞丁監獄時，奈爾森遞給他一個袋子，裡面裝著《獄中書》的手稿，二十張全開的紙寫的密密麻麻的，共有八十頁之多。《牢獄之歌》則是日後在法國與義大利，花了六個月寫作而成。在一八九六年七月七日，查理斯．湯瑪士．伍爾德瑞奇（Charles Thomas Wooldrige），這位三十歲的皇家騎警在瑞丁監獄被絞刑處死。他被判定蓄意謀殺二十三歲的太太，用剃刀割了她喉嚨三次，手段相當兇殘。當時他看著執行絞刑的人走過中庭，便萌生了《牢獄之歌》的靈感，「每個殺死自己所愛的人」這句在詩中反覆出現的話更是在心中揮之不去。《牢獄之歌》是本有政治意涵的小冊作品，帶有人道主義之訴求，讚揚人類追求自由的權力。

王爾德寫了兩封信給《每日紀事》，譴責整個監獄體系，他寫這兩封信相當快速，就像當初寫十四行詩給女演員蘭特利與泰利一樣，有如神助。第一封於一八九七年五月二十八日刊登出來，內容則是探討警衛馬爾丁被免職的問題，當初王爾德在獄中曾受到他照顧，讓最後幾個月的生活輕鬆了許多。馬爾丁免職的原因是因爲違反規定，將幾塊餅乾給一位飢餓的孩童吃。王爾德在信中入木三分地描述孩童在獄中所必須忍受的艱辛狀況。第二封信則是在一八九八年三月二十三日刊登，反對內政部長提議要指定更多的監獄督察員。王爾德認爲他這樣的改革根本毫無用處。他在信中寫到督察員到每一間監獄去，一定會要求一切都按照規定實施，進而加深了獄中不人道的待遇，「因犯不曾從來訪的官員身上，得到一絲的慰藉、注意與關懷。」他呼籲改革必須以減少對犯人三項由法律所授權之處罰爲目標，這三項處罰分別是飢餓、失眠與疾病。

王爾德服完他整個刑期，一天都沒少。他曾經以出獄時將有大批報紙記者來訪爲由，向獄方請求提早出獄，但最後遭到拒絕。出獄前一天，他在兩位瑞丁監獄的警衛陪同下，先搭馬車到特威佛德（Twyford）車站，搭上往倫敦的火車；之後，在威斯特波恩公園（Westbourne Park）車站下車，再搭馬車到潘屯維爾監獄。啓程時只有兩個記者在瑞丁監獄採訪，之後整個行程則無任何干擾。王爾德必須回潘屯維爾監獄過夜，因爲當時規定牢犯出獄時，則要從最初入獄的監獄來執行。

在早上六點十五分，摩爾．艾迪與曾支付王爾德部分保金的史都華．海德蘭牧師，過來接王爾德出獄，一行人搭著馬車到海德蘭在布隆貝里的家中。王爾德其實相當疲累，不過他知道自己所背負的期望：恢復到過去的王爾德，要讓大家覺得輕鬆愉快，假裝人生會快樂地持續下去。他穿上新衣服，手上拿著香菸、扣孔也就定位，喝到入獄兩年後的第一杯咖啡。艾達與爾尼斯特．佛森到此，看到重生後的王爾德，「像放逐後返家的國王般莊嚴。」王爾德見到他的《人面獅身像》，開頭講話就令人記憶深刻：「人面獅身，妳實在是太神奇了。在早上七點與相隔多年未見的朋友見面，還知道該戴怎樣的帽子，我想妳不是才剛起床，一定是連床都沒上吧！」（譯註：原文是以「got up」與「sat up」來做對比。）

海德蘭與王爾德的交情其實並不深厚，只是當王爾德不能交保時，身爲神職人員，他覺得有必要挺身而出。王爾德將話題轉到宗教上，或許就是爲了表示對海德蘭的尊敬，王爾德說：「我將不同的宗教視爲在大學內不同的學院，我認爲羅馬天主教是其中最偉大與最浪漫的宗教。」然後，他便派人送了一封信到耶穌會，希望他們能短期收留他六個月。送信的信使將王爾德的要求交給了住在方姆街的牧師們，等候他們的回答。當牧師知道是這封信誰寫的後，剛開始一定非常震驚。他們回答需要一年的考慮，才能接受王爾德的請求。此外，依據規定，短期的收留似乎不太可能。當王爾德知道除了出國之外別無他法時，艾達．李佛森回憶道：「他整個崩潰，痛苦的啜泣著。」

王爾德上一次錯過了往法國的船，最後在卡多干旅館內被逮捕入獄。如果這一次再錯過這最後一班船，可就會讓已在法國的羅斯與透納大失所望，這兩位始終如一的好朋友正在第厄普等他到來。王爾德與幾個朋友互道珍重祝福後，搭車到火車站去，登上往新哈芬的火車，心中則想著包西一人。

第二十章 重蹈覆轍

數年之前，雀羅看了王爾德的手相，表示他有雙國王的手相，但這國王日後將自我放逐；如今，他眞的要開始流亡外地之行，永遠離開英國，過去的名聲、家庭、婚姻都失去了。少數幾位摯友也只能等他待在較靠近海岸的時候，才能到國外拜訪他。再過五個月，王爾德就要滿四十三歲。他的身材跟以前到牛津大學唸書時一樣高大，不過已經年老許多。他的頭髮開始出現花白，頭頂頭髮也禿了一塊，他臉上的氣色從來沒紅潤過，依然是毫無血色，目光也不靈活，聽力則是因爲在監獄中跌倒而受損。然而在王爾德內心，他想要重拾青春活力。王爾德唯一的希望就是不要被認出來。在牢中長期的沈默後，說話讓他覺得不安，他甚至不習慣自己的聲音，不希望與陌生人交談。

王爾德過去便常往返於英吉利海峽。在年輕時，他拜訪華爾特・西克特與他妹妹奈莉在歐洲的家；他的蜜月也是在第厄普結束，以一個快樂的已婚男子身份回到英國。之後，也與包西來光顧這裡的賭場，與其它的詩人徹夜狂歡。

在五月二十日凌晨四點，晨曦映照出城堡以及阿吉斯山嶺的側影，王爾德所搭的渡輪亦抵達了港口。羅斯與透納站在防波堤上，看到王爾德在微微曙光中的高大身影。他們向他揮手，沿著碼頭跑過來接他下船。王爾德夾著《獄中書》的原稿，從船梯走下來，把原稿交給羅斯，請他去複印然後將原稿交給包西（羅斯擔心包西會將原稿毀壞，所以只將複本寄給他）。另外還有一封寄給包西的信，開頭寫著：「親愛的包西」，結尾則寫著「一位你摯愛的朋友」。

在旅館路的三明治旅館中，已經以他的筆名「西貝士勳・梅爾摩斯」（Sebastian Melmoth）訂了一間房間。王爾德的新行李箱是透納送的禮物，在上面則是寫著名字的縮寫：「S.M.」。當初在取假名時花了相當的心思，以免嚇到郵差先生。這個名字比王爾德當初所預期的還有創意：西貝士勳是位讓人免於瘟疫災害的守護聖者，而梅爾摩斯則是源自於他的曾曾舅公所寫的「流浪者梅爾摩斯」。

王爾德認爲自己沒有死於牢獄之中，就像是西貝士勳身受多處箭傷，卻能死裡逃生一樣。王爾德從以前在都柏林國家美術館中觀賞里貝拉（Ribera）與基爾羅德諾（Giordno）的畫，看到了西貝士勳被判死刑綁在樹上，身中數箭，日後才有這個靈感。在第一次到義大利時，在熱那亞的羅梭藝術館中所看到的桂多・拉尼關於西貝士勳系列作品，更是他常掛在口中的話題。至於梅爾摩斯則是不斷地在人世間遊走著，找尋是否有人爲了脫離在世間的苦難，而願意將靈魂出賣給惡魔。梅爾摩斯會將獵物逼到絕境，然後問：「如果我現在救你離開這人世間的地獄，你是否願意永遠取代我在下面地獄的位子？」

王爾德帶著朋友給他的八百英鎊資金，到第厄普來展開新的生活。除此之外，他還有每年來自康斯坦絲的一百五十英鎊利息，以及羅斯的經濟資助。這位過去的愛人，現在則是朋友的羅斯亦成爲王爾德的財務顧問與經理。羅斯一直嫉妒著包西，他現在有能力讓他們兩人永遠不能相聚。在王爾德的自我放逐期間，羅斯就像個嘮叨的保母，叮嚀著王爾德要謹言愼行。當王爾德想享樂或是表現自我時，他就像是馬兒身上的韁繩一樣加以約束限制。當羅斯心不甘情不願地，只給了王爾德在獄中的警衛以及牢友二十英鎊的金額時，王爾德爲此大發雷霆。

羅斯與王爾德之間的友情相當複雜，彼此想要控制對方、利用與剝削對方。在王爾德過世後，羅斯告訴威爾．羅森史坦，自己對王爾德：「雖然相當愚蠢，但漸漸覺得，除了他的天才之外，一切與他有關的事物，我都有一種責任。」王爾德暗示羅斯與他一同流亡旅行。雖然本身是虔誠的天主教徒，以及也可能跟王爾德一樣被判刑入獄，羅斯依然過著相當活躍的同志生活。王爾德或許不會像愛包西般愛的那麼深，但是他還是會被年輕的男孩所吸引，而羅斯一到巴黎就不怎麼起眼。

對羅斯、透納與王爾德而言，第厄普還算是個小地方。若是有英國人認出他來，王爾德則對他們所表現的輕蔑視若無睹，繼續出現在幾個最喜歡去的地方。他通常早上會到碼頭旁的蘇西咖啡廳品嚐著咖啡。在晚上時，則是到中央廣場的講壇咖啡廳，先喝開胃酒再享用晚餐。有一天當他坐在蘇西咖啡廳時，他看到比爾茲利與同是插畫家的查理斯·康德（Charles Conder）。比爾茲利看到王爾德覺得驚慌失措，忙著將康德拉到一旁的巷子。比爾茲利很尷尬，因爲他的金主是馬克安德烈·拉法洛維其，他禁止自己所有朋友與王爾德有任何關聯，就像當初他與約翰·格雷一樣，身爲他的朋友就不能是王爾德的朋友。

王爾德在出獄後便改變了飲酒的習慣。數十年來，他一直是酒不離口，而且千杯不醉，連科羅拉多州的礦工都對他酒量留下深刻印象。很少有人看到他喝醉的模樣。「酗酒」這個名詞在當時並不常用，事實上當時的人並不認爲酗酒是上癮，或是一種嚴重的疾病，通常是遺傳性的疾病。王爾德可能也遺傳到家族酗酒的基因。以自我否定、狂飲以及暫時昏厥的症候來看，他的哥哥威利已經算是個酒鬼。威利因爲酗酒問題而導致情緒上陰晴不定，有一次因爲母親不願意給他錢，便跺腳對她叫罵，把王爾德夫人嚇壞了。王爾德的父親威廉爵士據傳在特拉佛斯的訴訟案後，也染上了酗酒的習慣，但是並沒有任何公開的事件證明這項傳聞。當王爾德住在奧克利街等待審判時，謝拉德便看到威利爛醉如泥，而王爾德夫人則是帶著一瓶琴酒到床上去。

在第厄普的文人圈中，還是有些人歡迎王爾德的到來。如亞瑟標準會，其中成員有亨莉艾達（Henrietta），她以約翰·史特蘭基·溫特（John Strange Winter）的筆名寫了多本暢銷小說，便邀請王爾德參加他們的沙龍，地點是在貝利女公爵夫人（Duchess de Berri）之前的住所內，就在王爾德所住的旅館附近。挪威風景畫家費立茲·范·索羅（Fritz von Thaulow）亦曾邀請王爾德到在巴利區的蘭花別墅，這是當地以及外地的藝術家常聚會的地方。某天晚上，索羅問王爾德最近寫些什麼，王爾德回答：「我正在寫一篇短文《為酒醉辯護文》。」索羅聯想起《說謊的沒落》，問道：「天啊，我親愛的王爾德，為什麼都用這麼聳動的標題？」

王爾德回答只能藉由酒醉或是「偉大的靜默」，才能讓靈魂自由。他接著形容侍者如何將這種靜默化成杯中物，送到桌上讓人享用：「只要一敲門，門就會開，人造天堂之門。」苦艾酒這「綠仙子」已經是王爾德不能離手之物。很快地，王爾德必須在早上喝苦艾酒，才能換得幾個小時的好眠。他說：「酒精，若是攝取了足夠的數量，可以產生所有興奮的效果，不過唯一產生正當興奮的是談話。」在王爾德流放的期間，一杯苦艾酒與餘暉美景，對他來說已經無所差別。

五月底王爾德搬到了布拉吉旅館，這個旅館位於波荷尼佛（Berneval-su-Mer），離第厄普約十英哩遠，旅館內除了他，唯一的客人是一位年老的紳士，他每天晚上八點就寢，因為沒有什麼活動可供消遣。王爾德將自己的幾樣東西整齊地擺在房間櫃子內（這是從牢獄生活養成的習慣）。不過他所需要的東西可擺不下：香菸、《每日紀事》、掛在牆上的畫，以及不可或缺的書。他在牢中所收到的書都留在瑞丁監獄的圖書館內。

王爾德收到馬克斯・比爾博姆的《快樂偽君子》（The Happy Hypocrite），感到相當高興。這是一部仿效《格雷的肖像》向王爾德聊表敬意的作品。他讀完之後，寫信給透納：「以結束為開始，這是我們一直以來所應該做的事情」，因為一項藝術的結束便是另一項的開始。比爾博姆改編了王爾德的劇情：當格雷被自己的自私所毀滅時，讓主要的角色喬治爵士因爲愛情而獲救。王爾德寫信給比爾博姆：「長久以來我一直相當遺憾，因爲我的作品並沒有拋磚引玉，啓發其它作品的產生。在草皮或是草地上，若開出一朵美麗的花朵，在一旁應該會長出另一種美麗之花朵才是。」

王爾德與幾位第厄普當地人也結交成朋友，如餐廳裡的侍者、漁夫以及旅館的資主博內先生（Monsieur O.J. Bonnet），他讓王爾德萌生以五百英鎊買地建造一棟小木屋的念頭。不過，他還是念念不忘在倫敦的朋友、藝術家、詩人與他的同志朋友。他寫信給羅斯：「我開始發覺自己恐怖的孤立處境。我以爲自己這麼快且輕易就適應一切，已經讓憤怒的情緒從我本質上去除。」他唯一慰藉便是寫長篇大論的信件，詳細描述一切然後又充滿機智，所表達的豐富論點跟以前一樣會讓在皇家咖啡廳的文人爲之拍案叫絕。某一天王爾德在山德維治旅館拿信時，遇上了比爾茲利，與他在索羅的家中共度了美好的下午。日後兩人還一起逛街購物。王爾德寫信給透納說：「我說服奧布雷買了一頂比銀色還要銀色的帽子：他戴起來好看極了。」比爾茲利此時已經處於肺病的末期，不時會咳出血來。

現在佔據王爾德念頭的唯一事情便是他夢想中的小木屋。羅斯在七月初收到王爾德的信，描述他樂觀的計畫：「我喜歡這個地方……如果我住在巴黎，我也許註定會遇上我所不願的事情……我害怕巴黎，我想住在此地。」他還畫一張平面設計圖給羅斯：小木屋有三間臥室，可以看到海景。他不經意提到自己正在寫作，他在信中寫到：「我已經開始寫些我覺得會很棒的東西」，所指的就是《牢獄之歌》。王爾德需要過著像文人般的生活，而不是住在小木屋的平凡人。小木屋倒是可以提供他寫作的環境。

王爾德等著朋友來做一趟「向罪犯朝聖之旅」。他越來越喜歡爾尼斯特．道生，道生是詩人俱樂部的一位成員，當王爾德住在奧克利街母親的家中等著審判時，他也是少數幾個前往探望的朋友。王爾德也許從里歐奈爾．強生的口中，聽過道生迷戀艾德蕾德（Adelaide）的事情，她是一位年輕的女侍，且在同年結婚成家，新郎並不是道生。在爲時不久的日子中，道生最後也嗜苦艾酒如命。王爾德與他這兩個寂寞男人開始一段友誼，且情誼日漸深厚。「我一直希望有位詩人可以共同聊天……今晚我要念你的詩作——你那動人的抒情詩——你筆下的字句總是像添加了一對翅膀。這是難得的天賦，在這散文比詩還要詩意的年代中，誠屬鳳毛麟角。」王爾德喜歡道生的陪伴，稱呼他爲「詩人」（le Poete），稱讚他的詩句，並且可能對他有所情愫。當邀請他來拜訪時，王爾德說：「爲什麼你是永遠且違反自然地如此奇妙呢？」

康斯坦絲寄給王爾德兩個兒子的照片，不過對是否請他來看看兒子或是夫妻和好的事情，則是隻字未提。如果王爾德再與包西見面，他就放棄了一筆經濟來源並辜負妻子的好意。藉由閱讀內容艱澀的書籍、拜訪朋友或是寫一封長信，讓王爾德覺得疲累。除非借助於酒精的力量，否則王爾德每夜都爲失眠所苦。沒有在智能上的挑戰與刺激，王爾德不禁懷念當初爲人夫、爲人父的生活。雖然在泰特街停留的時間並不多，但這家庭是不可取代的心靈寄託，他寫信給法蘭克．哈利斯道：

「我現在覺得毫無任何精神之力量。」

遠在巴黎，包西痛責王爾德及其朋友不讓他來第厄普探望王爾德。王爾德寫信給羅斯，信中試著表現他不見包西的決心：「我覺得他是不良的影響。與他相聚將回到那我自認已經逃離的煉獄。我希望永遠不要再見到他。」然而，王爾德其實想的是如何在不會被撤銷每年利息權的情況下，與包西再見一面，並且不惜卑躬屈膝地向羅斯表明他的意圖：「你天生就是我的救星。我想著自己是如何需要幫助，感覺到哀戚欲絕，但想到有你幫助我，又會喜極而泣。」羅斯已經嗅出未來可能的轉變。

在六月，包西收到自審判後第一封來自王爾德的信。王爾德試著只寫些關於文藝的話題。除此之外，他說道：「便是知道我們愛著彼此。」帶著「與你對談的這種新鮮且奇特的歡喜」，王爾德幾乎每日寫信給包西，無所不談：「我很高興你七點便就寢。對你這樣纖細的人兒，現代的生活實在是太恐怖了：在狂雹暴雪下的玫瑰花瓣也沒如此嬌弱。對我們而言，現代生活是磨損利劍的劍鞘。」

當紀德特別前來拜訪時，他看到王爾德正爲六月二十二日維多利亞女王即位七十週年準備慶祝的活動。看到王爾德「不再是阿爾及利亞那位狂人，而是之前溫文的王爾德。」在王爾德的房間內，紀德注意到一幅根據最近《新評論》(New Review)的圖片而做的木版畫，畫中維多利亞女皇牽著她的愛犬，以及自己所寫的《人間之味》(Nourritures Terrestres)，其中門納格(Menalque)

這角色與王爾德非常相似。王爾德告訴紀德：「人不可重蹈覆轍，過著同樣的生活。我的人生是件藝術品；而藝術家從來不創作出同樣的作品……如果眞的這麼做，這是位失敗的藝術家。在入獄之前，我的人生可說是達到成功的巔峰。現在一切都已成過去。」王爾德不斷重申自己將不再寫劇本，不過朋友們都不願意聽到他這麼說。在《微不足道的女人》之後，他告訴一位記者他已經滿足觀衆所求（看到聖潔少女被邪惡的貴族所勾引）所以觀衆能體會到他所想傳達之訊息。然而屬於王爾德的觀衆已不復存在，王爾德自知現在他也無法吸引新的觀衆群。比起在劇本創作上的失敗，詩詞創作上的失敗還比較容易接受。

在女皇即位七十週年慶的當天，王爾德找了十五位「小流浪兒」（little gamins）來到波荷尼佛的和平咖啡廳。王爾德以一家之主自居，興奮地慶祝女皇即位紀念日。這是値得縱情享樂的時刻，享受草莓、乳酪、巧克力以及一塊冰蛋糕，上面用粉色糖漿寫了此對女皇的賀詞。男孩們則拿起手風琴、喇叭與號角演奏音樂。大家還合唱了馬賽曲以及「天佑吾后」，揮舞著英國小國旗跳舞。大家乾杯敬女皇以及王爾德，男孩們還稱他爲「共和國的總統」。在他所失去的幾項樂趣中，其中一項便是身爲宴會主人的快樂。

因爲建小木屋的「錢」途黯淡，所以王爾德決定改用租的——「蒲爾傑小木屋」（The Chalet Bourgeat）一季需三十二英鎊的租金，距離吃飯的旅館只有一小段步行的路程。王爾德還以每月三十六法朗僱請一位侍從，讓自己更覺得像位文藝紳士。查理斯・溫德姆（Charles Wyndham）前來拜訪，並請他改編尤金・史克里布（Eugene Scribe）的《水杯》（Le Verre d'eau）創作劇本。王爾德先是躍躍欲試、接著焦慮猶豫，最後予以婉拒，說明自己「無心創作出有趣之喜劇。」他不知道自己是否可用義大利文寫作。他寫信向威爾・羅森史坦訴苦：「我現在正處於無法創作出理想作品的心情，且擔心日後將繼續如此。創作之強烈能量已經棄我而去。當我過去有這些能量時，並未帶給些許樂趣；如今已失去，我亦不願積極去挽回。」不過唯一的例外便是《牢獄之歌》的寫作。

王爾德藉由道生認識了李歐納德・史米瑟斯，他是比爾茲利的出版商，在一八九六年創立了《薩伏伊》（The Savoy），同時比爾茲利在王爾德被捕後，亦被《黃皮書》解雇。王爾德對史米瑟斯有所耳聞，他原本是雪非耳市的律師，改行爲書商以及出版商，對色情書刊特別有偏好。在史米瑟斯眾多事蹟中，其中一項便是出版同性戀小說《泰勒尼》，他還告訴作者文生特・歐斯庫利范：「我要出其它人都不敢出的東西。」史米瑟斯同意將王爾德的《牢獄之歌》分段出版，先在八月底收到王爾德部分的草稿，以便先行打字作業。不過，王爾德並沒有收到任何預付金。王爾德向道生講到史米瑟斯「個性相當迷人，不過現在我對他相當惱怒，且將繼續持續下去，直到他將錢寄給我爲止。」在與待人和善但卻吝嗇的史米瑟斯打交道時，王爾德這樣的抱怨可說屢見不鮮。

包西原本計畫親身來第厄普探訪王爾德，但因爲王爾德的律師即時介入而打住，律師警告此舉若被昆斯貝利爵士發現，可能將再度掀起軒然大波。兩人接著約定一個月後在盧昂見面，又因爲包西表示無錢支付火車費而延期。王爾德向羅斯抱怨：「他的卑劣以及缺乏想像力傷我甚重。」最後，在一八九七年八月二十八日，兩人重逢的寶貴時刻終於到來，包西回憶道：「當我倆在火車站相遇時，可憐的奧斯卡不禁淚下。我倆每天肩併著肩、或是手牽著手到處遊蕩，相當快樂。」兩人晚上則是住在法國大旅館，隔天早上在交換愛的誓約後分離。

王爾德希望與包西在一起；雖然在獄中對包西懷有恨意，但如今已不需要再次與他聚會來測試自己真正的情感。他寫信給包西：「我覺得若我要再次創作出美麗的藝術品，唯一的希望便是與你廝守。你眞的能啓發我心中的能量以及藝術所需要的歡樂力量。對我重回你懷抱，每個人都不能諒解，但他們不能瞭解我們。」王爾德懇求包西：「請爲了我，重建我已毀滅的人生，讓我們的友情與情愛對這世界有不同的意義。」對羅斯，王爾德則是簡短地講到：「是的，我與包西見面，當然我一如往昔地愛他，帶著悲劇與萬劫不復的感覺。」

然而對王爾德或是任何人生已毀滅者，包西絕對不是重建人生的希望，康斯坦絲才是，不過她已經徹底放棄。王爾德最後依然選擇了包西。他說自己喜歡法國鄉村生活等說詞，都是自欺欺人的謊言。當秋天來臨時，他便已經厭煩，覺得住在小木屋內不夠溫暖。在九月十四日，他便前往巴黎，數日後與包西在艾克斯雷斯班碰頭，接著兩人搭著往那不勒斯的夜車。王爾德在諾曼第停留的時間總共不到四個月。

戀愛中的情侶總是想像能靠眞愛而活。王爾德與包西也不例外，兩人逃離家庭與社會，希望能繼續打破一切規則的限制。王爾德從太太身上有平均一個星期有三英鎊的經濟來源，如果他回到包西身邊，這份經濟來源便宣告取消。包西則是每個星期母親給予八英鎊的零用金，然後母親還耳提面命地叮嚀他要遠離王爾德。在一開始時，王爾德與包西兩人相處甚歡。包西還沒有讀到王爾德在《獄中書》內對他表示恨意的部分內容（據包西表示，他在王爾德死後第十二年才讀到這些段落）。兩人用包西的名義，在異鄉人皇家旅館開了信貸戶頭，租了一間內附裝潢的豪華別墅。

別墅位於那不勒斯北邊的波西利波區。在松樹與棕櫚樹環繞下，一棟棟的豪華別墅豎立在多岩石的海崖上，從這裡可以看到維蘇威火山壯麗的景象。王爾德與包西住在吉爾德斯別墅，此處風景優美，爲王爾德所經歷過之寫作環境中之冠，比起巴巴谷崖有過之而無不及，兩人一起吟詩作對，快樂似神仙。王爾德籌了一百二十英鎊來支付房租與僱請佣人的費用，其中一百英鎊是作曲家達爾霍西・楊（Dalhousie Young）給的佣金。王爾德再次假扮校長的角色，希望能將包西的心思導入正軌，不要只想到性慾。在早上起床後，王爾德便宣佈：「我想要寫一部關於《達芬斯與柯珞怡》（Daphins and Chloe）的歌劇劇本，你要幫忙我。」包西並非毫無音樂才華，而別墅內剛好也有架鋼琴，不過兩人最後的成果只是幾段歌詞，並不是歌劇劇本。王爾德開始上義大利會話課，將一些但丁作品的句子與現代義大利俚語混爲一談。他還請義大利文老師來翻譯《莎樂美》。包西則是在陽台上寫作，陽光灑在他細毛濃密的俊美容顏上，看起來彷彿是金髮的拜倫。他完成了三首十四行詩作品，王爾德稱這三首詩爲《月亮三部曲》（The Triad of the Moon）。

法國報紙在報導王爾德最新動向時，所寫的內容讓人誤以爲該棟別墅是包西所有，但是事實上，支付一切費用的人是王爾德。他們雇用四個僕人負責做菜與打掃，卻又經常在旅館賒帳享受晚餐。王爾德不需要如此享受，他只要包西的陪伴以及心靈上的滿足。王爾德繼續寫《牢獄之歌》，急著從史米瑟斯拿到稿費。包西回憶道：「他努力工作的樣子是我前所未見。他寫作時字字斟酌，每個韻腳、每個韻律都小心地思考。每天早餐、晚餐與下午茶，我聽到的都是《牢獄之歌》。長達許多星期，這是我倆談話的唯一主題。」

王爾德寫信給透納，爲自己的選擇辯解，說明包西愛他「比他能愛其它人還要深」，回到包西身邊是「心理上無法避免的事」。王爾德對羅斯解釋：「我不能在無愛的環境下苟延殘喘。我必須愛人與被愛，不論要付出多大代價。我原本可以終生與你共度，但你有其它的目標……你所能給我的僅是一個禮拜的相伴。」至於對康斯坦絲，王爾德寫信給卡洛斯・布雷克爾（Carlos Blacker）說到：「我必須以自己的方針來重建我的生活。如果康斯坦絲之前肯讓我看兩個兒子，我想我的人生將大爲不同。」如果兒子對他而言眞如此重要，王爾德在與包西見面之前應該要更有耐心等待。

天性容易厭倦的包西不久後便找在卡布里的朋友，安排到阿克塞・孟斯在安納卡布里的別墅內共進午餐。孟斯是位瑞典醫師，專門爲巴黎與羅馬的外國人看病。他在一八八〇年蜜月時便愛上了卡布里島，盡其一生在一處火山岩地質的山頂上建造自己的家園，這份毅力贏得當地人的尊敬。由於參加巡迴旅遊，他在旅遊中因爲醫療專業而認識許多顯赫名人；他也常提及自己親眼目睹開啓埃及國王圖坦卡門陵墓的過程，當時有五人在場，他便是其中一位。王爾德在欣賞完孟斯數量衆多的希臘文物收集後，認爲孟斯是「相當神奇的人」，向這位主人獻上最高的讚美。

那不勒斯以街頭的流浪兒童而著名。王爾德提到這些古銅色肌膚的那不勒斯男童，白天在博物館內休息，一到晚上則出現會在街頭上。在王爾德寫給羅斯與透納的信中，便不時提到一些他應該已染指的少年姓名，如他寫到：「我被一位俊美非凡的漁夫所深深吸引，他年僅十八歲」，他的名字是迪達科（Didaco）「有張精雕細琢的臉龐，適合戀愛浪漫。」；而皮耶托羅（Pietro）則是「像一位年輕的聖約翰。任何人都願跟隨他至沙漠中。」王爾德在此不缺乏刺激靈感的美少年，但是這一切對他的寫作根本毫無助益。王爾德與包西舊態復萌，過著審判前兩人在倫敦的生活。

當康斯坦絲知道王爾德在別墅的生活時，便中斷了給王爾德的經濟來源。夾在中間的摩爾・艾迪則是告訴王爾德：康斯坦絲只是在行使她的權力。對於她在信中將包西寫爲「聲名狼籍者」，王爾德則是展開一場語言上的捍衛戰，因爲包西並沒有被判罪。王爾德向羅斯傾吐他的怒氣：「她怎麼眞的認爲可以影響或控制我的人生？她也有可能試著要影響與控制我的藝術……女性眞是如此小心眼。也許她爲了報復，還會再對我興訴訟：那麼她眞的可以宣稱在她一生中首次對我有所影響。我希望她能徹底地不要管我。」而康斯坦絲之後的確斷絕了與王爾德一切關係。

錢花光了而包西也離開了，王爾德已經身心俱疲。王爾德與包西之間經歷了當衆爭執、憤怒爭吵，然而比起兩人過去讓王爾德傷心絕望的吵鬧，這一切已經算緩和許多。包西已經達到他的目的：讓王爾德重回自己懷抱。日復一日相同的生活不再有新鮮感。最後兩人的關係並不是在混亂中劃下句點，而是安靜地結束。道格拉斯告訴他母親自己「已經失去過去希望與他一起的慾望，當他不在我身旁，不再如過去感到空虛痛苦……如果我沒有與他重逢並且共同生活兩個月，我將無法克制思念他。」當然，包西已經永遠不再有想與王爾德在一起的慾望，因為王爾德不再是當初那位已婚且成功的劇作家。王爾德自己也瞭解這點。包西的感覺就像格雷在叱責失去演戲能力的西比兒一樣：「我曾愛妳，因為妳是如此神奇，因為妳有天分與才智，因為妳實現了偉大詩人的夢想，賦予無形藝術有形之型態。」失去了她的藝術，她便「一無是處」。

包西向他母親保證，王爾德的一切行為都符合標準的紳士風度：「他一直對我相當親切與有禮，且將持續如此，以一位紳士與朋友應有的態度對待。」看到兒子離開王爾德，感到欣慰的昆斯貝利夫人便慷慨地打開錢包，支付了別墅的租金、旅館的帳單以及兩百英鎊的訴訟費用。王爾德則認為訴訟費用應該要五百英鎊，因為他為了訴訟費用而導致信用破產。包西先是聰明地答應王爾德的要求，不過他相信沒有人會如此重視信用破產，通常也不會支付這筆款項。所以最後還是僅給王爾德兩百英鎊，而這筆錢大多也用來支付包西在那不勒斯時期所花的款項。

十二月女演員愛里歐羅娜．杜澤（Eleonora Duse）來到了雄偉的摩卡但特劇院。王爾德曾看過她在《瑪格達》（Magda）以及一部改編皮奈羅《第二譚克萊利夫人》的義大利戲劇的演出。他希望由杜澤來扮演莎樂美。杜澤與扮演過莎樂美的伯恩哈特，是截然不同的女演員。杜澤在演出詮釋上，以自然簡單著稱，沒有誇張的手勢與台詞朗誦。杜澤身材嬌小、外表也不嫵媚，她聲調呢軟，常扮演受到折磨與遇人不淑的角色。但杜澤看了《莎樂美》的內容，並不認爲自己能演出這位駭人聽聞的公主。這個自戀的角色較適合伯恩哈特。

在包西離開後，王爾德接受朋友的邀約到西西里島作客。他在此地度過耶誕節與新年。他也遇上革羅耶登男爵（Baron von Gloeden），他專門以西西里的青年爲模特兒，讓他們穿上古代牧羊人的服裝然後拍照，王爾德在《格雷的肖像》中便影射了他的攝影作品：亨利爵士收集格雷的照片，在照片中，格雷做出安第紐斯、阿多尼斯與那西塞斯等具同性戀暗示的裝扮。這位男爵於一八九〇年代在陶爾米娜定居，在耗盡家財之後，以攝影作爲謀生之職業。他所拍的西西里青年的裸體照，照片中青年個個像希臘雕像一樣俊美，讓王爾德著迷不已，決定以一本《牢獄之歌》來交換照片。

王爾德回到波西利波區後，發現佣人已將所有東西搜刮一空，最令他心痛的是失去了羅森史坦於一八九一年在巴黎畫他穿著紅背心的粉蠟筆畫像，當時羅森史坦年僅十九，日後則成爲皇家藝術學院的校長。這場風波讓王爾德有藉口離開吉爾德斯別墅，離開那段充滿快樂回憶、燦爛陽光的日子。王爾德搬至那不勒斯的聖塔路易西亞三十一號，並且計畫前往巴黎。

自從完成《牢獄之歌》後，王爾德開始有系統地進行校稿的工作，跟以往一樣享受編輯的過程。美國人對此書興趣缺缺，讓王爾德覺得相當失望，認爲這是針對他個人與作品而來。若是在報紙上刊登《牢獄之歌》，王爾德原本索價三百英鎊，不過唯一感興趣的《紐約新聞報》（New York Journal）只出價一百英鎊。伊利莎白・馬爾伯利相當遺憾：「這裡似乎沒有人對這詩有興趣。《世界》不願意給我們任何允諾，沒有一家報社願意處理這件事。」大家反應如此冷淡並非是因爲王爾德聲名狼籍，而是詩本身的問題。

在一八九八年二月十三日，當《牢獄之歌》出版時，王爾德人已在巴黎，住在位於美麗藝術路四號的耐斯旅館。同一天美國的報紙也刊登出《牢獄之歌》。在英國，由於王爾德是衆所皆知的人物，所以爭先恐後地想讀關於他本身牢獄經驗的作品。某家書店五十份《牢獄之歌》一早便銷售一空。由於並未寄出評論用的版本，所以鮮少有報章雜誌提及此首詩。《每日電訊報》認爲此詩「即使其語調不佳，但無疑地，是件感人的文學作品」，並且「已經引起風潮，不僅是因爲其對牢獄生活描寫栩栩如生，且因爲大家也已經知道這匿名作者眞正的身份。」康斯坦絲收到一份上面沒有題名的《牢獄之歌》，寫信告訴她弟弟：「這眞是場駭人的悲劇，令人爲之動容。」

在不到一個月的時間內，康斯坦絲突然過世。王爾德得知他妻子於一八九八年四月七日死於熱那亞，享年四十歲。她長期的背痛問題迫使她接受第二場脊椎手術，然而這次病情卻急轉直下。包西對她的過世相當難過，當他到泰特街拜訪時，康斯坦絲永遠都待他親切和善。王爾德寫信給法蘭克・哈利斯：「我重回新生的路就中斷在她的墳墓上。我所經歷的每件事都是象徵性的，且無法挽回。」王爾德目前的情緒相當複雜，但這封信則適切地透露出其中一二。他稱康斯坦絲的死是場悲劇，這對她與自己都是。只要康斯坦絲活著的一天，他就有機會可以看到兩個兒子。在康斯坦絲過世後，她的家族更是與他劃清界限。

隔了一個月，《牢獄之歌》的法文翻譯竣工，讓王爾德感到欣喜不已，現在法國人除了《莎樂美》之外，還可以選擇他另一部作品。當《牢獄之歌》在英國再版第五版時，史米瑟斯在《文藝協會》內刊登廣告，標題寫著：「三星期內狂賣五百本」。王爾德告訴喬治・艾維斯：「當我讀到這廣告時，我覺得好像是在賣立頓紅茶！」這些正面的反應似乎將爲王爾德在文藝創作上開啓新的一章，然而這是王爾德寫作時代的結束，所開始的是他以公開同性戀者身份的新生活。

第二十一章
苦中作樂

對《莎樂美》的作者而言，巴黎並沒有賓至如歸的感覺。王爾德上一次停留在巴黎是一八九一年，當時受到當地貴族與文人的歡迎，如今這些人不再叱吒於沙龍聚會上——當王爾德在服刑期間，魏崙已經離開人世，而現在馬拉梅的人生也剩不到六個月；路易斯已經結婚成家，忘記過去大家唇槍舌戰的日子；紀德爲了要擺脫罪惡感，曾到波荷尼佛做禮貌性的探訪，之後只與王爾德見了一次面，當時還是王爾德在戶外咖啡館內看到他，主動跟他打招呼，然後堅持紀德要坐到他旁邊。王爾德向他訴苦：「我這幾天都相當孤獨」，並且特別暗示自己已經身無分文，紀德拿些錢給他，並謊稱還有其它約會。王爾德寫信給哈利斯：「我已經失去生命與藝術的主要動力，活力的歡樂；這眞是恐怖。我有玩樂、有熱情，但沒有生命的樂趣。我眞是一敗塗地：停屍間的大門已爲我而開，我將進去，然後躺在那張鋅床上。無論如何，我有過精彩的一生，不過恐怕現在這一切都已結束。」他突然頓悟，連自己都大爲吃驚，認爲自己學到了「無法形容的慘痛經驗」、「我過去完全依賴我的人品，而我現在知道它實際是建立在虛構的地位上。現在失去了地位，我發現我的人品亦毫無效用。」

王爾德在右岸流亡時大多與較低層的藝術家相處——王爾德現在已經排除恐懼，決定以同性戀者身份生活，而這些人名聲不大，與王爾德交往並不會影響其名譽。當他丟開所有面具僞裝時，他出奇地快樂。在他重感官的新生活中，不需要再強調知性的希臘式愛情。在巴黎，王爾德召妓享樂雖然不會被捕，但是會被人閒言閒語。不過這無所謂——王爾德需要成爲話題人物。他說：「愛國者因爲愛國入獄後依然愛國；愛男童的詩人因爲愛男童入獄依然愛男童。」他希望在巴黎的每一天都有俊美的男伴相隨。

王爾德其實亦是以行動來表示自己的本質、生命等都是件藝術品，然而並沒有引起大家的注意。對自己的同性戀身份，或者說在這不存在的同性戀文化中的地位，王爾德沒有任何方針或思緒。他知道永遠見不到兩個兒子。除了自己以及少數幾個老朋友，王爾德已經不需要擔心自己的行爲是否會激怒任何人。

威爾・羅森史坦曾帶王爾德到一家有樂隊演奏的戶外餐廳共進晚餐。王爾德便堅持坐在最靠近樂師的座位，然後還對其中一位樂師大送秋波。一旁的羅森史坦覺得相當不自在，決定從此不與王爾德聯絡。在下一次到巴黎時，他看到王爾德走在大道上，日後寫道：「我立刻知道他瞭解我們在躲避他。他看著我們的表情相當落寞，健康似乎亦不佳，潦倒不堪且衣著邋遢。」

王爾德喜歡在熟悉的地方出沒，如佛特爾旅館，他在此寫出《帕杜亞公爵夫人》與《人面獅身像》。貧困的生活沒有讓王爾德顯得清高，也沒有刺激他的靈感。將挨餓當作浪漫是年輕時才會做的蠢事。在波羅寇咖啡館（Cafe Procope），王爾德結識了作曲家馬利・雷奎（Mare Legay），以及布西（J.-B de Buce），他是一家小文藝刊物的編輯。有一天晚上，頹廢主義小說家傑恩・勞倫（Jean Lorrain）與王爾德為了兩人中誰比較矯揉做作，展開了一場半開玩笑的爭吵。對於像這樣的胡扯瞎鬧，王爾德永遠都有興趣。

因為沒有錢可以大方請客，王爾德學會坐著等別人付帳單。因為王爾德不時向朋友東借西討，他到底需要花費多少實在難以估算，不過他並沒有阮囊羞澀到像他所說需靠他人施捨度日。他每季由羅斯所給的生活費是三十七點一英鎊，折合九百二十五法郎，他曾試著一個月只花二百五十法郎度日，而旅館費用則是七十法郎。除了這筆錢之外，王爾德從《牢獄之歌》亦賺了些版稅，他說這是因為「社會大眾喜歡知道我受苦的遭遇」。他以三十英鎊的價格，將《理想丈夫》的版權賣給了史米瑟斯，後來史米瑟斯還多給了五英鎊。從王爾德寫給羅斯的信中，可以看出王爾德在這樣經濟拮据的情況下，並沒有忘記以幽默來排解，如他寫到找到一家餐廳八十法郎吃一個月，不過「食物都不適合入口——每一天都得冒兩次險」以及發現「不能用欠帳的方式來買火車票。眞無趣！」

包西的收入則是更大起大落，從在那不勒斯時的身無分文，到可以租在克雷貝爾大道的豪華公寓，這裡是像巴倫・奧斯曼（Baron Haussman）等人的名流時尚區域。包西依然沈迷於賭馬上，曾輸得毫無分文，必須典當袖扣來付到巴黎的車資。正如王爾德所認清的一般，大家都毫無改變，芸芸衆生無法改變自己過去的性格。當羅斯寄來新衣服時，王爾德抱怨褲子的腰圍太緊。雖然現在吃的不是以往的高價格美食，王爾德體重也增加不少，他說到：「沒有任何東西比一頓一點五法郎的晚餐更會讓人變肥。」

王爾德與包西雖然已經不是愛人關係，但依然喜歡有彼此的陪伴，不同的是當兩人見面時，王爾德不會再心跳加速。二十七歲的包西外表比實際年輕，不過原本如太陽神般的風采，因爲縱欲過度已經大不如前。錢依然是兩人之間的問題。包西因爲是個無可救藥的賽馬賭徒，通常在賭馬輸掉大筆財富，不過當他贏得一千二百英鎊時，王爾德要求他先解決其信用債務，包西爲此怒不可支，講到：「我除了自己之外，不會爲任何東西花一毛錢！」這是包西一貫的回答。由於當時兩人正坐在和平咖啡廳的戶外座位上，王爾德便閉口不談此話題。

大多份的阻街男童都認識王爾德。在寫給羅斯的信中，王爾德表示：「我當然不能忍受寂寞。與文人相處固然愉快，但是我與他們鮮少見面。我只好選擇所能找到的人當同伴，當然這樣的友誼需要付出金錢。」不過他們「缺乏智慧」則令他感到厭倦，甚至責怪自己，「我把這一切歸因牛津。從牛津出來的我們沒有一個人在這種文化存活過。」

不過，在王爾德的流放歲月中，有一個人的陪伴爲他帶來的光明與生氣，這個人就是墨利斯・吉爾柏特（Marice Gilbert）。王爾德形容吉爾柏特時所用的詞語令人聯想起包西，如吉爾柏特的上唇「比我所見之任何一片玫瑰花瓣更像玫瑰花瓣。」吉爾柏特是英法混血，曾經是海軍的士兵，在巴黎打零工，常爲羅蘭德・斯壯（Rowland Strong）做事，斯壯是王爾德的朋友，擔任《觀察報》巴黎特派員。

吉爾柏特同時亦受到包西的青睞，在賽馬時期便會回到包西的身邊。另外，吉爾柏特還會遠到倫敦投入羅斯與透納的懷抱，至於旅費應該是由透納所負擔，他是衆人中唯一可以如此大方者。當吉爾柏特離開時，王爾德嘲弄羅斯：「所以你愛墨利斯了？」並且問透納：「我金色的墨利斯最近如何？我想他應該是狂亂地被愛著吧？」身爲這一群人的共同情人，吉爾柏特將大家結合在一起，並證明了同志戀情可以不帶任何嫉妒心而開始發展。

不可避免地，王爾德結交了一些劇界的朋友，如嬌吉特・雷布蘭克（Georgette Leblanc），她是劇作家莫利斯・馬特林克（Maurice Maeterlinck）的情婦，也是康米克歌劇院的首席女演員，常給王爾德她演出的票，王爾德在她的家與馬特林克見面。馬特林克在一八八九年首部作品《瑪蓮公主》（La princesse Maleine）後，被譽爲「比利時的莎士比亞」。此時的馬特林克已經放棄劇本創作。另外一位劇界的朋友是男演員安德烈・安東尼（Andre Antoine）。

每年的「五月狂慶」總是會吸引王爾德的注意力。除了不時在蒙特馬爾德的咖啡廳內朗讀詩文之外，王爾德在同志出沒的場所內認識了些新朋友。他最常光顧的是座落於義大利大道上的凱利薩亞酒吧，王爾德認識裡面的酒保，也在此遇見了當記者的爾尼斯特·拉·瓊斯。有時候他的老友傑·羅蘭（Jean Lorrain）與莫利斯·杜·布雷西斯（Maurice Du Plessys）也會來此地。這個酒吧是晚上與朋友能舒服聊天的好地方。雖然文生特·歐斯庫利范警告他這酒吧「有許多同志危險人物，有時候會構成危險」，王爾德依然喜歡酒吧裡的氣氛。

在十二月時，法蘭克·哈利斯出現在王爾德眼前，並邀請他到坎城附近的拿波爾漁村住三個月，認為這段時間已夠王爾德創作出「一件藝術品」。哈利斯已經賣了《週六評論期刊》，將在摩納哥經營旅館業。王爾德告訴羅斯：「法蘭克堅持要讓我處在高度的知性壓力下，這是最耗人心神的事情。不過當我們抵達拿波爾時，我會跟他表白——事實上這已經是公開的秘密，我的頭腦已大不如前，我不可能永遠都是個天才。」王爾德住進在關灣的貝恩旅館。王爾德原本預計要跟哈利斯共同歡度耶誕節，不過哈利斯幾個禮拜都沒有出現。

在到瑞士的途中，王爾德繞道至熱那亞，到清教徒公墓，康斯坦絲的墳前獻花致意。她的墳墓上豎著一根大理石十字架，上面鑲嵌著長春藤葉的飾紋。王爾德寫信給羅斯：「這眞是令人哀戚，看到她的名字刻在墓碑上——只有她的名字，當然沒有提到我的名字，僅寫著『康斯坦絲·瑪麗，赫雷斯·羅伊德之女』然後一段啓示錄裡的句子。我情緒激動不已，帶著一股無用的悔意。然而，做任何事情也無法改變，人生眞的相當恐怖。」（註：於一九六三年，在康斯坦絲的墓碑上加入：「王爾德之妻」一句。）

還有其他老友需要王爾德悼念。在康斯坦絲過世前一個月，王爾德得知了奧布雷・比爾茲利的死訊，王爾德在寫給史米瑟斯的信中哀嘆：「嗚呼哀哉！這位驚世駭俗者居然在其如花之年齡時過世。」當王爾德抵達瑞士時，收到了威利於一八九九年三月十三日過世的消息，享年四十六歲。王爾德後悔兄弟兩人之間的「鴻溝」，不過認爲哥哥飲酒無度，死亡只是遲早的問題。

王爾德整個四月都待在力久利亞海岸，以聖塔馬革利塔做爲據點，探索拉帕羅與波多斐諾兩地的環境。他寫信請羅斯來作陪：「我所作所爲都不正確——因爲我的人生建立在錯誤的基礎上。在巴黎我放浪形骸；在這裡我覺得無聊，而最後這個情況更是糟糕。」羅斯的確前來探望，然後在五月底時帶王爾德回巴黎。在最後回到法國的亞爾薩斯之前，王爾德在右岸的幾間小旅館耗盡了他所能欠帳的額度，如在蒙西格尼路的尼瓦旅館只讓他住了幾個禮拜，然後他搬至附近的馬索利爾路的馬索利爾旅館，渡過了六月與七月，直到帳單送上來爲止。王爾德寫信向哈利斯要十英鎊，將自己比喻成阿西西的聖法蘭西斯，與貧窮結爲連理，不過這是一場失敗的婚姻。

王爾德不斷向朋友要錢的方式，眞是讓朋友大開眼界，在每封信中，有時候藉口相同，不過都可以用不同的字眼來包裝。一般而言，他最常寫信給羅斯求救，講到自己每日只靠旅館所供應的早餐過活，「我最近生活過得相當潦倒，連續兩天口袋都沒有半毛錢，必須到處遊蕩，希望能撿到零錢與香菸，這眞像是在地獄中遊走。」王爾德的才能讓他認爲向人乞討並無關恥辱，像他這樣的天才理應飯來張口，茶來伸手。王爾德認爲藝術家應該免於財務困擾，且認爲像法蘭克・哈利斯之輩應該要協助較不幸者，就像他過去功成名就之時所做的一般。

喬治・艾維斯到巴黎時，則躲躲藏藏地盡量避免與王爾德會面。當時他正進行所謂「同志運動之聲」（voice of movement），此同志運動起於他於一八九七年出版第二本同性戀詩集《鎖鍊之書》（Book of Chains），擔心若被人看見與王爾德在一起，會連累到自己。他曾到亞爾薩斯旅館拜訪王爾德，在留言訊息中卻沒有寫出自己的地址。艾維斯希望能在旅館內與王爾德私下會面，因為王爾德的聽力不佳，擔心他若不自覺提高音量，別人會聽到彼此的談話。當他們聊到艾維斯的「運動」，以及需要多久時間才仍讓世人接受同性戀，王爾德說：「我認為我們最後一定獲得勝利，不過這段路相當漫長，而且會因為殉道者犧牲的鮮血而染紅。唯有廢止刑法修正案才有用。這其實與大眾意見無關，而是需要先教育我們的官員。」艾維斯在日記中寫到：「奧斯卡講得相當好。雖然他毫無責任感，不會考慮後果，他依然是藝術與情緒的化身。我過去將他視為超人般敬重，現在依然如此，雖然在他所寫之哲理與他人生上，我在許多層面上完全不認同。」

在王爾德斷斷續續住在亞爾薩斯旅館的十六個星期中，依照他的經濟狀況，曾住在不同的樓層。他一開始是住三樓的兩間房間，然後搬到四樓，最後在二樓房間內過世。他曾說：「這是一間可悲的小型波希米亞式旅館，只適合被希巴利斯放逐出來的希巴利斯人。」（譯註：希巴利斯為義大利古代之都市，居民以奢侈豪華著稱。）亞爾薩斯是間舒適且乾淨的旅館，就跟王爾德在巴黎流亡期間所住過的小型旅館一般，唯一不同之處就是亞爾薩斯旅館老闆對王爾德以禮相待。老闆傑・

杜皮耶（Jean Dupoirier）相當喜歡王爾德，從來沒向王爾德催繳帳單，他還爲王爾德付清馬索利爾旅館的二十英鎊債務，贖回他被旅館沒收的行李。這位努力經營著旅館的老闆，對王爾德的作品毫無概念，成爲王爾德在人世最後階段中的守護救星，而這一切只能歸因於王爾德本身迷人的魅力。

這間旅館的主要特色在於種有一株無花果大樹的中庭。王爾德習慣將桌子搬到樹下，每天早上醒來後便在此喝咖啡，其它時間他則會凝視著遠方，喝著苦艾酒。在五點時，他則會走到攝政咖啡廳小酌片刻，然後到巴黎咖啡廳吃晚餐，最後再到凱利薩亞，這個被他稱爲「我與朋友之文學娛樂場」的酒吧，結束一天的行程。杜皮耶則是每週到歐佩拉大道購買王爾德所喝的高級香檳──四瓶就要二十八法郎，比他房租的費用都還高。王爾德此時只能靠酒精才能睡得著。

有一天，在歐佩拉廣場附近的老玫瑰咖啡廳，王爾德正與羅斯以及勞倫斯・赫斯曼（Laurence Housman）共用晚餐時，話題講到羅柏特・柏恩斯（Robert Burns）上，王爾德告訴赫斯曼：「上帝讓柏恩斯沈迷喝酒而失敗，這是拯救了他寫詩的天才。荒唐的生活與死亡讓他免於表面的成功對他最後的侮辱。」對著同桌的兩人，王爾德想向他們點出自己與柏恩斯人生相同之處，不過他講的人應該是理查・布林斯利・謝瑞頓（Richard Brinsley Sheridan），這位愛爾蘭的劇作家曾向英國的假道學挑戰，也對人慷慨到揮金如土的地步。謝瑞頓與王爾德都汲汲追求名利，而最後都以窮困、酗酒以及一敗塗地作爲人生的收場。王爾德邁向二十世紀的方式相當平淡。他寫信給羅斯說自己過了「一個愉快的耶誕節」。

在二月時，王爾德喉嚨感染發炎，而醫生也無法醫治。王爾德抱怨：「我的喉嚨就像是個石灰窯，腦袋像是個火爐，而神經像一隻隻不安的絲蟲。」雖然抱怨喉嚨不舒服，王爾德還繼續抽著味烈的法國香菸。他吃到了不新鮮的貽貝，皮膚開始發癢起疹。他告訴羅斯：「吃貽貝中毒是非常痛苦的事，洗澡的時候，看到自己身體像隻豹子。」不過皮膚發癢起疹，並不應該像艾爾曼所論定是王爾德梅毒病發的症狀。身體起疹是梅毒第二期的典型症狀，然而王爾德接著應該會有第三期的症狀，如心智能力退化，或是身體協調能力失常而步伐不穩，然而他並未顯現出這些徵候。在三月時，王爾德形容自己有「血毒症」的症候，可能是因爲旅館「不衛生的環境」所造成，必須住院十天治療。

王爾德被診斷出「神經衰弱」，這維多利亞時期的醫學名詞指的是倦怠無力，比較偏情緒上而非身體上的狀況。王爾德可不喜歡躺在床上，他說「當一個人被侷限在一家破舊的旅館時」，可需要相當多的精力才能保持迷人的魅力。接著三十二歲的爾尼斯特・道生於二月二十三日突然過世的噩耗，將王爾德的心情打入哀傷的谷底。他曾稱道生爲「甜美的歌者，歌聲無比動人，讓人聯想起在莎翁時代鶫鳥的啼囀。」另外，昆斯貝利侯爵亦於一月三十一日過世，留給包西二萬英鎊的遺產，不過包西依然不願意付清所欠的信用借款。

就在這身心俱疲的時刻，梅勒又再次提供王爾德五十英鎊的資金，邀請他與自己一同去羅馬。王爾德寫信給羅斯，提議兩人在羅馬見面：「能再次重逢將是件美好的事情，而這次我眞的要皈依天主教。」在最近幾次歐洲之旅中，羅斯盡量避免到巴黎探望王爾德。而這一次，雖然人已近在米蘭，他還是不去羅馬，即使是日後將被王爾德奚落也不後悔。羅斯是位自視甚高的天主教徒，認爲王爾德只是喜歡天主教的華麗外表與儀式，比不上自己堅定的信仰。王爾德在四月時回到巴黎。

在十月十日時，王爾德在旅館的房間內，接受了一場右耳的手術，他的右耳因爲在監牢裡跌倒而受傷，動刀的是法國醫生保羅・克利斯（Paul Cleiss）。隔一天，王爾德打電報給羅斯：「極度虛弱，速來」。英國領事館的醫師，莫利斯・塔克（Maurice a, Court Tucker）不時來看王爾德的病，在王爾德腦膜炎的初期，還有二十四小時的護士照顧以及一名專屬腦科醫師。三餐則是從旅館打包過來。杜皮耶將王爾德移到二樓的八號房，以避免上下樓梯的麻煩。

羅斯在十月十七日抵達，剛好是王爾德四十六歲生日過後一天。王爾德是在床上喝著香檳慶祝生日，他病倒後醫生沒有禁止他喝香檳。王爾德對著羅斯說：「啊！羅比，當我們過世，被埋在斑岩的墳墓後，等到最後審判日的號角吹起時，我將對你呢喃：『羅比，羅比，讓我們假裝沒有聽到！』。」等到二十九日時，王爾德覺得身體好些了，可以開始下床走動。他與羅斯兩人便到拉丁區共進晚餐，王爾德便又開始喝苦艾酒。羅斯警告王爾德如果再繼續喝酒，將會爲此送命。王爾德便反問：「我又有什麼事情值得活下去呢？」，然後不斷講到在死前要付清所有的欠債。

王爾德應該不會再抱怨覺得孤單。杜皮耶相當細心地照顧他，只要自己事情做到一個段落，便會進房探視王爾德。透納也在一旁照顧。王爾德的大嫂莉莉，以及她改嫁的丈夫也前來慰問，王爾德告訴他們：「我將活不過這個世紀，英國人會忍受不了這件事。」儘管王爾德抗議以及採取眼淚攻勢，羅斯還是在十一月十二日離開他，前往尼斯與他母親會合。羅斯說服自己相信王爾德的病情不是相當嚴重，另外就是他本性比較講究唯美，不能接受病房裡沈悶的氣氛。

因此，看管王爾德喝酒的責任便落到透納肩上。王爾德曾對他說：「你已經有醫師的資格了。你拒絕讓飢餓的人吃麵包，讓口渴的人喝東西，你可以申請醫生證明了。」有一天早上，王爾德醒過來說：「我剛才做了一場恐怖的夢，夢見我與死人一起用晚餐。」透納則說：「我親愛的奧斯卡，我相信你是晚餐中的靈魂人物。」

當精神錯亂講囈語的時候，王爾德會夾雜英語與法語，還會講出拉丁文與希臘文的詩句，不過在其它時候，他則是精神正常，與人對答如流。透納每天向羅斯報告王爾德的狀況：「他從來沒想過自己處於危險的狀況，也沒有像之前精神錯亂，他只是希望能早點脫離痛苦……他非常暴躁，非常難以照顧。」

十天之後，王爾德的狀況並未改善，塔克與克利斯則針對他惡化的病情，寫了一份簽名報告，報告中並未提到梅毒之內容：「經過診斷，無疑是腦膜炎的病症……即使動手術似乎也無法改善。」現在一切只能等待與觀察。羅斯在收到羅斯寫著王爾德「病危」的電報後，於十一月二十九日趕回旅館。當王爾德想跟羅斯講話時，因爲實在太疼痛，必須將拳頭塞到口中，才不會痛得叫出來。

羅斯與透納可能彼此使了個眼色，羅斯便急忙找來在巴黎聖喬瑟夫教堂聖主受難會的庫斯柏特．杜恩（Cuthbert Dune）神父。羅斯一直認爲王爾德並非眞心想皈依天主教，不過已經答應在他死前一定會找來一位天主教的牧師到他床前。王爾德曾稱羅斯爲「帶著火焰劍的天使，禁止我進入伊甸園內。」第二天，杜恩神父爲王爾德行臨終塗油禮。因爲王爾德清醒時刻斷斷續續，且不能吞嚥東西，所以不能行聖餐禮。杜恩神父在日後寫到：「當清醒時，王爾德表現得有所自知」，知道自己正接受了入天主教的儀式。當牧師在他耳邊重複唸著懺悔、信仰、希望與慈愛的法條時，王爾德也試著隨他一起唸。

在十一月三十日的下午，王爾德呼吸困難，杜皮耶扶著他坐起來。就在下午兩點之前，他先是猛吸一口氣，再吐出最後一口氣，然後便倒在枕頭上。雖然王爾德在生前沒有皈依天主教，但羅斯做了正確的決定，讓王爾德以天主教徒的身份離開人間。這也許是羅斯對老友所做的最好決定。王爾德因爲死前的皈依，所以得以用天主教的葬禮入土。

墨利斯．吉爾柏特爲王爾德拍攝遺照。身穿白色壽衣的王爾德，手裡握著念珠，身旁擺滿了百合花與棕櫚枝葉。他看來表情安詳，彷彿就像個小男孩在受洗後舒服地小睡片刻一般。透納說：「王爾德走的相當平靜，就像是個無邪的幼童。」王爾德沒有臨終的遺言。

包西前來參加十二月二日的葬禮，他付清葬禮所有費用，不過為王爾德選擇了普通的第六等土葬。在九點時，送葬的一行人從旅館出發，沿著邦拿巴路到聖喬曼教堂。靈車除了上面蓋著百合、蘭花與玫瑰之外，沒有任何裝飾，並由四匹黑馬拉著。在沒有任何樂音或歌聲下，由教堂的牧師與杜恩神父低聲吟詠著安魂彌撒文。在儀式之後，五十位賓客則走在四台馬車以及靈車後面，靈車上面還寫著「十三」的數字，到近郊的巴格奴克斯公墓裡。墓地上擺著好友送來的花環，其中一個是杜皮耶送的，上面還寫著「給我的房客」。許多法國的朋友，不論新朋友或老朋友，也都在場與王爾德道別。王爾德曾經告訴一位朋友：「如果一個人死後還需要一塊精美的墓碑，才能名垂於國家的歷史上，顯然他的一生完全是浪費了。」在巴格奴克斯公墓的長眠之地上，他的墓碑樣式簡單，四周用鐵欄杆圍著，墓碑上用拉丁文寫著約伯紀裡的一句話，意思為：「吾之所言，衆人莫敢添加隻字片語；吾之所言，對世人如從天而降。」

後記

在王爾德逝世九年後，他的遺骸從巴格奴克斯公墓被移靈至皮耶拉切斯公墓。王爾德的友人海倫・卡路夫人給了羅斯二千英鎊，請他爲王爾德新墓立一塊精美之紀念碑。威爾・羅森史坦推薦在美國出生的雕刻家約克柏・艾普斯坦（Jacob Epstein）來擔任此項工作。採取自亞述與埃及之人面獅身像之靈感，艾普斯頓在紀念碑之正面刻了一尊貌似魔鬼之天使，飛翔在天中，而背面則刻著《牢獄之歌》的幾句詩文：

而為他而流之異國眼淚
將裝滿那破舊已久之同情甕，
因為悼念他者將是遭驅逐之人，
而遭驅逐之人將永遠哀戚。

當整個墳墓於一九一二年竣工時，法國政府禁止墳墓公開讓人瞻仰，因爲墓碑上的雕像生殖器部分毫無遮掩，過於引人注目，先是以灰泥塗蓋著重要部位，之後更用防水布蓋住整個雕像。艾普斯坦拒絕修改作品，或是在重點部位加上無花果葉。直到第一次世界大戰之前，墓碑依然用防水布蓋著。

在王爾德過世後，羅斯回到倫敦，設立了卡費克斯藝廊（Carfax Gallery），展出馬克斯・比爾博姆與奧布雷・比爾茲利的作品，並且成爲成功之藝術商與藝術評論家。在一九一一年，他被任命爲內陸稅收局的畫像評估員，負責到他人產業，評估畫像等藝術品之價值，好訂出遺產稅金額。在一九一七年，他被選爲鐵特藝廊的託管委員。

身爲王爾德的文藝作品遺囑執行者，羅斯於一九〇五年出版《獄中書》摘錄版；隔年他解決了王爾德產業的破產問題。羅斯於一九一八年十月五日於睡夢中過世，享年四十九歲。他於遺囑中表示要將自己骨灰裝在他請艾普斯坦所設計在王爾德墳墓後方的特殊隔間內。入墓的儀式一直延遲至包西過世後才進行，當時是一九五〇年，剛好是王爾德過世五十週年。羅斯並沒有在遺囑中講到要墓碑上刻任何碑銘。

包西在世的時間雖然比較久，不過訴訟不斷。他於一九四五年三月二十日過世，享年七十四歲。他之後皈依天主教，並且摒棄同志身份，與女詩人奧莉佛・亢斯坦絲（Oliver Cunstance）結婚，生有一子，婚後十年後分居。他經營《學術》（Acadamy）文學雜誌社，本身也是雜誌的編輯，出版了三本書（其中一本是有人代筆），內容對王爾德生前有相當不公平的描述。

在一九一八年，包西於轟動一時的色情舞孃控告國會議員毀謗一案中出庭作證。脫衣女舞者穆德・亞蘭（Maud Allan）控告無黨派國會議員諾爾・潘柏頓・畢令（Noel Pemberton Billing）毀謗，因爲畢令在自己經營報紙《保安報》（The Vigilante），刊登一篇文章，宣稱有一本上面寫著四萬七千位高官貴人的性變態者的黑名冊，認爲警方應該調查其中幾位與王爾德有同樣性傾向者，因爲他們會因此容易受到德國情報員所威脅，而這一切發生的地點則是亞蘭跳《莎樂美》七紗舞之表演場地。

包西則是畢令所請的證人其中之一，他利用這個時機對王爾德加以譴責非難，在庭上講到：「我認爲（王爾德）對每個遇見他的人有一種魔鬼般的影響。我認爲他是在過去三百五十年來在歐洲所出現最強之邪惡勢力代表。就各方面而言，他是魔鬼的代言人，他的人生目標就是攻訐嘲弄良善，盡一切可能加以破壞，不論是就性愛或其它層面。」畢令一案顯示出戰時大家充滿偏見與恐懼而產生的歇斯底里情結。

一九二一年，因爲《晚報》（Evening News）消息來源錯誤，誤刊了包西的訃文，包西便興訟控告該報社。不過他最著名的訴訟案是他在一本小冊本中宣稱邱吉爾收受德國出生之銀行家爾尼斯特・卡塞爾爵士（Sir Ernest Cassel）賄款，所以發佈了關於日德蘭戰役內容不正確之報告。包西於一九二三年十一月被逮捕，被控毀謗罪，在渥爾姆伍德服刑六個月。他跟王爾德一樣，一直夢想著入獄的生活。他在獄中還寫了一首詩《榮耀頌》（In Excelsis），這是他對王爾德《獄中書》的回應。

透納回到英國後，十年內共寫出十二本小說，但並未引起注意。索梅賽特．毛姆（Somerset Maugham）認爲他是自己所遇見最有趣的人物。當初撮合王爾德與包西的里歐奈爾．強生因飲酒過度於一九〇二年過世；五年之後，史米瑟斯也離開人世。約翰．格雷，這位一直被認定爲《格雷的肖像》主角所影射的人物，以聖安德魯斯與愛丁堡教區的教堂參事會員身份於一九三四年辭世。摩爾．艾迪日後發瘋，於一九四五年過世。亞瑟．西蒙斯於精神病院待了兩年，亦於一九四五年過世。

在一九三六年，葉慈於自己的《牛津現代詩選》（The Oxford Book of Modern Verse），收錄經自己改寫之《牢獄之歌》，將王爾德原作刪除了七十一段的詩文，然後還去掉了部分著名詩句，像是「每個殺死自己所愛者」開頭之部分。葉慈刪除了他認爲原詩中「虛假、瑣碎與獨斷」之地方，並堅信自己「創造出一首偉大，或幾近偉大之詩作，王爾德若沒過世，也應該會如此做。」當包西發現此書並未收錄自己作品時，他寫了一封尖酸苛刻的信給《每日快報》之編輯。

對英國的同志而言，社會變革的步調相當緩慢。在一九五七年的渥爾芬登報告（Wolfenden report）中，建議在兩方均爲成人且自願的情況下，私下所進行之同性性行爲應該不再違反刑法。十年過後，此法案才正式立法通過。王爾德早就預料同志之路將是場漫長且犧牲慘重之旅途。

在被剝奪了名聲與榮耀達百年之後，王爾德再度獲得世人重視，就像是《快樂王子》中，王子的雕像重修金身，恢復昔日富麗堂皇之風采。他過去的違法行爲已經受到原諒，西敏寺還有塊描繪王爾德之彩繪玻璃窗，而在倫敦與都柏林也豎立著王爾德的雕像。他的作品越來越受歡迎，地位也越顯重要；他的劇本洋溢著歡喜氣息；對於孤軍奮戰但爲社會所不容之藝術家，他的美學觀念依然能帶來慰藉。王爾德的文字展現出優雅、迷人與機智的價值，這些都是現代人在人際關係中所缺乏之特質。若想獲得這些特質，除了閱讀王爾德作品之外，再也沒有更好且更愉快之學習方式。他揭櫫了藝術與語言有權驚動人心、顚覆一切；他也證明了人類有權爲愛不悔。

國家圖書館出版品預行編目資料

王爾德的愛與死/芭芭拉・貝爾佛德(Barbara Belford)著；謝明學譯. — 初版. — 台北市 ： 高談文化，2004【民93】
面 ； 公分
譯自：Oscar Wilde: a certain genius
ISBN 986-7542-24-X（平裝）
1.王爾德（Wilde, Oscar, 1854-1900） - 傳記
784.18
92023107

王爾德的愛與死

作　者：芭芭拉・貝爾佛德
譯　者：謝明學
發行人：賴任辰
總編輯：許麗雯
主　編：劉綺文
編　輯：呂婉君
行　政：楊伯江
出　版：宜高文化
地址：台北市信義路六段29號4樓
電話：（02）2726-0677
傳真：（02）2759-4681
製版：菘展製版　印刷：松霖印刷
http://www.cultuspeak.com.tw
E-Mail：cultuspeak@cultuspeak.com.tw
郵撥帳號：19282592高談文化事業有限公司
圖書總經銷：成信文化事業股份公司
電話：（02）2249-6108　傳真：（02）2249-6103
行政院新聞局出版事業登記證局版臺省業字第890號

2004年2月出版
定價：新台幣280元整

高談/宜高文化讀者回函卡

謝謝您購買我們出版的好書！爲提供更好的服務，請塡寫本回函卡並寄回給我們（免貼郵票），您就成爲高談/宜高文化的貴賓讀者，可以不定期獲得高談文化/宜高文化出版書訊，並優先享受我們提供的各項優惠活動！

書名：王爾德的愛與死

姓名：＿＿＿＿＿＿＿＿ 性別：□男□女 生日： 年 月 日

通訊地址：＿＿＿＿＿＿＿＿＿＿＿＿＿＿＿＿

e-mail:＿＿＿＿＿＿＿＿＿＿＿＿＿＿＿＿

電話：（ ）＿＿＿＿＿＿＿＿＿＿＿＿＿＿＿

身分證字號：＿＿＿＿＿＿＿＿＿＿＿＿＿＿

您的職業：□學生 □軍警公教 □服務業 □家管 □金融業

□製造業 □大衆傳播 □SOHO族 □其他

教育程度：□高中以下（含高中）□大專 □研究所

購買書店：＿＿＿＿＿＿＿＿＿＿＿＿＿＿＿＿

您從何處得知本書消息（可複選）：

□逛書店 □報紙廣告 □廣告傳單 □報章書評

□廣播節目□親友介紹 □網路書店 □其他 ＿＿＿＿＿＿

您通常以何種方式購書？

□傳統書店 □連鎖書店 □便利商店 □量販店

□劃撥郵購 □信用卡訂購 □網路購書 □其他 ＿＿＿＿＿＿

請針對下列項目爲本書打分數，由高至低（5-1分）。

	5	4	3	2	1		5	4	3	2	1
1.內容題材	□	□	□	□	□	2.編排設計	□	□	□	□	□
3.封面設計	□	□	□	□	□	4.翻譯品質	□	□	□	□	□
5.字體大小	□	□	□	□	□	6.裝訂印刷	□	□	□	□	□

您對我們的建議：

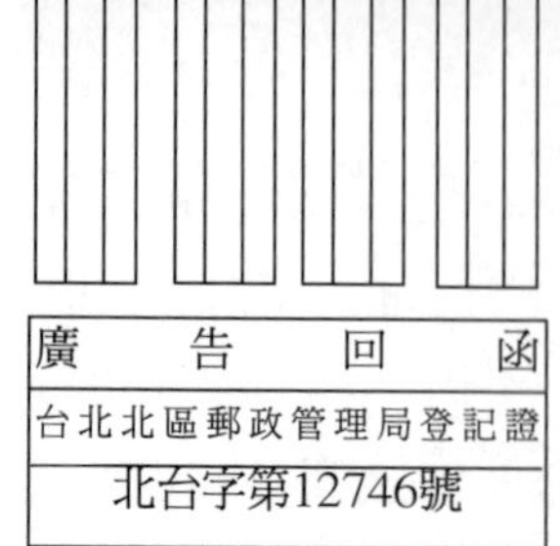

高談/宜高文化 讀者回函 收

地址：台北縣新店市中正路566號6樓
電話：（02）2726-0677 傳真：（02）2759-4681
E-MAIL:cultuspeak@cultuspeak.com.tw

地址：
姓名：

《王爾德的愛與死》